제국 일본의 동아시아 공간 재편과 만철조사부

일제 식민사학 비판 총서 4

제국 일본의 동아시아 공간 재편과
만철조사부

권력 · 공간 · 학문의 삼중주

2022년 2월 16일 초판 1쇄 찍음
2022년 2월 25일 초판 1쇄 펴냄

지은이 박준형
책임편집 최세정 · 엄귀영
편집 이소영 · 김혜림
표지·본문 디자인 김진운
마케팅 최민규

펴낸이 윤철호 · 고하영
펴낸곳 (주)사회평론아카데미
등록번호 2013-000247(2013년 8월 23일)
전화 02-326-1545
팩스 02-326-1626
주소 03993 서울특별시 마포구 월드컵북로6길 56
이메일 academy@sapyoung.com
홈페이지 www.sapyoung.com

* 이 저서는 2016년 대한민국 교육부와 한국학중앙연구원(한국학진흥사업단)의 한국학총서
  사업의 지원을 받아 수행된 연구임(AKS-2016-KSS-1230007)

제국 일본의
동아시아 공간 재편과
만철조사부

권력·공간·학문의 삼중주

박준형 지음

사회평론아카데미

'일제 식민사학 비판 총서'를 출간하면서

2016년 한국학중앙연구원에 '한국학총서' 지원사업으로 「일제 식민주의 역사학의 연원과 기반에 관한 연구」를 제출하였다. 일제 식민사학을 총괄적으로 다루어보자고 7명의 연구자가 모였다. "조선·지나(支那)·만몽(滿蒙)·동남아시아 통합지배를 향한 '동양사'와 식민사학 비판"이라는 부제가 출발 당시의 의욕을 상기시킨다.

일본제국은 한국의 국권을 빼앗은 뒤, 식민지로 영구 통치하기 위해 한국사를 왜곡하였다. 한국은 반도라는 지리적 조건으로 대외적으로 자주성을 잃고, 대내적으로는 당파적인 민족성으로 정쟁을 일삼다가 일본의 통치를 받게 되었다는 것이 골격이다. 1960년대에 접어들어 한국 역사학계는 이를 바로잡는 '식민주의 역사 비판'을 시작하여 한국사의 모습을 크게 바꾸어놓았다. 그런데 1960~1970년대에 확보된 비판의 틀은 시간이 지나서도 확장성을 보이지 못하였다. 한국은 일본제국의 대외 침략에서 가장 큰 피해국이었던 만큼 식민사학의 실체와 왜곡의 뿌리를 바닥까지 헤집어보는 확장력을 발휘할 권리와 의무가 있었다. 그러나 시간이 흘러도 그런 기세는 보이지 않았다. 비판의 시선도 한국사에서 좀체 벗어나지 못하였다. 만주 지역이 포함되었지만, 그것은 '만선사(滿鮮史)'가 제국 일본 역사 왜곡의 주요한 주제의 하나였기 때문이다. 일제의 대외 침략은 동아시아 전체를 대상으로 한 만큼 역사 왜곡이 조선, 만주에만 한정되었을 리 만무하다.

이 총서는 지금까지의 식민주의 역사학 비판의 틀에서 벗어나 제국 일본의 '동양' 제패 이데올로기 생산의 주요 조직, 곧 제국의 대학과 언론계(『일본제국의 '동양사' 개발과 천황제 파시즘』, 이태진), 조선총독부박물관(『조선총독부박물관과 식민주의』, 오영찬), 남만주철도주식회사의 조사부(『제국 일본의 동아시아 공간 재편과 만철조사부』, 박준형), 조선총독부 중추원과 조선사편수회(『조선총독부의 조선사 자료 수집과 역사편찬』, 서영희), 경성제국대학(『경성제국대학 법문학부와 조선 연구』, 정준영), 외무성 산하의 동방문화학원(『일본제국의 대외 침략과 동방학 변천』, 이태진) 등의 연구 및 홍보조직을 조사 대상으로 삼았다. 이 조직들에서 누가, 어떻게 역사 왜곡에 나섰는지, 일본의 대륙 침략에 따라 이를 역사적으로 옹호하며 조선과 만주는 물론 대륙 전체를 아우르려 하고(『만선사, 그 형성과 지속』, 정상우), 동남아와 태평양으로 '남진'하면서 '대동아공영권'을 내세우는 과정(『남양과 식민주의』, 허영란), 이 단계에서 새로 발족한 도쿄, 교토 양 제국대학의 동양문화 · 인문과학연구소(『일본제국의 대외 침략과 동방학 변천』, 이태진) 등을 살폈다. 일본제국 침략주의의 실체를 말 그대로 머리에서 발끝까지 뒤져본다는 심정으로 연구에 임하였다.

일본제국의 침략주의는 두 개의 베일에 가려져 있다. 하나는 '메이지유신'이란 '신화'이고, 다른 하나는 무임승차하듯 편승한 제국주의 일반론이다. 일본제국은 구미 바깥 세계에서 유일하게 근대화(서구화)에 성공한 나라라는 신화가 일본의 반성을 거의 기대할 수 없게 만들었다. 침략을 받은 나라에서조차 부러워하는 신화였다. 그리고 19세기 말, 20세기 전반기는 약육강식의 신제국주의 시대로서 일본제국의 대외 침략은 그중 하나일 뿐이라는 변론이 엄연하게 힘을 발휘했다. 이런 잘못된 인식의 덫이 그 엄청난 범죄적 침략 행위에 면죄부 효과를 가져와 비판의식을 더욱 흐리게 하였다. 일본제국의 대외 팽창은 천황의 영광을 위해 기획되었고, 그 천황제 국가주의는 구미 제국주의와는 뿌리가 다르고 행위 양상이 달랐다. 그래서 파시즘의 실황도 일본제국이 앞섰고, 더 무서웠다. 이 총서는 동아시아 세계의 평화공존 질서 확립을 위해 일본 역사학계가 서둘러 처리했어야 할 숙제를 대신하는 것일지 모른다.

한 · 중 · 일 3국의 동아시아는 현재 국제적으로 비중이 매우 커져 있다. 3국 관계는 전통적인 민족국가 기반 위에 냉전 시대 이데올로기 분쟁으로 빚어진 대치 관계가 복합하여, 새로운 평화공존의 질서를 세우기가 매우 불투명한 상황에 놓여 있다. 평화공존 체제의 확립을 위해서는 무엇보다도 과거 민족국가 시대의 패권주의 의식을 떨쳐버려야 한다. 중국은 지금 사회주의 국가이면서 역사적으로 오랜 종주국 의식이 남아 있는 실태를 자주 드러낸다. 일본 또한 제국 시대의 '영광'에 대한 기억을 쉽게 버리려 하지 않는다. 두 나라가 이렇게 과거의 유산에 묶여 있는 상황은 동아시아의 미래에 도움이 되지 않는다. 지난 세기 일본제국이 동아시아 세계에 끼친 악영향은 너무나 크기 때문에 일본의 반성 순위는 첫 번째가 되어야 한다. 이 총서는 같은 역사학도로서 일본 역사학계가 지금이라도 제국 시대 역사학의 잘못을 실체적으로 살펴 동아시아의 바람직한 질서 확립에 새로운 추동력을 발휘하기를 바라는 절실한 바람을 담았다. 바른 역사를 밝혀 바른 교육으로 일본 국민의 역사 인식과 의식을 바꾸어주기를 바라는 마음이다.

'일제 식민사학 비판 총서'는 5년여의 각고의 노력 끝에 세상에 나왔다. 무엇보다도 한국학중앙연구원의 지원에 감사한다. 공동연구에 참여한 연구원 모두 최선을 다하였으나 부족함이 많이 남아 있을 것이다. 이에 대한 강호 제현의 따뜻한 질정과 격려를 바라 마지 않는다.

공동연구 책임
이태진

책머리에

2020년 미국 아카데미 시상식에서 영화 〈기생충〉으로 작품상, 감독상, 각본상, 국제장편영화상 등을 휩쓸었던 봉준호 감독의 2013년 작품인 〈설국열차〉를 아직 기억하고 있는 사람들이 많을 것이다. 개봉 당시부터 할리우드 유명 배우들의 출연과 막대한 제작비 등이 화제가 되었을 뿐만 아니라, 최근에는 미국 드라마로도 제작되어 시즌을 거듭하고 있기 때문이다.

언제부턴가 영화관보다는 집에 있는 TV로 철 지난 영화 보는 걸 선호하게 되었지만, 〈설국열차〉는 일부러 영화관을 찾았다. 무엇보다도 봉준호 감독이 원작 만화에서 가져왔다는 세계관에 큰 흥미를 느끼고 있었다. 영화의 세계관은 이렇다. 지구온난화에 대처하기 위해 세계 정상들이 모여 인공 냉각제의 사용을 결정했지만, 그것을 대량 살포한 이후 거대한 한파와 함께 빙하기가 시작되었다. 그 와중에 살아남은 사람들은 윌포드라는 사람이 만든 장장 1.5km 길이의 열차 탑승객들뿐이었다. 그런데 탑승객들 사이에는 계급이 존재했다. 계급의 하층을 이루고 있던 무임승차자들은 열차 내 혁명을 꿈꾸었고, 그것은 꼬리칸에서 선두칸으로 나아가는 과정을 통해 실현되어 갔다.

〈설국열차〉가 개봉되던 즈음, 일찍이 불평등조약에 의거하여 외국인의 거주 및 무역을 위해 설치되었던 조계가 1910년 '한국병합' 이후 지방행정제도인 부제(府制)로 대체되는 과정을 연구하고 있었다. 이 영화에 대한 흥미는 이와 관련된 것이기도 했는데, 조선에 거주하던 한 일본인은 부제 실시 이후의 상황을 기차에 비유해서 이렇게 전망했다.

이번 신부제(新府制)에 따라 일선인(日鮮人, 일본인과 조선인: 인용자)을 동일 제도하에 두게 되었는데, 비유하자면 그것은 기차와 같은 것으로, 경제 기타 사회 각 방면의 우수자(優秀者)는 생각한 대로 상급에 타는 일이 가능하지만, 이 자격이 없는 열패자(劣敗者)는 모두 하급의 차실에 가지 않으면 안 된다. 이를 통해 사회의 우수자인 모국인과 자격이 없는 선인 사이는 자연 구별될 것으로 생각한다.
— 『조선과 만주(朝鮮及滿洲)』, 1913년 12월, 「당국의 의향과 협의원에 대한 희망 (當局の意嚮と協議員に對する希望)」 중에서

조약체제하에서 치외법권의 특권을 누려왔던 조선 거주 일본인

들에게 조계 철폐는 특권의 상실을 의미했다. 그러나 조선총독부는 부제 실시를 통해 일원적인 통치를 실현하고자 했다. 결과적으로 식민지 조선에서 법제상의 차별적 공간은 사라졌지만, 그럼에도 인용문의 화자는 일본인과 조선인 간의 능력 차에 따라 다시금 각자의 자리를 찾아가게 될 것임을 의심하지 않았다. 그것은 사회적 능력자가 기차의 상급 차량을 타고 무능력자가 하급 차량을 타는 것과 다름없는 '자연'스런 이치였다.

1833년에 세계 최초로 철도가 개통된 이래 기차는 공간을 확장하고 균질적으로 만드는 데 크게 기여했으나, 동시에 등급에 따라 공간을 분할하는 역할을 하기도 했다. 객차의 등급은 본래 서비스와 요금에 차이를 둔 것에 불과했지만, 1등석을 이용하기에 충분한 상류층 인사가 3등석을 이용할 경우에는 그 행위가 자기 계급에 대한 배반으로 간주될 정도로 객차의 등급은 쉽사리 계급과 동일시되었다. 그런 까닭에 기차는 위의 인용문과 같이 차별이 만연한 식민지적 상황을 표상할 수도 있던 것이다.

비행기의 이코노미석에 앉아 앞사람이 등받이를 뒤로 젖히는 바람에 옴짝달싹하지 못하고, 더구나 옆 좌석 승객과는 팔걸이를 두고 신경전을 벌여야 할 때마다 비지니스석, 조금 더 욕심을 부리자면 퍼스트 클래스 이용을 꿈꾸곤 했다. 그러나 비행시간이 5시간이든 10시간이든 이코노미석 승객들은 그 고달픔을 끈기 있게 참아낸다. 용기 있는 자라 하더라도 비행기가 완전히 멈추기 전에 서둘러 일어나는 행위로써 소심하게 불만을 표할 뿐이다. 현대인들은 이제 〈설국열차〉의 무임승차자들과 달리 공간의 분할과 그것이 의미하는 차별에 무덤덤해진 것일까.

이 책은 그런 무뎌짐에 대한 이야기이다. 무뎌짐은 어느새 단단해진 굳은살처럼 일상의 반복이 만들어낸 것일 수도 있고, 개인의 힘으로는 어찌하기 힘든 거대한 벽 앞에서의 무력감이 제공하는 피난처일 수도 있다. 우열의 지위를 고착화하기 위한 공간 분할이 노골적으로 행해지던 시대의 이야기를 통해 독자들이 현재의 무뎌진 감각을 일깨우고, 더 나아가 〈설국열차〉의 마지막 장면처럼 기차 밖 세상이라는 현재와는 또 다른 가능성들을 꿈꿀 수 있다면 더할 나위 없겠다.

차례

권력·공간·학문의 삼중주

조선은 이제 일본제국의 일부가 되었다. 만주는 전과 다름없이 청국
영토이다. 그러나 만주 일대는 일청(日淸)·일로(日露)의 2대 전역(청
일전쟁과 러일전쟁: 인용자) 때 우리의 수만 장병을 희생해가며 다툰
땅으로, 지금은 그 대가로 남만주 일대 경영개척의 실권이 우리 수
중에 들어와 있으며, 남만주철도회사를 비롯 관동도독부는 맹렬하
게 신일본 건설에 진력하고 있다. 이를 위해 만주와 조선은 벌써부터
정치상·경제상의 경계를 철폐했다. 그리고 이제 압록강의 대철교가
준공을 고하고 안봉선(安奉線, 안둥·펑톈 간 경편철도: 인용자)이 개
축됨에 따라 교통상으로도 조선과 만주는 그 경계가 사라졌다.[1]

1908년 3월 1일 서울에서 창간되어 재조일본인의 입장을 대변해
온 잡지 『조선(朝鮮)』은 1912년 1월 1일 발행 통권 제47호부터 잡지

명을 『조선과 만주(朝鮮及滿洲)』로 바꿨다. 이 인용문은 그 사실을 독자들에게 공지한 것이다. 이름을 바꾼 이유로는 조선과 만주 사이의 정치·경제·교통상의 경계가 사라지고 점차 하나의 권역으로 묶이게 된 점을 들고 있다. 하지만 조선·만주·남만주는 인용문에서도 병렬적으로 배치되어 있는 것처럼 본래 서로 성격을 달리하는 공간들이었다. 즉, 당시 조선은 일본의 식민지였고, 만주는 청국 영토였으며, 남만주는 러일전쟁에서 승리한 일본이 그 실권을 장악한 곳이었다.

1890년 12월 6일 일본 제국의회 중의원에서 내각총리대신 야마가타 아리토모(山縣有朋, 1838~1922)는 이처럼 가까운 미래에 펼쳐질 상이한 공간들 사이의 관계를 '주권선'과 '이익선' 개념을 가지고 설명했다.

대개 국가의 독립자영(獨立自營)의 길에는 두 가지가 있습니다. 첫 번째는 주권선을 수호하는 것, 두 번째는 이익선을 보호하는 것입니다. 주권선이란 국가의 강역을 말하며, 이익선이란 주권선의 안위와 밀접한 관계에 있는 구역을 말합니다. 무릇 국가로서 주권선 및 이익선을 보전하지 않는 나라는 없습니다. 현금 열국 사이에서 한 나라의 독립을 유지하는 일은 단지 주권선을 지키는 것만으로는 결코 충분하다고 말할 수 없습니다. 반드시 이익선 또한 보호하지 않으면 안 됩니다. 지금 우리가 말하는 바와 같이 주권선에 그치지 않고 이익선 또한 보호하여 일국 독립의 완전을 기하는 일은 원래부터 일조일석(一朝一夕)의 이야기만으로는 이룰 수 없습니다. 반드시 시간을 두고 점차 국력을 양성하여 그 성적을 보기에 힘쓰지 않으면 안 됩니다.[2]

'주권선'이란 국가의 강역을 획정하는 선 곧 국경에 해당하며, '이익선'은 국경 밖에 있으면서 국가의 안위와 밀접한 관계에 있는 지역을 가리킨다. 야마가타에게 국경 바깥의 세계는 기본적으로 일본의 독립을 위협하는 세력들로 가득 찬 공간이었다. 그리고 이 세력들에게서 일본의 독립을 지키기 위해서는 주권선 밖에 완충지대를 설정할 필요가 있었다. 야마가타가 제국의회에서 연설하던 시점에 그 역할은 조선에 부여되어 있었다. 그러나 이로부터 20년 뒤 한국은 제국 일본에 식민지로 편입되었고, 그와 동시에 조선과 연접해 있던 만주는 일본의 정세와 밀접한 관계를 갖는 공간으로 재인식되었다. 다시 말해 일본의 대외팽창과 함께 기존의 이익선이 주권선으로 대체되는 한편, 주권선 밖으로 이익선이 새롭게 그어진 것이다. 그리고 이러한 공간 확장은 제국 패망의 날까지 반복되었다.

야마무로 신이치(山室信一)는 이와 같은 공간 확장의 논리를 "선(線)에서 권(圈)으로의 전회(轉回)"로 규정하고 그 과정을 이렇게 설명했다. 먼저 주권선과 이익선 사이의 공간은 자신의 영토가 아닌 곳에서 통치권을 주장하는 것과 같기 때문에 국제 분규가 발생하기 쉽다는 점에서 '문제 공간'이라고 명명했다. 이후 '문제 공간'은 문제 해결을 위한 정밀 조사가 이루어지는 '조사 공간'의 단계로 넘어가게 되고, 또 '조사 공간'은 장래에 '통치 공간'이 되고 나서야 비로소 하나의 권역으로서 안정을 찾게 된다는 것이다.[3]

제국의 팽창이 야기하는 '문제 공간'의 끊임없는 생성은 결국 수목의 나이테처럼 제국의 중심과 주변이 연쇄적 관계를 갖는 동심원적 구조를 만들어냈다. 제국의 법학자들은 동심원적 구조의 외연을 이루는 '문제 공간'에서의 국제적 분규나, 새롭게 획득한 공간과 기존 공간구조 사이의 정합성 문제를 해결하기 위해 나섰다. 일례로 경성제국대학에서 교편을 잡았던 헌법학자 기요미야 시로(清宮四郎, 1898~1989)[4]는 『외지법서설(外地法序說)』(1944)에서 '외지' 개념을 중심으로 제국 일본의 '문제 공간' 혹은 '문제 공간'이었던 공간들에 대한 법적 규명을 시도했다.[5]

그에 따르면, 당시 '외지'라는 말이 법률상의 용어로 널리 사용되기 시작한 것은 얼마 되지 않은 일이었다. 이전까지는 '식민지'라는 용어가 쓰였는데, '식민지'는 정치·경제상의 용어일 뿐만 아니라 제국주의적 착취를 연상시킨다는 점에서 그 사용이 문제로 지적되었다. 이러한 용어 사용 문제는 1929년 척무성(拓務省) 설치에 이르러서야 공론화되었다. 그와 함께 '외지'라는 말이 '식민지'를 대체할 용어로 대두했고, 이후 관청의 공문서부터 민간의 인쇄물에까지 널리 보급됨에 따라, 최종적으로는 법률상의 용어로 채택되기에 이르렀다고 한다.

그러나 기요미야는 '외지'의 의미가 여전히 명확하지 않다고 지적했다. '내지' 및 '외지'의 범주는 무엇을 기준으로 하는가에 따라 달라졌기 때문이다. 만약 제국헌법 시행일(1890년 11월 29일)에 일본 영토로 편입되어 있었는가를 기준으로 구분한다면, '내지'에는 혼슈(本州)·시코쿠(四國)·규슈(九州)·홋카이도(北海道)·류큐(琉球)·오가사와라(小笠原)가, 그리고 '외지'에는 타이완(臺灣, 대만)·남사할린·조선·관동주·남양군도가 속하게 된다. 그러나 국경을 내·외지 구분의 기준으로 삼을 경우 '외지'는 외국으로 간주될 수도 있었다.

이에 기요미야는 '외지' 개념을 분명히 밝히기 위해 '외국'·'조차지'·'위임통치구역' 같은 주변 개념들과 비교 검토에 나섰다.[6] 결론

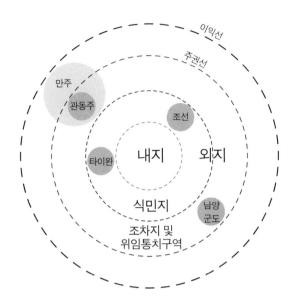

그림 1. 제국 일본의 공간구조

적으로 그는 '외지'를 "내지에 미편입된 이법영역(異法領域)"으로 정
의했으며, 그에 따라 혼슈·시코쿠·규슈·홋카이도·남사할린·류
큐·오가사와라를 '내지'로, 조선·타이완·관동주·남양군도를 '외
지'로 각각 분류했다. 이를 만주국 건립 이전인 1930년 시점에서 야
마가타의 '주권선'·'이익선' 개념과 관련지어 도식화하면 〈그림 1〉과
같이 된다.

　그런데 서두에서 인용한 바와 같이 만주는 기본적으로 청국 영토
였다. 중국의 전통적인 세계질서는 하마시타 다케시(濱下武志)가 제
시한 조공 시스템 그림으로 설명되곤 하는데(〈그림 2〉 참고), 〈그림 1〉
과의 형태적 유사성으로부터 말하자면, 제국 일본에 의한 공간 재편
은 곧 중국 중심의 세계질서를 해체하고 그를 일본 중심으로 대체하

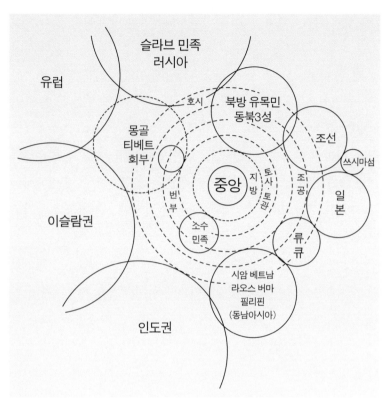

그림 2. 청대 조공 시스템의 구조

출처: 濱下武志, 1990, 『近代中國의 國際的契機』, 東京大學出版會, p. 33에 의거 재작성.

는 과정이었다고 할 수 있다. 다만 일본의 만주 침략으로 청국 영토 일부가 〈그림 1〉의 동심원적 구조 속에 편입되었을 때에는 이미 〈그림 2〉와 같은 종래의 동심원적 세계는 붕괴를 겪은 후였으며, 그 과정에서 청국 영토는 다양한 형태의 '근대적' 공간들로 분할되어 있었다.[7]

예를 들어 외국인의 거류 및 무역구역인 '조계(租界)'가 제1차 아편전쟁 이후인 1843년부터 1902년까지 약 60년에 걸쳐 청국 각지의 개항장에 설치되었다. 조계는 흔히 '나라 안의 나라'라고 불리는 것처럼 외국인에 의해 행정관리권이 독점된 공간이었다. 아편전쟁 이후 영국, 미국, 프랑스 등이 청국과 불평등조약 체결을 통해 획득한 영사재판권은 외국인이 중국 어디에서나 향유할 수 있는 속인적 권리였던 데 반해, 외국인의 조계 내 행정관리권은 속지적 권리에 해당했다. 따라서 외국인은 조계 밖에서 범죄를 저지르더라도 영사재판권에 의거하여 중국의 사법처리를 면할 수 있었지만, 조계 내에서는 중국인이라 할지라도 중국 정부가 아닌 외국인 자치기구의 통치를 받아야 했다.

제2차 아편전쟁 기간 중에는 '조차지(租借地)'가 새롭게 설정되었다. 조차지는 일반적으로 열강들이 군사적 목적으로 약소국가에 설치한 대규모 전략적 요충지를 지칭했다. 영국은 주룽반도(九龍半島)의 혼란이 홍콩의 안전을 위협한다는 이유로 1860년 초에 주룽반도 남단 및 스톤커터스섬(Stonecutters Island)을 매년 500량은(兩銀)에 조차했으며, 반년 뒤에 체결된 베이징(北京)조약을 통해 완전히 할양받았다. 그러나 조차지가 크게 늘어난 것은 청일전쟁 이후의 일이었다. 다년간 육성해온 청국의 신식 육해군이 청일전쟁 때 완전히 붕괴됨에 따라, 청국 정부는 열강과의 군사적 균형을 상실한 채 문호를 크게 개방할 수밖에 없었다. 열강들은 개항장에 조계를 늘리는 정도로 만족하지 않고 연해의 우량 항만들을 점령해갔다. 1897년 산둥(山東)에서의 독일인 선교사 피살 사건을 구실로 독일은 자오저우만(膠州灣)을 99년 동안 조차했으며, 러시아는 이를 모방하여 뤼순(旅順)과 다롄(大連)을 25년 기한으로 조차했다. 그러자 영국은 러시아와의 균세(均勢) 유지를 명목으로 뤼순과 다롄의 맞은편에 위치한 웨이하이웨이(威海衛)를 25년 기한으로 조차했다. 프랑스 또한 이익 균점을 요구하며 광저우만(廣州灣)을 99년 동안 조차하는 데 성공했다. 그런데 이는 영국이 추가로 조차지를 요구하는 구실이 되어, 결국 영국은 주룽반도 북부와 홍콩 주위의 해면 및 섬을 99년 동안 조차하게 되었다. 조계는 그 면적이 협소하고 육지에 한정되어 있었으나, 조차지는 광활한 해역은 물론 '극지(隙地)'라고 불린 수십 킬로미터의 군사적 완충지대까지 포함했다.

이 밖에도 '피서지', '외국인 거류구역', '통상장', '무역권', '철도부속지', '신시가', '사관구역' 등의 특수 공간들이 있었다(〈표 1〉 참고). 일본의 만주 진출과 그에 이은 공간 재편의 시도는 이처럼 청국이라는 균질적 공간을 대상으로 한 것이 아니었다. 그곳은 비균질적인 공간들이 퍼즐처럼 조합된 장소였으며, 일본은 자신을 중심으로 한 새

표 1. 중국에 설정된 특수 공간들

공간의 명칭	공간의 성격
피서지	외국인들이 한여름 더위를 피하기 위해 설정한 거류구역
외국인 거류구역	조약에 근거하여 조계를 설정했으나 발전이 미비한 상태로 남게 된 외국인의 거류·무역구역
통상장	중국 정부가 자발적으로 개항하여 행정관리권을 유지한 외국인 거류·무역구역
무역권	러시아가 중국의 서북지구에 설정한 거류·무역구역
철도부속지	중국 동북 지역의 철도 연선에 설정된 부속지
신시가	러일전쟁 당시 일본군이 도시를 점령한 후 구시가와 떨어진 곳에 설정한 일본인 거류구역
사관구역	의화단운동 이후 천안문 동남쪽에 외국 대표들만이 거류할 수 있도록 설정된 구역

로운 조합을 통해 공간 재편을 꾀하고자 했던 것이다. 따라서 국경 내 균질성을 담보하는 국민국가 형태에 익숙한 현대인들이 '근대'라고 일컫는 이 시대에 접근하기란 용이하지가 않다. 거꾸로 말하면 앞서 서술한 과정에 대한 기본적인 이해가 있어야 '근대'의 진면목을 발견할 수 있으며, 이 책이 바로 그를 위한 안내서가 될 수 있기를 희망한다.

다만 이 책의 목적이 공간의 재편 과정을 밝히는 데만 있는 것은 아니다. 그보다는 오히려 그러한 변화를 야기한 권력의 욕망과 그것을 선도하거나 뒷받침했던 학문의 역할에 더 많은 관심을 두고 있다. 그를 위해 검토 대상으로 삼은 것이 서두의 인용문에서 이미 등장한 바 있는 남만주철도주식회사(南滿洲鐵道株式會社, 이하 '만철'), 그중에서도 만철조사부이다.

만철은 러일전쟁에서 승리한 일본이 남만주에서의 러시아의 이권을 계승하여 설립했던 국책회사로서, 만주 지역의 주요 산업을 지배했을 뿐만 아니라 철도부속지를 통한 영역 지배까지 실현했다. 만철조사부는 그 지배를 뒷받침하기 위한 기초 조사는 물론 정책 입안까지 간여했던 까닭에 제국의 '싱크탱크(think tank)'라고도 일컬어진다. 만철의 초대 총재로서 만철조사부를 설립한 고토 신페이(後藤新平, 1857~1929)의 말을 빌리자면, 만철조사부는 '문장적 무비(文裝的武備)', 곧 비군사적 시설을 통해 군사력을 증진하는 핵심적인 기구였다고 말할 수 있다. 이처럼 '외지'인 만주를 배경으로 무기 대신 붓을 들고 싸운 만철조사부는 권력·공간·학문이 연출해내는 삼중주를 살피기에 더할 나위 없는 소재들을 제공한다.

만철과 관련해서는 일본을 중심으로 이미 헤아릴 수 없을 정도로 많은 연구 성과가 축적되어 있다. 따라서 관련 연구가 척박한 한국에서, 게다가 이제 막 관련 공부를 시작한 필자가 선행 연구들에 더해 새롭게 기여할 만한 여지를 찾기는 어려웠다. 그렇다면 연구사의 충실한 정리만으로도 커다란 의미가 있겠지만, 그 또한 필자의 능력을 넘어서고 있음을 고백하지 않을 수 없다. 이러한 고민 끝에 결국 어렵사리 찾은 해결의 실마리가 하타다 다카시(旗田巍, 1908~1994)라는 인물이었다.

마산 출신의 재조일본인 2세인 하타다 다카시는 전후 조선사학을 이끈 인물로서, 한국사 연구자들, 특히 고려시대 전공자들에게는 그 이름이 익숙하다. 한국에서는 그를 두고 한국에 애정을 품은 이른바 양심적 학자로 칭송하기도 하지만, 한편으로는 다른 일본인 학자들과 함께 식민사관 극복을 위한 대상으로 취급하기도 한다. 그런데 그의 이력 중 한국에서는 잘 알려지지 않은 부분이 있다. 그것은 하타다가 1940년부터 1944년까지 약 5년간 만철조사부의 일원으로 '화북농촌관행조사(華北農村慣行調査)'에 참여했다는 사실이다.

한국사 관련 그의 주 저서인 『조선중세사회사연구(朝鮮中世社會史の研究)』가 간행된 것이 1972년이다. 그런데 이듬해 그는 화북농촌관행조사에서의 성과를 바탕으로 『중국 촌락과 공동체 이론(中國村落と共同體理論)』이라는 또 다른 저서를 세상에 내놓았다. 1년의 차이를 두고 간행된 이 두 권의 책은 그의 특이한 학문 이력을 잘 보여준다. 즉, 문헌 연구를 통한 한국 중세 사회사 연구자인 동시에, 현지조사에 기초한 중국 현대 사회사 연구자이기도 하다는 점이다. 간행 시기를 두고 말하자면 위의 두 작업은 서로 영향을 주고받았을 것이 분명하지만 지금까지 그 점을 주목한 사람은 없었다. 한국사 연구자들은 오직 전자에만, 중국사 연구자들은 오직 후자에만 관심을 두었기 때문이다.

이 책에서는 하타다의 서로 다른 연구 계보가 전후 조선사학에 끼친 영향을 살피고자 한다. 이를 통해 기대하는 바는 다음과 같다. 첫째, 만철 연구에서 한국의 시각을 수립하는 것이다. 만철이 만주를 지배한 일본의 침략기구였던 만큼 한국인 연구자들의 관심을 끌지 못했던 것은 어쩌면 당연하다. 그러나 만철에 대한 관심은 한반도를 넘어 보다 보편적인 문제 제기를 가능케 함으로써 한국사 연구의 시야를 넓혀줄 것이며, 동시에 새로운 소재 발굴을 통해 만철 연구 또한 더욱 풍부하게 만들 것이라고 생각한다.

둘째, 전후 조선사학의 재조명이다. 제국 일본의 패망 이전에 생산된 연구 성과들과의 단절을 선언하면서 전후 조선사학을 이끌었던 하타다에게 있어 청산의 대상은 자기 자신을 포함하는 것이었다. 따라서 비판의 목소리가 커질수록 내면의 갈등 또한 커질 수밖에 없었는데, 이는 단순히 하타다 개인의 문제가 아니라 '부(負)의 유산'을 짊어진 모든 이가 당면한 과제이기도 했다. 더구나 한일관계의 파국으로 양국 간 소통을 가로막는 벽이 그 어느 때보다 높아진 지금, 하타다를 비롯해서 '부의 유산'과 분투해야 했던 이들의 이야기는 현재의 우리들에게 많은 시사점을 던져줄 것이다.

마지막으로, 학문과 이를 수행하는 연구자의 역할에 대한 물음이다. 학문에서 '부의 유산'에 대한 고민은 좋은 학문과 나쁜 학문을 구별하는 데서부터 시작될 것이다. 좋고 나쁨을 어떤 기준으로 나눌 것인지가 가장 먼저 논란이 될 수 있지만, 때로는 구별 행위 자체가 누군가에 대한 면죄부로 작용하여 더 이상의 논의를 불가능하게 만들기도 한다. 역사학에서 '실증주의'는 학문을 대하는 기본자세로 이해되는 까닭에 꺼림칙한 느낌을 남길지라도 최종적으로는 면죄부의 대상이 되어왔다. 그러나 연구자가 현대를 살아가는 한 과거와 현재 사이는 물론 사회와 연구자 사이의 대화 또한 계속될 수밖에 없다. 그렇다면 연구자를 '실증주의'의 피난처로부터 걸어 나오게 하는 작업이 뒤따라야 할 것이며, 이것이 이 책의 궁극적인 목표이다.

이상과 같은 목표에서 이 책의 시선은 제국 일본의 대륙 침략 경로를 따라 한반도에서 시작해서 간도, 만주를 거쳐 '화북'으로 향할 것이다. 그 시선을 따라 각 지역에서 연쇄적으로 이루어진 공간 재편 과정을 검토함으로써, 각 지역의 특수한 상황과 더불어 어디에서든 그 재편을 추동해간 권력의 의지를 확인할 것이다. 동시에 다른 한 편으로는 국제법학, 동양사학, 법사회학 같은 근대 학문이 공간 재편 과정에서 어떤 논리를 통해 권력의 의지에 부합해갔는가를 살펴보고자 한다.[8]

제1부

제국 일본의 공간 확장과
'만한' 지역의 공간 재편

1장

한반도 공간의 재편과 공간 해석의 논리들

1. 조약체제하 공간구조의 성립과 '잡거' 문제

1) '잡거' 공간의 기원, 한성

개항기 한국의 조약체제는 1876년 2월 일본과의 수호조규(강화도조약) 체결과 함께 시작되어 1910년 일본에 의한 강제병합으로 종결되었다. 당시 조약 체결이 조계의 설치나 유보 지역의 설정 등을 통해 외국인의 거주 및 무역이 가능한 곳과 그렇지 못한 곳을 구분하는 일종의 공간 분할을 의미했고, 또 그에 따라 후술하는 바와 같이 '조계', '조계 밖 10리 이내', '내지'로 이루어진 하나의 공간구조가 성립되었다고 한다면, 조약체제의 해체 과정을 서로 다른 공간 사이의 경쟁이나 하나의 공간이 다른 공간들을 잠식해가는 과정으로도 볼 수 있다. 그렇다면 그 과정에서 어떤 공간이 최종적인 승리를 거두었는가를 살피는 것은 한국의 식민지화 과정 및 그 결과로서의 식민지 조선의 공간적 성격, 나아가 제국 일본 내에서 '외지'의 위치를 묻는 작업이 된다. 그를 위해 다음에서는 조약체제하에서의 공간 분할 과정을 면밀하게 따라가보고자 한다.

조일수호조규 체결 이래로 조약상 조선 내 외국인들의 활동 범위는 시기에 따라 다양한 형태로 규정되었다. 먼저 조규 제4관에서는 왜관이 있던 부산 초량항을 '통상지(通商地)'로 규정하고 신조약에 따라 무역사무를 처리하도록 명시하는 한편, 제5관에서는 부산 이외에 2개 항구의 추가 개항과 그곳에서 일본인의 자유 왕래 및 통상을 허용했다.[1] 또한 제11관에서는 각 조관의 세부 사항을 6개월 이내에 조일 양측이 상의하여 정하도록 했으며, 이에 따라 같은 해 8월에 조일수호조규부록이 체결되었다.

그런데 부록 제4관에서는 부산항 부두로부터 직경 10리(약 4km)의 범위를 유보 지역(遊步地域), 곧 조계의 경계를 벗어나 자유롭게 여행할 수 있는 지역으로 설정했다. 조선 측은 기존 경계의 유지를 주장하면서 유보 지역의 설정 자체를 반대했다. 그러나 일본 측은 100리(약 40km, 일본의 리수里數로는 10리에 해당)를 유보 지역의 한계로 삼을 것을 주장했다. 여기에서 100리는 사람이 하루에 걸을 수 있는 거리를 기준으로 한 것으로, 일본 측은 조선에 들어온 자국민의 건강을 위해 먼 거리 여행이 필요하다는 이유를 내세웠다. 결국 상반된 주장을 하던 양측이 타협을 본 것이 10리였던 셈인데, 일본 측은 그렇게 양보하는 대신 예외적으로 10리 밖에 위치한 동래부(東萊府)까지의 왕래를 유보 범위 내에 포함할 것과, 유보 지역 내에서 물품

표 1-1. 인천·원산·부산 각 항의 유보 지역 범위

구분	인천	원산	부산
1883년 7월 확정	동: 안산, 시흥, 과천 동북: 양천, 김포 북: 강화도	서: 덕원부 관하 마식령 남: 안변부 관하 고용지원(古龍池院) 북: 문천군 관하 업가직(業加直)	동: 기장 서: 김해 남: 명호 북: 양산
1884년 11월 확정	남: 남양, 수원, 용인, 광주 동: 경성, 동중랑포 서북: 파주, 교하, 통진, 강화 남서: 영종, 대부, 소부의 각 섬	북: 영흥 서: 문천의 종경 남: 회양, 통천	동: 남창 북: 언양 서: 창원, 마산포, 삼랑창 남: 천성도

매매를 허용할 것을 요구하여 관철시켰다.

1882년 8월 임오군란 수습 차원에서 체결된 조일수호조규속약에서는 개항장 각 항구의 유보 지역을 10리에서 50리로 확장하고, 2년 뒤에는 다시 100리로 확장할 것을 명시했다. 이에 따라 이듬해 7월에는 조일 양국 대표의 협의를 거쳐 유보 지역을 확정했으며, 1884년 11월에는 유보 지역의 경계를 재확장했다(〈표 1-1〉 참고).

유보 지역의 본래 목적은 앞서 언급한 바와 같이 건강 유지를 위한 여행에 있었다. 따라서 유보 지역 내 물품매매라는 것도 본래는 본격적인 상업활동을 위해서라기보다는 여행자의 편의 제공을 목적으로 한 것이었다. 그러나 조선이 새로운 국가들과 차례로 조약을 체결해가는 과정에서 통상 목적의 활동 범위 또한 크게 확대되었다.

조일수호조규부록 체결 당시만 하더라도 외국인이 통상할 수 있는 공간은 개항장과 그로부터 10리까지의 유보 지역에 한정되어 있었고, 1882년 5월에 체결된 조미수호통상조약에서는 아예 '내지(內

地, the interior)'에 들어가 외국산 물품을 팔거나 국내산 물품을 사들일 수 없음을 명백히 했다. 같은 해 10월에 체결된 조청상민수륙무역장정 제4조에서도 조미수호통상조약과 마찬가지로 '내지'에서는 각종 화물을 판매할 수 없다고 규정했으나, '내지'에서 국내산 물품을 사들일 수 있는 권리만은 인정했다. 이듬해 11월에 체결된 조영수호통상조약에서는 '내지'에서 국내산 물품을 사들일 수 있는 권리뿐만 아니라 각종 화물을 판매할 수 있는 권리까지 인정했다. 결과적으로 외국인의 통상이 가능한 범위는 한반도 전역으로 확장되었으며, 이에 따라 유보 지역은 사실상 무의미해졌다. 다만 '내지'에서는 유보 지역과 달리 원칙적으로 통행증을 발급받아야만 활동이 가능했다.

이처럼 외국인의 활동 범위는 유보 지역의 확대와 '내지' 통상의 허용 등을 통해 크게 확대되었다. 그럼에도 불구하고 외국인의 거주 범위는 여전히 개항장에 한정되어 있었다. 앞서 언급한 조일수호조규 제4관에서는 부산과 그 외 두 곳(곧 원산과 인천)의 '통상지'에서 일본인의 왕래와 통상을 허가하면서 그곳에서 땅을 빌려 가옥을 짓거나 조선인 가옥을 빌릴 수 있다고 규정했다. 그리고 조일수호조규 부록 제3관에서는 '통상각구(通商各口, 일문으로는 通商各港)'에서 일본인이 땅을 빌려 거주할 때 그 가격은 지주와 상의하되 정부에 속하는 땅의 경우는 조선인과 동일한 조액(租額)을 납부하도록 했다. 조미수호통상조약 제6관에서는 미국 시민들이 "개항장의 조계 내에서 거주할 수 있다"고 하여 미국인의 거주지를 개항장의 '조계' 내로 한정했다.

조미수호통상조약 체결 당시 조선에는 개항장인 부산과 원산 두 곳에만 조계가 설치되어 있었다(인천의 개항은 1883년). 부산의 조계는 그 연원이 왜관에 있었던 까닭에 일본의 "전관·전용 단독조계"[2]라는 특징을 띠고 있었고, 따라서 이를 모델로 설치된 원산의 조계 또한 마찬가지 성격이었다. 그러나 조미수호통상조약 체결과 함께 일본이 독점해온 조계를 다른 국가들에게도 개방할 것인지가 새로운 논점으로 부상하게 되었는데, 이때에도 조선인은 개방 대상에서 제외되었기 때문에, '조계'=외국인 거류지 / '내지'=조선인 거주지라는 이분법적 공간 분할은 이후에도 계속 유지되었다.

그런데 1882년 한성의 개시(開市)는 외국인과 조선인 사이의 '잡거'를 허용하는 방식으로 이루어졌다. 그 때문에 조약체제의 이분법적 공간 분할에 균열이 발생하게 된다. 조약에 의해 한 나라의 수도가 개방되는 사례는 다른 나라에서도 확인된다. 예컨대 일본의 도쿄에도 외국인 거류지와 그 주변에 잡거지가 설정되어 있었다. 그러나 한성은 외국인의 거주구역 설정 없이 한성 전역이 일거에 개방되었다는 점, 그리고 일본이나 서양과의 '조약'이 아니라 청과 체결한 '장정'에 의해 개방되었다는 점에서 특징적이라 할 수 있다.

중국과의 홍삼무역은 베이징으로 가는 조선 사절단에 의해 일찍부터 이루어져왔던 바이며, 1882년 10월에 체결된 조청 간 무역장정에서도 그 권리를 계속해서 인정했다. 그에 앞서 체결된 조미수호통상조약에서는 홍삼무역을 금지하고 있었던 까닭에 무역장정 교섭과정에서 조선 측은 향후 미국 측이 이를 문제 삼지 않을까 우려했으나, 청국 측은 '장정'과 '조약'의 차이를 강조하면서 조선 측의 우려를 불식하고자 했다.[3] 청국 측 주장에 따르면, '장정'과 '조약'의 차이란 조약 체결자 간의 관계가 상하관계인가 대등관계인가에 따라 발생하는 것으로, '장정'이 윗사람이 아랫사람에게 베푸는 은혜라면 '조약'은 상호 간 권리에 대한 약속이었다.[4] 동시에 청국 측은 무역장정이 양국 상민의 이익에 부합되도록 할 것임을 약속했는데, '장정'은 은혜적 조치이기 때문에 '조약'처럼 불평등하고 일방적인 이익을 추구해서는 안 되었으며, 상호 간의 이익 추구라는 명분은 상국이 속국을 대하는 '체통' 유지의 방편으로 여겨졌다.[5]

그런데 청국은 이상의 두 가지 원칙, 곧 '조약'과의 차별화와 이익의 상호주의를 바탕으로 그동안 조선에서 아무도 넘보지 못했던 권익을 획득하게 된다. 즉, 은혜적 조치로서 조선인의 북경교역권(北京交易權)을 재차 인정해주는 대신에, 상호주의의 역적용을 통해 조선에 대해서도 청국인의 한성개잔권(漢城開棧權, 한성에서 점포를 개설할 수 있는 권리)을 요구하게 되었던 것이다.

그러나 이 두 가지 원칙은 모두 지켜지지 못했다. 먼저 양자의 권리는 이익의 상호주의라는 원칙에도 불구하고 결코 대등하지 않았다. 종래 베이징에서 행해지던 홍삼무역은 조선 상민이 점포를 스스로 개설하는 것이 아니라 청국인이 운영하는 고려인삼국에 위탁판매하는 형태를 취했다. 이에 반해 한성에서는 청국인 스스로가 점포를 개설할 수 있었기 때문에 그것이 시장에 미치는 영향은 애당초 비교할 수 없는 것이었다.

그뿐만 아니라 '장정'과 '조약'의 구분도 곧 무너졌다. 청국 측 대표의 단언과 달리 한성개잔권은 조영수호통상조약에서 부산, 원산, 인천 등의 개항장과 함께 한성을 '통상지처(通商之處)'에 포함함으로써 영국인에게까지 확대되었다. 더구나 이후 조선이 각국과 체결한 조약들이 조영수호통상조약의 내용을 답습함에 따라 한성개잔권은 각국에 차례로 균점되어갔으며, 조영수호통상조약에 앞서 조약을 체결한 일본과 미국은 최혜국 대우 조항의 적용을 받았다. 결과적으로 한성은 개시장으로서 청국인은 물론 체약국 국민 모두에게 개방되었다. 다시 말해 한성은 조약체제하에서 가장 먼저 '잡거'가 허용된 곳이었다.

2) 조약체제하 공간구조와 '잡거' 현실 사이의 부정합

이처럼 한성 개시 조항을 담은 1883년의 조영수호통상조약은 이후 체결된 조약들의 모델이 되었다는 점에서 중요한 의미를 지닌다. 그런데 이 조약에서는 거주를 기준으로 한반도를 세 공간, 즉 '조계', '조계 밖 10리 이내', '내지'로 구분했다. '조계'와 '내지'는 각각 외국인 거류지와 조선인 거주지로 규정되었다는 점에서 기존의 조약들과 다를 바 없었으나, 새롭게 설정된 '조계 밖 10리 이내' 공간은 외국인과 조선인의 잡거 지역으로 '조계'와 '내지' 사이에서 하나의 완충지대 역할이 기대되었다. 이로써 조약상의 공간 분할은 '조계/내지'의 이분법에서 '조계/조계 밖 10리 이내/내지'의 삼분법으로 체계화되었다(〈그림 1-1〉 참조).

그런데 이와 같은 조약상의 공간 분할로는 잡거지 한성의 성격을 규명하기 어려웠다. 만약 한성을 '조계'라고 한다면 수도 전체를 외국인에게 비워줘야 했으며, 반대로 '내지'라고 할 경우 한성 내 외국인은 모두 퇴거해야 했다. 또한 한성을 조약상 잡거 공간인 '조계 밖 10리 이내'로 간주할 경우에는 조계가 설정되어 있지 않았기 때문에 10리의 경계를 획정할 수 없다는 문제가 남았다.

사실 조선 정부는 무역장정 회담 석상에서부터 제3국에 의한 균

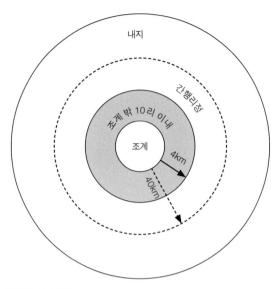

내지

간행리정

조계 밖 10리 이내

조계

4km

40km

그림 1-1. 조약체제하 공간구조

점을 우려하여 한성개잔권 조항의 철폐를 요청한 바 있으며, 실제 조
영수호통상조약 체결로 한성개잔권 균점이 현실화되자 재차 청국에
대해 해당 조항의 개정을 요구했다.[6] 이후에도 1884년 말에는 동지
사 일행을 통해,[7] 1886년 초에는 조선에 부임한 위안스카이(袁世凱,
1859~1916)에게 한성철잔(漢城撤棧), 곧 한성 내 청국인의 퇴거를 요
구했다.[8] 청국 측도 이에 호응하여 퇴거 준비에 들어갔으나, 1886년
말부터 이미 태도의 변화가 보였다. 이때 위안스카이는 "한성철잔은
작년 이래 승낙해온 것이기 때문에, 조선 정부의 형편만 좋다고 한다
면 우리는 언제라도 이전을 각오하고 있지만, 아무래도 조선 정부의
재정 곤란으로 인해 더욱 그 형편이 서질 않으니, 이 기세로는 올해
중에는 물론 내년 봄이라 하더라도 실행에 옮기기는 어려울 것"이라
는 입장을 주변에 내비치고 있었던 것이다.[9]

이처럼 한성개잔 문제의 해결이 요원해지자, 1887년 2월 20일 스기무라 후카시(杉村濬, 1848~1906) 주한 일본대리공사는 일본인들이 오늘날의 충무로 및 명동 일대에 설정되어 있던 비공식 잡거구역을 벗어나 종로 일대의 조선인 가옥을 구입하여 개점할 것임을 조선 정부에 통보했다.[10] 김윤식 독판(督辦)은 한성철잔이 이미 약정되어 있고 내년 봄에는 용산으로의 이전도 실행될 예정이므로 새로운 개점은 오히려 손해가 될 뿐이라고 답했다.[11] 그러나 25일 스기무라는 수일 내에 청국인에 대한 적절한 조치가 취해지지 않으면 조선 정부가 일본인의 종로 개점을 막을 수 없을 것이라고 경고했다.[12]

그런데 바로 그날 한성에서는 조선 상인들이 대대적으로 철시운동을 벌였다. 철시운동의 발생 시점을 고려할 때 철시운동과 일본의 종로 진출 선언은 상호연관된 사건이라고 볼 수 있다. 상인들은 한성개시에 관한 조약 개정을 요청했으나, 김윤식은 청국의 승인도 있었기 때문에 한성철잔은 반드시 이루어질 것이라고 설득했다.[13]

철시운동은 1889년과 1890년에도 반복해서 일어났다. 1890년 철시운동 때 위안스카이와의 교섭만으로는 문제 해결이 불가능하다고 판단한 조선 정부는 변석운을 문의관(問議官) 자격으로 청국에 파견하여 리훙장(李鴻章, 1823~1901)과 직접 담판하도록 했다.[14] 그사이 위안스카이는 리훙장에게 철시운동이 조선 정부의 지시에 의한 것이며 변석운의 파견 또한 청국인을 거액의 이전 비용 없이 퇴거시키려는 수작이라고 보고했다.[15] 리훙장은 한성개잔권이 '속국전례(屬國專例, 속국에게만 해당되는 사례)'임에도 불구하고 일본의 균점을 거절하지 못한 것은 조선 정부의 책임이라고 주장하면서, 일본도 반드시 퇴거할 것이라는 명문을 받아오면 협상에 임할 수 있다는 입장

을 표했다.[16]

결국 조선 정부의 리훙장과의 직접 담판 시도도 실패로 끝나고 말았다. 그런데 변석운은 즈푸(芝罘)에 도착했을 때 일본영사관 서기생 노세 다쓰고로(能勢辰五郎, 1856~1911)에게 자신의 파견 목적을 이렇게 설명했다. 즉, 각국 상민이 용산으로 이전하더라도 그 거리가 가까운 까닭에 실질적인 효과를 기대할 수 없다. 그럼에도 불구하고 조선 정부가 한성철잔을 요구하는 것은 이 문제가 조선의 '독립의 체면'상 방치해둘 수 없기 때문이라는 것이다.[17] 다시 말해 한성은 이제 조선인과 외국인이 무질서하게 잡거하는 공간으로서만이 아니라 조선의 독립주권이 시험되는 장으로서 인식되었다. 이는 장래 한성의 잡거 공간이 조선의 완전한 자주독립을 위한 내셔널리즘 실천의 장으로 변신하는 것을 예고하는 것이기도 했다. 청일전쟁의 발발과 청국의 패퇴는 그러한 변화의 결정적인 계기가 되었다.

3) '잡거' 문제 해결을 위한 공간 재편의 시도

청일전쟁 이후 정계에 복귀한 김윤식은 1895년 6월 28일 내각 총리대신 앞으로 청의서 「한성 내 각국인 거류지의 경계를 정할 일(爲漢城內各國人居留地定界事)」에 대한 검토를 요청했다. 청의서에서는 '잡거' 문제 해결을 위해 두 가지 방안을 제시했다. 하나는 각국과의 협상을 통해 한성개잔권을 철회하는 것이고, 다른 하나는 차선책으로 한성 내에 외국인 거류지를 설정하는 것이었다.[18] 각의에서는 청일전쟁 발발과 함께 조선 정부가 행한 청과의 모든 장정 폐기 선언이 한성개잔권의 철회로까지 해석될 수 있는가에 대한 이론 등이 제기

되어, 결국 한성 내에 외국인 거류지를 설정하자는 후자의 방안이 채택되었다.[19]

김윤식이 각국 공·영사와의 협상 과정에서 제시한 외국인 거류지 설정안은 한성을 '개항장'으로 간주한 위에 조영수호통상조약의 '조계'에 관한 규정에 따라 한성 내에 외국인 거류지를 설정하자는 것이었다. 이때 조계는 일국 전관조계가 아니라 각국 공동조계로 설정되었으며, 조계 내 조선인과 조계 밖 외국인의 기득권은 한동안 인정해주는 대신, 조계 내 조선인은 조계장정을, 그리고 조계 밖 각국인은 조선의 지방장정을 준수하도록 했다. 그런데 조영수호통상조약에 따르면 전술한 바와 같이 조계가 설치되었을 경우 조계 밖 10리 이내의 잡거 공간을 설정해야 했다. 한성 내 외국인 거류지로부터 10리를 헤아린다면 결국 한성 전체가 잡거 공간이 될 수밖에 없으므로, 김윤식은 조영수호통상조약의 변칙적인 적용을 통해 조계가 아닌 한성 성벽을 기준으로 그로부터 10리 밖까지를 잡거 공간으로 설정했다.

그러나 각국과의 협상을 거치면서 김윤식은 새로운 청의서를 제출하게 된다.[20] 수정안에서는 외국인 거류지를 '조계'가 아닌 '잡거지'로 변경했다(〈그림 1-2〉 참조). 그 이유는 사료상으로 확인되지 않지만 조계를 설치할 경우 한성 내에 외국인의 영대차지권(永代借地權)을 인정하게 된다는 점, 그리고 잡거지로 대체할 경우 조계 밖 10리 이내를 별도로 설정할 필요가 없다는 점이 고려되었을 것으로 추측된다.

같은 시기 주한 일본공사 이노우에 가오루(井上馨, 1836~1915)도 별도의 외국인 거류지 설정안을 마련하고 있었다.[21] 그 내용은 한성

성 밖
(= 내지)

잡거지 밖 성내
(≒ 내지)

잡거지

그림 1-2. 김윤식의 외국인 거류지 설정안
김윤식이 상정한 외국인 거류지의 대략적인 범주를 확인하기 위해 1900년대 초 한성 지도 위에
설정안을 표시했다.

내 일부 지역을 잡거지로 설정한다는 것으로, 형태상으로는 김윤식
의 수정안과 유사했지만 차이점도 있었다. 첫째는 잡거지 설정 목적
자체가 외국인의 거주 지역 제한보다는 현상 유지에 있었던 까닭에
잡거지의 범주를 가능한 크게 설정하고자 했다는 것이고, 둘째는 애
당초 잡거지 설정의 근거를 김윤식과 달리 조영수호통상조약의 조
계 밖 10리 이내로부터 구하고자 했다는 것이다. 그런데 후자의 경우

조선의 어느 곳에서나 잡거라는 상황만 존재한다면 조영수호통상조약의 조계 밖 10리 이내 규정을 적용할 수 있다는 인식과 통한다는 점에서 주의할 필요가 있다. 실제로 한국통감부 설치기 '내지'에서의 잡거 문제를 해결하기 위한 대책으로 '조계 밖 10리 이내' 규정이 검토되었다. 그러나 1895년 명성왕후 시해 사건과 1896년 아관파천으로 이어진 정국의 격변으로 인해, 김윤식의 외국인 거류지 설정안은 물론 이노우에 가오루의 안 또한 실현되지 못했다.

한편, 청일전쟁 이후 민간 신문의 창간과 그를 통한 내셔널리즘의 확산 속에서 한성 내 잡거 문제가 새롭게 부상했다. 그런데 신문지상에서 '잡거'란 기본적으로는 해결해야 할 문제라기보다는 추구해야 할 이상으로 거론되었다.[22] 왜냐하면 같은 시기 일본의 불평등조약 개정은 외국인의 영사재판권을 철폐하는 동시에 그들에게 '내지 잡거'를 허용함으로써 결과적으로 내외국인 간 법적 평등을 전제로 한 잡거의 실례를 보여주었기 때문이다. 그러나 그러한 이상과 달리 한국에서의 잡거는 불평등조약체제하에서 영사재판권을 향유하는 외국인들과 비대칭적인 형태로 이루어지고 있었으며, 바로 그러한 현실 인식 위에 신문지상에서는 잡거 반대론이 전개되었다.

잡거 반대론의 구체적인 형태는 다양하게 나타났다. 1898년 초에 황국협회 창설을 주도한 홍종우 등 1,000여 명의 인민은 한성철잔은 물론, 방곡령 시행, 외국군 철수, 외국 화폐 사용금지 등을 요구하는 상소문을 올렸다. 그러나『독립신문』은 현행 조약의 개정 없이 일방적으로 외국인의 퇴거를 요구할 수는 없다고 반박했다.[23] 나아가 정부의 한성철잔 교섭도 10여 년 동안 하등 성과를 내지 못하여 이미 불가능한 상황이라고 보고, 대안으로 한성 내 외국인 거류지 설정을 제시했다.[24] 같은 해 10월에는 독립협회와 황국중앙총상회가 외부대신 앞으로 조약 개정을 요구하는 연명 서신을 보냈다.[25] 이에 대해 외부는 적당한 때에 완전한 방책을 강구해야 할 것이라는 유보적 입장을 표명했다.[26] 그런데 그로부터 얼마 지나지 않아 '적당한 때'가 찾아왔다.

청일전쟁 발발과 함께 단절되었던 국교 재개를 위해 1899년 초부터 시작된 한청 양국 간 조약 체결 교섭은 한성 내 잡거 문제 해결을 위한 조약 개정의 기회로 다가왔다. 실제로 이 문제는 주요 쟁점 중 하나로 취급되었다. 대한제국 측은 한성개잔권이 1882년의 무역장정에 기원한 것이고, 조영수호통상조약 이래 각국 조약의 선후속조(善後續條)에서도 청국 정부가 먼저 한성개잔권을 철회한다면 그에 따를 것임을 분명히 하고 있기 때문에, 청국이 우선적으로 한성개잔권 철회를 표명해야 한다고 주장했다. 이에 반해 청국 측은 무역장정은 이미 폐기되었다는 이유로 한성개잔권의 근거를 각국의 제 조약에서 구하고자 했다. 더구나 각국과의 형평성을 위해 각국의 한성개잔권을 오히려 청국이 균점해야 한다고 주장했다. 양측의 치열한 대립 속에 교섭 결렬의 가능성까지 제기되자, 대한제국 측은 한성개잔권 철회 협상을 포기하게 된다. 결과적으로 1899년 9월에 체결된 한청통상조약은 영사재판권의 상호인정을 통해 형식적인 대등함은 취했으나, 한성 내 잡거 문제에 한해 말한다면 조약 개정의 호기를 다시금 놓치게 되었다고 말하지 않을 수 없다. 그리고 조약 개정을 위한 기회는 다시 찾아오지 않았다.

2. '내지' 개방과 조약체제하 공간구조의 형해화

1) 조선의 '내지'와 청국의 '내지'

'내지'라는 공간은 근대적인 조약에 의해 규정되기까지는 '변경'에 상대되는 말로 사용되었다. '변경'이란 지리적으로 중앙에서 멀리 떨어진 장소인 동시에, 문화적으로 중앙의 교화가 미치지 않는 지방을 의미했다. 조선시대에는 북방의 요충지인 함경도 및 그 주민을 가리켜 '북새(北塞)', '변경(邊境)', '하원지지(遐遠之地)', '하토(遐土)', '원인(遠人)' 등으로 불렀는데, 이 말들에는 그와 같은 지리적·문화적 의미가 포함되어 있었다.[27] 이에 반해 '내지'는 변경 안쪽에 위치하여 왕의 덕치에 감화된 사람들이 거주하는 공간이었다. 그러나 19세기 후반에 들어 조선이 일본 및 구미 각국과 조약을 체결하기 시작하면서 한반도의 공간구조는 전통적인 맥락에서 벗어나 점차 제 조약에 의해 재편성되어갔다.

1876년 조일수호조규를 시작으로 조선이 각국과 체결한 조약들 중 '내지'라는 말이 처음 등장하는 것은 1882년의 조미수호통상조약에서이다. 조미수호통상조약 제6관 마지막 부분에서 "미국 상민은 외국산 물품을 내지로 운반하여 판매할 수 없고, 또한 스스로 내지에 들어가 국내산 물품을 구매할 수 없다"고 하여, 미국인이 '내지'에서 외국산 물품을 판매하거나 국내산 물품을 구입할 수 없도록 금지했다. 이는 외국인의 거주 및 통상이 허용된 개항장과 그것이 금지된 '내지'를 명확히 구분하기 위한 규정이었다.

청국의 경우를 보면, 1876년에 영국과 체결한 즈푸조약 제3조 제

4항에서 내지의 의미를 외국과의 통상의 장으로 개방되지 않은 내륙은 물론 해안이나 하안까지 포함한 장소로 정의했다. 또한 역사학자 모스(H. B. Morse)는 1908년에 출간한 『중국제국의 무역과 행정(The Trade and Administration of the Chinese Empire)』에서 개항장 이외의 장소는 모두 '내지'에 속한다고 설명했다.[28] 말하자면 조약체제하에서 '내지'는 변경이 아닌 개항장에 상대되는 공간으로 규정되었고, 그 결과 종래의 지리적·문화적 중심성을 상실한 채 변경 지역을 포함한 단순한 개항장의 바깥이 되었다고 말할 수 있다.

그런데 당시 조선은 각국과 근대적 조약을 체결한 자주국이면서도, 동시에 청국과는 기존의 종속관계를 유지하고 있었다. 청국은 조청상민수륙무역장정 체결 등을 통해 제 조약에 의거하여 새롭게 재편되는 한반도 질서에 적응하는 동시에, 다른 한편으로는 종속관계의 강화를 위해 조약체제와는 다른 방향으로의 공간 재편을 시도하였다.

일례로 청국은 조선에서 수입한 물품을 청국산 물품과 동일하게 국산품으로 취급하려 했다. 이는 조선을 청국의 '내지'로 간주하여 일국의 독립성을 부정하는 조치였으며, 따라서 각국의 반발을 초래했다.

좀 더 자세히 살펴보면, 청국에서 관세율은 애로호 전쟁기(제2차 아편전쟁기)에 체결된 제 조약 및 협정에 의해 수출입 모두 종가(從價, 상품 가격 기준 세율) 5%로 정해졌으며(차와 견직물의 수출세와 아편의 수입세는 제외), 또 2.5%의 자구반세(子口半稅, 일종의 추가 관세)를 지불하면 이금(釐金) 등의 내지 통과세를 면제받을 수 있었다.[29] 그런데 1889년 6월, 조선산 종이를 톈진(天津)에서 퉁저우(通州)로 운반하기 위해 자구반세를 납부하고 내지 통행권 발급을 청구한 독일 상사 세창양행에 대해 톈진해관도(天津海關道)는 통행권 발급을 거부했다. 조선은 청국의 속방이기 때문에 조선산 종이를 외국산 물품과 동일하게 취급할 수 없다는 이유에서였다.[30] 외국산 물품과 국내산 물품의 취급상의 차이에 대해서는 후술하겠지만, 어쨌든 이 조치에 대해 독일공사관은 조선이 진정 청국의 속방이라면 어째서 일찍이 독일이 조선과 조약을 체결할 때는 상응하는 조치를 취하지 않다가 지금에서야 돌연 그와 같은 주장을 하느냐고 이의를 제기했다. 나아가 독일은 조선의 체약국으로서 이를 묵인할 수 없다고 총리각국사무아문(總理各國事務衙門, 이하 '총서')에 경고했다.[31]

총서는 북양대신 리훙장에게 상세한 사정을 조사하도록 지시했다. 10월 14일, 총서가 독일공사관 앞으로 보낸 조회문[32]에는 리훙장의 보고 내용이 인용되어 있는데, 리훙장은 관세 부과에서 '양화변법(洋貨變法)'과 '토화변법(土貨變法)'의 차이에 대해 이렇게 설명했다. 즉, 양화(=외국산 물품)의 경우 전술한 바와 같이 수입세와 자구반세를 모두 지불하면 수입품을 내지에 운반할 수 있다. 이에 반해 토화(=국내산 물품)는 청국 내 항구에서 다른 항구로 운반하고자 하는 경우에는 수입세가 반감되지만, 만약 그 토화를 다시 내지로 운반하여 팔고자 한다면 외국 상인이라 하더라도 청국인과 마찬가지로 일체의 이금을 지불하지 않으면 안 된다는 것이었다.

리훙장의 보고 서두에서는 "조선 화물을 중국의 각 항구로 운반하는 경우에는 응당 토화의 사례에 비추어 처리해야 하며 각국 양화와 동일하게 취급할 수 없다"고 강조했는데, 이와 같이 '조선산 물품=청국산 물품'이라는 등식을 인정한다면, 세창양행이 운반하려 한 조선산 종이는 수입세 반감의 대상이 되는 동시에 내지 통과세의 면제 대상에서는 제외되어야 했다. 결국 톈진해관이 정세(正稅)로 징수한 수입세의 반을 환급하고, 또 세창양행이 조선산 종이를 내지가 아닌 개항장인 톈진에서 판매하기로 함으로써,[33] 이 사건은 일단락되는 듯이 보였다. 그러나 일찍이 독일공사관이 제기했던 자주국으로서의 조선의 지위를 규명하는 문제는 미해결 상태로 남았다.

조선산 물품에 대한 수입세 반감은 청국 입장에서 보자면 조선에 대한 '번속무육(藩屬撫育, 속방을 보살핌)'의 조치였고 따라서 어떤 의미에서는 자기희생이었다.[34] 그러나 실제로 그 조치로 경제적 이익을 본 것은 조선인이 아니라 일본인이었다. 톈진 주재 일본영사 쓰루하라 사다키치(鶴原定吉, 1857~1914)는 앞서의 조치가 일본인에게 미칠 영향을 이렇게 분석했다. 즉, 조선에서 톈진에 수입되는 주요 품목은 종이, 해삼, 상어지느러미 세 가지 정도인데, "지금 조선산 해산물에 대한 수입세가 반감되더라도 이 때문에 일본산 해산물의 수입이 감소될 일은 없을 것입니다. 또한 조선산 해산물은 주로 우리 상인이 수입하는 것이기 때문에 세금 반감으로 인해 이익을 얻는 자역시 우리 상인입니다. 현재 이곳의 구미 상인 중에는 세창양행을 제외하고 달리 조선 물품을 수입하는 자가 없"다는 것이다.[35] 그렇다면 앞서의 조치는 애당초 무역 현상보다는 정략적인 고려에서 이루어졌다고 말할 수 있다. 그 때문에 일본은 경제적 이익이 예상됨에도 불구하고, 청국 정부에 대해 솔직하게 동의를 표할 수 없었다. 도리어 톈진과 즈푸의 일본영사들은 청국의 조치를 "외교상의 일대 문제",[36] 혹은 "양국 외교상 묵시하기 어려운 일 문제"[37]라고 보고 본국 정부의 주의를 불러일으켰다.

그러나 청일전쟁 당시 외무대신이었던 무쓰 무네미쓰(陸奧宗光, 1844~1897)는 종전 후 간행한 『건건록(蹇蹇錄)』(1896)에서 조청 간 종속관계에 대한 논의는 일찍부터 "결말이 나지 않는 논쟁(水掛け 論)"이 될 일이었다고 회고했다.[38] 그리고 각국 정부는 사실상 조청 간 종속관계를 묵인했고, 특히 영국의 경우에는 조선이 청국과 종속 관계를 유지하는 쪽이 러시아의 남하를 막아 자국에 이익이 될 것으로 판단했다.[39] 이러한 상황에서 일본이 청국의 조치에 이의를 주장하는 것은 당시 주청 일본공사였던 오토리 게이스케(大鳥圭介, 1833~1911)의 말을 빌리자면 "미리 (전쟁을: 인용자) 굳게 결의하지 않으면 안 될 일"[40]이었다.

따라서 오토리는 청국과 외교문제를 일으키기보다 일본인의 경제적 이익을 중시하고, 설령 독일로부터 복구 요구가 제기된다고 하더라도 그에는 따르지 않을 것이라고 본국 정부에 보고했다.[41] 이에 대해 아오키 슈조(靑木周藏, 1844~1914) 외무차관은 "직접적인 충돌을 피하고 타일 다시 조회할 여지를 남겨두자는 주의"에 따라, 독일과 그 외 공사가 조선산 수입세 반감의 건에 대해 이의를 제출할 때에는 '연횡의 책'으로 동맹하는 것이 마땅하다. 다만 조선을 속방으로 간주하는 데 대해서는 일본이 먼저 나서서 이의를 제기하지 말라고 지시했다.[42]

다른 한편 청국의 조치는 조선에도 적지 않은 반향을 일으켰다. 리훙장이 총서에 보낸 앞의 보고서에는 다음과 같은 사후 조치가 강구되고 있었다. 즉, 외국 상인이 조선산 물품(홍삼 및 별도 규정이 있는 품목은 제외)을 청국으로 운반하고자 할 때에는 먼저 조선 해관에서 수출세를 징수한 후 증명서를 발급하고, 청국 항구에 입항할 때 그것을 근거로 수입세를 반감하는 절차를 밟도록 조선 측에도 통지해둘 필요가 있다는 것이다.[43] 총리교섭통상사의(總理交涉通商事宜)로서 조선에 주재하고 있던 위안스카이는 리훙장으로부터 이와 같은 내용의 서간을 접수한 후 각 항구의 청국 상무위원은 물론 조선 정부에도 통지했다. 그리고 그는 이번 조치가 속방을 우대하는 뜻에서 나온 것이며, 이를 통해 상국으로서의 명분은 더욱 명백해질 것이라고 평가했다.[44]

위안스카이의 보고에 따르면 11월경까지는 조선 정부로부터 관련 기관이나 각 항구에 위의 통지를 준수하도록 지시했다는 회답이 있었던 것으로 보인다. 그런데 이듬해인 1890년 1월에 조선 정부는 돌연 그 회답의 철회를 요청했다. 그즈음 위안스카이를 방문한 독판 민종묵은 조선산 물품에 대한 징세는 외국 상인의 예에 비추어 처리해야 한다고 주장하는 동시에, 장정에 명기되지 않은 규정을 협의도 없이 새롭게 만들어냈다고 항의했다. 이에 대해 위안스카이는 속방 우대의 뜻을 재차 강조하면서 민종묵 독판의 요구를 물리쳤다. 위안스카이는 조선 측의 이러한 태도 변화의 배경에 조선 정부 고문인 데니(Owen N. Denny, 1838~1900)와 총세무사인 쇠니케(J. F. Schönicke)의 공작이 있다고 보았다. 곧 이들이 조선 토화(土貨)에 대한 청국의 조치가 조선의 자주체면에 커다란 손해를 끼친다면서 선동한 결과, 일찍부터 조선의 자주를 꾀하고 있던 고종을 움직이게 만들었다는 것이다.[45]

오토리 공사는 1890년 6월 6일 아오키 외무대신 앞으로 보낸 보고서에서 이렇게 진술했다. 즉, 독일공사를 만나 그때까지의 경위를 물었더니, 세창양행은 청국인에게 명의를 대여했을 뿐 직접적으로는 관계가 없기 때문에 이번 건과 관련하여 청국 정부와 굳이 논의할 생각은 없다고 답했다는 것이다. 사건 당사자인 독일이 이미 이와 같고, 그 외 나라들은 사건의 유무조차 파악하지 못한 상황이므로, 일본 측이 먼저 이의를 제기할 필요는 없다고 말했다. 그리고 수입세 반감 조치는 당분간 청국의 뜻대로 이루어질 것이라고 예상했다.[46] 현재까지는 이 사건의 결말에 관한 사료를 찾지 못했으나, 이 보고에 따르면 조선을 청국의 내지로 간주한 청국 측 조치는 각국에 의해 묵인되었을 가능성이 크다.

요컨대 이 시기 조선의 내지는 조약상의 개항장 바깥에 해당하는 공간인 동시에, 적어도 경제상의 관세 영역에서는 청국의 판도 내에 속한 공간으로 간주되었다. 이와 같이 한반도의 내지라는 하나의 공간에 대해 자주독립국화와 속방화라는 상반된 두 개의 기획이 가능했던 것은 조선을 둘러싼 각국 간의 세력 균형과 그로 인한 현상 유지가 지속되고 있었기 때문이다. 청일전쟁의 발발은 그 균형을 깨뜨렸고 일본은 동아시아에 새로운 공간질서를 구축하고자 했다. 이후 청국이 한국 내지를 다시 자신의 판도로 취급할 여지는 사라졌다. 그러나 그것이 조선의 '자주'를 자명한 것으로 증명해줄 근거는 되지 못했다.

2) '개항장'과 '내지'의 경계

조영수호통상조약 이래 한국의 조약체제하 공간구조는 '조계', '조계 밖 10리 이내', '내지'로 구성되어 있었다. 이러한 구조 내에서 정작 개항장의 범주는 애매한 상태로 남아 있었다. 조영수호통상조약 제4관 제1항에서는 '통상지처(通商之處)'로 인천, 원산, 부산의 각 항구와 한성 및 양화진을 나열하고 있으나, 개항장이 조계와 어떤 관계에 있는지에 대한 규정은 없었다. 좀 더 구체적으로 말하면, 조계의 경계는 개항장의 경계와 일치하는가, 아니면 조계는 개항장 내 일정 지역에 설치되는가의 문제이다.

이에 대한 논란은 조계제도가 시작된 청국에서도 일찍부터 제기되었다. 우에다 도시오(植田捷雄, 1904~1975)는 『지나조계론(支那租界論)』(1934)에서 개항장과 조계 사이의 관계를 이렇게 설명했다. 즉, 1842년 난징(南京)조약의 체결로 광둥(廣東), 샤먼(廈門), 푸저우(福州), 닝보(寧波), 상하이(上海) 등 5개 개항장에서 외국인의 거주 및 무역의 권리는 확립되었지만, 거류지 설정이나 무역 방법에 관한 상세 규정은 없었다. 그런데 이듬해 추가조약 제7조에서 피아 관헌의 협의에 따라 일정 구역을 획정하여 외국인이 사용할 수 있게 하면서, 이후부터 개항장과 조계라는 두 가지 현상이 나타나기 시작했으며, 이에 양자의 관계를 둘러싸고 청국과 각국 사이에 논쟁이 일어났다. 이때 청국 측은 개항장이 곧 조계라는 설을 취하여 외국인의 거주 및 무역의 권리를 조계 내에 한정하고자 했던 반면, 각국은 조계는 개항장의 일부라는 설에 따라 조계에서는 물론 조계 밖에서도 거주 및 무역의 권리를 인정받으려 했다는 것이다.[47]

이러한 개항장 범주의 애매함은 1899년 한청통상조약 교섭 과정에서도 양국 간 논쟁을 야기했다. 교섭의 출발점이 된 청국 측 초안은 1883년에 체결된 조영수호통상조약이 아니라 그 전해 체결된 조미수호통상조약을 모본으로 삼아 작성된 것이었다.[48] 조영수호통상조약 이후의 조약들은 조영수호통상조약의 내용을 거의 그대로 답습했기 때문에 조영수호통상조약은 제 조약들의 모델 역할을 하고 있었다. 그런데 조영수호통상조약 제4관에서 처음으로 조약체제하 공간구조가 성립되었기 때문에 청국 측 초안에는 조계와 개항장에 관한 체계화된 공간 규정이 반영되어 있지 않았다. 따라서 한국 측은 그러한 미비점이 권리 행사의 남용을 낳을까 우려하여 교섭 과정에서 각 조문의 한계를 최대한 명확히 규정하고자 했다.

협상 과정을 구체적으로 살펴보면, 청국 측 초안 제4관에서는 한청 양국 상민이 상대국 '통상구안(通商口岸)', 곧 개항장에 가서 거주 및 무역을 행할 수 있다고만 규정했다. 이에 대해 한국 측 수정안에서는 대략 다음 세 가지 사항을 추가했다. 첫째 "해당 처소의 정해진 경계 내에서[在該處所定界內]"라는 구절을 추가하여 청국인 거주 공간의 한계를 명백히 하는 한편, 둘째 외국의 전관조계에서는 해당 조계 장정에 따라야 한다고 명시했다. 그리고 셋째 "정해진 경계 밖에서 [在定界以外]"의 거주는 일절 금지한다는 사실을 확인했다.[49]

청국 측은 한국 측 수정안의 "재해처소정계내(在該處所定界內)"일곱 글자를 들어 여기에서 말하는 정해진 경계 내라는 것이 '개항장'을 말하는 것인지, 아니면 '조계'를 말하는 것인지 알 수 없다고 문제를 제기했다. 청국 측은 만약 그것이 '개항장'을 가리키고 이 조관이 개항장 밖에서의 무역 행위를 금지하기 위한 것이라면, 이미 관헌의 허가 없이는 '내지'로 들어갈 수 없으므로 다시 경계 이내를 명기할 필요는 없다고 말했다. 또 만약 그것이 '조계'를 가리키는 것이라면, 조계로부터 10리까지 외국인의 잡거를 허용하고 있는 현행 조약들과 모순된다면서 위의 일곱 글자를 삭제한 수정안을 다시 제시했다.

한국 측은 "재해처소정계내"란 곧 '조계'를 지칭한다고 밝힌 뒤 그 의미를 보다 명확히 하기 위해 '조(租)'자를 추가하여 "재소정조계내(在所定租界內)"라고 수정했다. 한국 측은 만일 청국 측 초안과 같이 '통상구안'이라고만 해둔다면 청국인의 거주 공간이 너무 포괄적이게 된다고 지적하는 한편, 개항장 내 조계 이외의 부분은 응당 별도로 규정해야 한다고 주장했다. 이에 따라 새로운 수정안에서는 제4관을 다시 여러 항목으로 나누어, 제1항 및 제2항은 조계, 제3항은 개항장 내 조계 밖("在彼此兩國通商口岸, 所定租界外"), 제4항은 개항장의 통상 한계 밖("在彼此兩國口岸, 通商界限外")의 공간을 규정하도록 했다. 이는 체제상 '조계', '조계 밖 10리 이내', '내지'로 이루어진 조영수호통상조약 제4관과 매우 유사한 것이었다. 그러나 조영수호통상조약에서는 잡거 가능한 공간을 조계로부터 10리까지로 명시했으나, 이 수정안에는 그런 기준이 존재하지 않았다. 따라서 제3항의 조계 밖과 제4항의 통상 한계 밖 사이의 관계가 애매해질 수밖에 없었다. 그런데 이 수정안은 일부 첨삭이 더해지기는 했으나 그대로 체결되었고, 따라서 조약의 시행과 함께 그 해석을 둘러싼 논쟁이 다시 재개되었다.

1900년 1월 20일, 청국 출사대신 쉬서우펑(徐壽朋, ?~1901)은 외부대신 박제순 앞으로 보낸 조회에서 청국 상민 송씨에 대한 호조(護照, 일종의 여행허가증) 발급을 청구했다.[50] 한청통상조약 제8조는 "중국인이 호조를 발급받아 한국 내지에 가서 유력통상(遊歷通商)하는 것을 허락한다. 다만 좌사매매(座肆賣買)하는 것은 허락하지 않는다"고 되어 있었다. 즉, 청국인이 내지에 들어갈 때는 관의 허가를 증명할 수 있는 호조의 신청이 의무적이었다. 2일 후인 22일 박제순 외부대신은 조약에 따라 당연히 호조를 발급할 것이라고 답했다. 그런데 그와 동시에 청국인이 내지에서 한국인의 집을 빌려 불법적으로 개점하고 있는 현실을 들어 각 개항장의 청국영사가 그러한 위법 행위를 엄히 단속하도록 지시해줄 것을 요청했다.[51] 그러나 다음 날 조회에서 쉬서우펑은 이렇게 반론했다. 전술한 제8조에서는 '좌사매매', 곧 점포를 열어 장사하는 행위를 금하고 있을 뿐이므로 한국인의 집을 빌려 매매하는 행위는 이 조항에 위배되지 않는다는 것이다.[52] 이에 대해 민종묵 외부대신서리는 한청통상조약 제4관 제4항에서 양국 상민이 통상 한계 밖에서 조지(租地, 토지 임차)·임방(賃房, 가옥 임차)·개잔(開棧, 점포 개설)하는 것을 모두 금하고 있는 점을 들어, 내지에서 청국인의 거주 및 개점은 조약 위반에 해당한다고 반박했다.[53]

그런데 이후의 논쟁 과정을 따라가보면 점차 쟁점이 바뀌고 있음을 볼 수 있다. 당초에는 '내지'에서 청국인의 활동이 조약 위반인가 아닌가에 초점이 맞추어져 있었지만, 논쟁이 진행되면 될수록 '내지'라는 공간 자체의 해석을 둘러싸고 대립하게 되었다. 이와 같이 논쟁의 지평이 확대된 것은 민종묵이 자신의 주장의 근거로 한청통상조약 제4관 제4항을 든 데서 비롯되었다. 앞서 살펴본 바와 같이 제4관 각 항은 쟁점이 된 통상 한계 밖 공간만이 아니라 조계나 개항장 내 조계 밖에 대해서도 규정하고 있었기 때문에, 그 해석의 차이는 결국 한반도 공간구조 전반에 대한 견해차로 이어졌다.

그렇다면 우선 쉬서우펑의 견해부터 검토해보자. 그의 해석에 따르면 제4관의 모든 항목은 오로지 개항장('통상구안')에 관한 규정이었다. 제1·2항 및 제3항은 각각 조계 및 조계 밖 10리 이내, 그리고 제4항의 통상 한계 밖은 넓은 의미에서의 개항장('구안지방口岸地方')

그림 1-3. 쉬서우펑의 한청통상조약 제4관 도해

에 관한 규정이다.[54] 여기에서 내지는 구안지방 바깥에 위치하는데, 구안지방이 내지와 구분되는 것은 호조 발급의 의무 여부에 있었다. 즉, 내지에 들어갈 때에는 호조가 필요하지만 구안지방의 경우 호조 없이도 왕래할 수 있다는 것이다. 이로부터 쉬서우펑이 말하는 구안 지방이란 외국인의 유보 범위를 규정한 '간행리정(間行里程)'을 가리 키는 것으로 추정해볼 수 있다(〈그림 1-3〉 참조). 이와 같은 구조에서 는 한반도 대부분이 잡거지로 간주될 수 있기 때문에, 사실상 조약체 제하 공간구조상에서의 경계 자체가 무의미해질 수 있었다.

한편, 민종묵은 한청통상조약 제4관을 이렇게 해석했다. 우선 제 4관 제1항은 각국 공동조계에 관한 규정이며, 제2항은 일국 전관조 계, 제3항은 조계 밖 10리 이내, 그리고 제4항은 내지를 규정하고 있다는 것이다. 그리고 만약 쉬서우펑의 해석처럼 제4항의 통상 한계 밖이 내지가 아니라 개항장이라고 한다면, 그 경계의 외연을 무한히 확대할 수 있게 되어 결국 제4항을 설정한 의미 자체가 사라진다고 반론했다.[55] 이를 볼 때 민종묵이 상정하고 있는 개항장의 범위는 조계와 조계 밖 10리 이내까지의 영역이며, 통상 한계의 바깥은 곧 개항장 밖 간행리정 범위를 포함한 내지를 지칭하게 된다. 이는 기본적으로 조영수호통상조약 제4관과 궤를 같이하는 것이었다.

쉬서우펑은 2월 28일에 민종묵 앞으로 보낸 조회에서도 자신의 주장을 굽히지 않았다. 그러나 논박을 과하게 해도 바람직하지 않다는 판단 아래, 전술한 제8조의 규정을 위반하지 않기로 하는 수준에서 논쟁을 마무리 짓고자 했다.[56] 이에 대한 한국 측의 회답은 확인되지 않는다. 다만 위의 논쟁은 한청통상조약이 경우에 따라서는 한성 내 잡거 문제를 해결해주기는커녕 내지에서의 잡거 문제를 야기할 수도 있음을 보여준다.

3) '내지 잡거'의 확대와 '내지'의 소멸

한청통상조약의 공간 규정을 둘러싼 해석 논쟁으로부터 7년여가 지난 1907년 7월 1일 한국통감 이토 히로부미(伊藤博文, 1841~1909)가 일본 외무대신 하야시 다다스(林董, 1850~1913)에게 보낸 기밀문서에는 스티븐스(Durham W. Stevens)가 작성한 「내지에서의 외국인 토지 소유 문제에 관한 한국 외부 기록 중 발췌(Extracts from the Korean Foreign Office Records regarding the question of the ownership of land by foreigners in the interior)」라는 제목의 문서가 첨부되

었다.[57] 스티븐스는 제1차 한일협약에 의거하여 재정 고문인 메가타 다네타로(目賀田種太郎, 1853~1926)와 함께 외교 고문으로 임명된 인물이다. 그는 이 문서 서문에서 한국 정부가 내지의 외국인 토지 소유에 대해 어떤 조치를 취했는가를 살피기 위해 외부 기록 중 여러 실례를 발췌했다고 밝혔다.

그가 뽑은 실례는 네 건이었는데, 그중에는 앞서 살펴본 한청통상조약 해석을 둘러싼 한청 양국 간의 논쟁도 포함되어 있었다. 스티븐스는 내지에서 퇴거할 것을 요구하는 한국 정부에 대해 각국이 대체로 다음의 두 가지 논리를 가지고 대응했다고 적었다. 하나는 한국 정부로부터 내지 통행을 위한 호조를 발급받았다는 것이고, 다른 하나는 한국인 명의로 가옥을 구입했다는 것이다. 스티븐스는 이런 사례를 검토한 끝에 "한국 정부가 외국인이 내지에 거주하고 재산을 소유할 권리를 정식으로 허용한 적이 없고 누차 항의한 것도 사실이지만, 다른 한편으로는 그 항의를 유효하게 할 하등의 수단을 취한 적이 없음도 명백하다. 따라서 한국 정부는 이 점에 관해 국법 및 외국과의 조약 위반을 적어도 묵허했다"고 결론 내렸다. 다시 말해 각국은 한국 정부에 내지 잡거의 '묵인'을 요구했고, 한국 정부는 그를 '묵허'했다는 말이다. 그러나 각국이 내지에서의 토지 소유 및 거주를 정당화하기 위해 한국인의 명의를 빌려야 했던 사실을 보더라도, 적어도 각 사례들의 시점까지는 내지라는 공간의 기본적 성격, 즉 내지는 외국인의 거주가 허락되지 않은 한국인만의 거주 공간이라는 조약상의 규정이 완전히 부정된 것은 아니었음을 알 수 있다.

그러나 1900년을 전후한 시점부터 일본 내에서는 한국 이민론이 본격 대두하면서 그에 부합하는 내지 상(像)이 창출되고 양산되었다.

1900년대 초 주한 일본공사 가토 마스오(加藤增雄, 1853~1922)나 농상무성 기사 가토 스에로(加藤末郎, 1870~?)는 『태양(太陽)』이라는 잡지에서 한국을 일본인이 이주하기에 적합한 '미개지'로 그려냈다. 특히 가토 스에로의 글은 1902년부터 1904년 사이에 작성된 시찰보고서들의 근거로 활용됨으로써 그러한 이미지의 확대 재생산에 기여했다.[58]

1904년에 출판된 야마모토 구라타로(山本庫太郎)의 『조선이주안내(朝鮮移住案內)』 또한 영국인들이 개척한 '미개지'들처럼 한국도 '우리의 고향'이 될 수 있다고 역설했다. 그런데 이 책은 이주지로서 조계와 내지를 달리 평가하고 있는 점이 주목된다. 먼저 조계에 대해서는 "만사가 상당히 일본화되어 생활의 상태가 점차 질서가 잡혀가고 있"는 까닭에 "소자본의 빈생(貧生)이 실력을 발휘할 수 있는 무대가 아니게 되었"다고 평했다. 이에 반해 내지에 대해서는 조선인들로부터 신불(神佛) 같은 대우를 받고, 상업 경영에 큰 자본을 필요로 하지 않을 뿐만 아니라, 일본의 3분의 1 수준의 생활비로도 여유롭게 살아갈 수 있으니, "참으로 자주자유(自主自由)의 선경(仙境)"과 같다고 말했다. 다만 내지로 들어갈 때에는 반드시 통행권을 휴대해야 한다고 강조했는데, 그러나 이 또한 통행권만 입수한다면 "조선 내지만큼은 천애지각(天涯地角) 어디에 가더라도 자유"라고 함으로써[59] '질서 있는' 조계에 대비되는 '자유로운' 공간으로서 내지를 부각했다.

그런데 야마모토가 말하는 '자유'는 구체적으로 무엇을 말한 것일까? 재조일본인 입장을 대변한 잡지 『조선』의 1908년 9월호에는 샤쿠오 이쿠오(釋尾旭邦, 1875~?)의 「조선에서의 우리 관민의 반목(朝鮮に於ける我官民の反目)」이라는 글이 실렸다.[60] 이는 같은 해 7월

22일 한국통감부가 통감부령 제23호로 「거류민단법 시행규칙」을 개정하여 민장을 통감이 임면하도록 하자, 그에 대한 재조일본인들의 반발이 거세지는 속에서 작성된 것이었다. 이 글에서 샤쿠오는 관민 간 반목의 원인으로 관존민비의 폐풍, 통감부의 한국 본위 정책과 함께 간섭·압제적인 정책을 들어 논하던 중 '자유'에 대해 이렇게 말했다. 즉, 식민지에 이주해온 인물들 중 순량한 인간보다 모험적 인물이 많고, 자본가보다 무자본가가 많음은 어느 나라든 마찬가지이며, 프랑스와 러시아는 죄인을 이용하여 식민지를 개척하는 마당에 이주민의 사람됨 여하를 따지는 것은 일종의 '사치'라는 것이다. 따라서 식민지 개척은 되도록 이주민의 자유에 맡겨야 한다고 주장했는데, 여기에서 '자유'란 식민지 개척이라는 목적을 실현하기 위해 "변칙적인 수단"까지도 활용이 가능한 환경을 말하는 것으로, 이는 "상궤를 벗어나는 것", 곧 법이 통용되지 않는 예외적 상태에 대한 요구에 다름 아니었다.

사실 일본 정부와 한국통감부는 이미 내지를 개방하기 위한 정책을 취하고 있었다. 조약상의 내지가 법제적 수단을 통해 해체되기 시작한 것은 러일전쟁 발발 이후의 일이었다. 1904년 5월 31일 일본 각의에서는 「대한시설강령 결정의 건(對韓施設綱領決定の件)」을 통과시켰다. 이때 척식을 도모할 방도로 농업과 관련해서는 이런 결정을 내렸다.

한국은 토지 면적에 비해 인구가 적어 다수의 본방 이민을 충분히 수용할 수 있으므로, 만약 우리 농민 다수가 한국 내지에 들어갈 수 있기에 이른다면, 한편으로는 우리의 초과된 인구를 위한 이식지를 얻고 다른 한편으로는 우리의 부족한 식량 공급을 늘릴 수 있어 소위 일거양득이라고 할 것이다. 그런데 현시에 있어서는 조약상 거류지 밖 1리(＝10한리韓里) 이내가 아니므로 토지를 임차 또는 소유할 수 없다. 따라서 사실상 내지에서 전답을 소유한 자가 있더라도 그 권리가 명확함을 결여하여 확실한 자본가는 불안함을 느껴 항상 투자에 주저한다. 그러므로 우리 농업가를 위해 한국 내지를 개방하게 할 수단으로 다음의 두 가지 방책을 취해야 한다.[61]

여기서 말한 두 가지 방책은 다음과 같다. 첫째, 관유 황무지에 대해서는 개인 명의로 경작 및 목축의 특허나 위탁을 받아 일본 정부의 관리하에 일본인이 경영하도록 한다. 둘째, 민유지에 대해서는 "거류지로부터 1리 밖이라 하더라도 경작 또는 목축 등의 목적으로 매매 혹은 임차할 수 있"게 한다는 것이다.[62]

일본 정부는 이 인용문에서 볼 수 있듯이 두 번째 방책이 조약 위반임을 충분히 인지하고 있었다. 그러나 조약 위반으로 인한 불안정성을 해소하기 위해 오히려 "한국 내지를 개방하게 할 수단"으로 한국 정부로 하여금 "거류지로부터 1리 밖", 곧 내지에서의 일본인의 토지 소유권이나 영대차지권 혹은 용지권을 강요하겠다는 계획을 수립했던 것이다. 실제로 1906년 10월 31일에는 칙령 제65호로 총 10개조(부칙 2개조 포함)의 「토지가옥증명규칙(土地家屋證明規則)」(이하 「증명규칙」)이 공포됨에 따라 그때까지의 내지 잡거 상황은 일변하게 되었다.

그에 앞서 8월 15일에 열린 제10회 한국시정개선에 관한 협의회에서는 한국부동산법 제정을 위해 이하영 법부대신이 제출한 「부동산소관법」과 우메 겐지로(梅謙次郞, 1860~1910)에 의한 수정안이 검토되었다. 이 자리에서 이토 통감은 이번 토지 소유권에 관한 법률 제정은 "토지건물전매 때 발생하는 작위(作爲)를 예방하기 위"한 것이라고 밝혔다. 나아가 한국 정부가 내지의 외국인 토지 소유권을 묵인해왔을 뿐만 아니라, 소유권 회수를 위해서는 거액의 비용이 소요되므로, 차라리 그 권리를 공식적으로 허가해주는 것이 낫다고 법 제정의 당위를 역설했다.[63] 이 당시 한국 정부와 통감부 모두 근대적법제 정비의 필요성에 대해 공감하긴 했지만, 한국 정부 측은 외국인의 토지 소유를 금지하려 한 데 반해, 통감부 측은 관행적 거래를 통해 획득한 일본인의 소유 토지를 법으로 보장하고자 했다. 결과적으로 증명규칙은 통감부의 의도가 반영되어 외국인의 토지 소유를 인정하는 장치가 되었다.[64] 구체적으로 「증명규칙」 제8조에서는 당사자의 일방 혹은 쌍방이 외국인인 경우의 증명수속을 정하고, 한국인은 물론 외국인 또한 토지·가옥을 매매·증여·교환·전당할 때에는 군수 또는 부윤의 증명을 받을 수 있다고 명시했다.[65] 그리고 같은 해 11월에 통감부령 제42호로 공포된 「토지건물증명규칙」에서는 당사자의 일방 혹은 쌍방이 외국인으로서 증명규칙에 의한 증명을 받은 자는 이사관의 사증도 받도록 규정했다.[66]

이와 같이 내지에서도 외국인의 토지·가옥 소유가 공인됨에 따라 내지와 조계 밖 10리 이내의 경계는 유명무실하게 되었다. 「증명규칙」의 시행에 즈음하여 통감부 총무장관이 된 쓰루하라 사다키치는 군산이사청의 부이사관으로부터 「증명규칙」에 따라 증명해야 할 토지구역에 관한 문의를 받았다. 쓰루하라는 그 회답에서 다음과 같이 구역을 나누고 각 구역에서의 「증명규칙」 적용 여부에 관한 지침을 내렸다. 제1구역은 전관조계 및 각국 공동조계이고, 제2구역은 전관조계 또는 각국 공동조계 밖 10리 이내 및 잡거지, 그리고 제3구역은 제1 및 제2구역 이외의 지역이다. 각 구역은 순서대로 조약상의 조계, 조계 밖 10리 이내(잡거지 포함), 내지에 해당하는데, 쓰루하라는 제1구역을 제외한 지역, 즉 조계 밖 10리 이내와 내지의 경우는 어느 구역이든 「증명규칙」을 적용하도록 지시했다.[67] 다시 말해 「증명규칙」에 의해 내지와 조계 밖 10리 이내의 경계는 소거되었으며, 결과적으로 조약상의 '내지'는 한반도에서 소멸되었다.

3. '보호국' 한국의 국제법적 지위를 둘러싼 논쟁

만주 연구자인 다나카 류이치(田中隆一)는 『만주국과 일본의 제국지배(滿洲國と日本の帝國支配)』(2007)에서 이렇게 말했다.

통상 치외법권을 향유하는 경우에는 개항장만으로 거주가 제한되는데도 불구하고, 만주국에서는 '거의 무제한으로 내지 잡거'를 하는 일본인·조선인이 치외법권도 동시에 향유한다고 하는 '치외법권사상 거의 유례가 없는' 상태에 있었다.[68]

이 인용문에서 내지 잡거는 치외법권과 대치되는 위치에 있다. 즉, 외국인의 치외법권 향유는 본래 개항장 내 거주지 제한을 전제로 하는 것인 까닭에, 만약 거주지 제한이 지켜지지 않거나 해소될 경우, 다시 말해 개항장을 넘어 내지에서 잡거가 이루어질 때에는 외국인의 치외법권 또한 철폐되는 것이 마땅하다는 말이다. 그리고 이와 같은 입장에서 치외법권을 향유하는 일본인 및 조선인에 의해 무제한적으로 내지 잡거가 이루어지고 있던 만주국의 현실에 대해 "치외법권사상 거의 유례가 없"다고 평한 것이다.

일본의 조약 개정 과정을 돌이켜본다면, 이 평가는 타당하다고 말할 수 있다. 1894년 청일전쟁 발발 직전 영국과의 조약 개정에 성공한 일본은 이후 다른 나라들과도 차례로 교섭하여 5년 후인 1899년에는 각국과의 개정조약 발효를 보기에 이른다. 그 결과 외국인의 치외법권은 철폐되고 동시에 내지 잡거도 실시되었던 것이다. 이는 곧 일본이 서구 열강들과 어깨를 나란히 하게 되었음을 의미하는 것이기도 했다. 이와 관련하여 일본 최초의 전국적 규모의 학회였던 국제법학회(1897년 창립)에서 간행한 『국제법잡지(國際法雜誌)』(1902년 창간)의 발간사에는 이렇게 서술되어 있다.

19세기 말에 즈음하여 국제법은 그 연혁상 공전의 일대 진보를 이루게 되었다. 우리 일본제국이 국제법에 가입한 것이 곧 그것이다. 무릇 국제법의 원칙은 그 연혁상 구주야소교국(유럽 기독교 국가: 인용자) 사이에서 발달했기 때문에 그 적용 구역도 구주제국 사이에 한정되어 그 명칭 또한 구주국제법이었다. 그런데 19세기 이래 북미합중국이 점차 발달함에 따라 국제법 적용의 구역은 대서양을 넘어 미국까지 파급되었고 구주국제법의 명칭은 일변하여 구미국제법이 되기에 이르렀다. 더구나 이들 제국은 모두 야소교국에 속하였던 까닭에, 국제법은 야소교와 떨어질 수 없는 관계에 있는 것과 같이 생각되어, 국제법이란 구미야소교국 사이에서 행해지는 정의 및 인도의 원칙으로 간주하는 자가 적지 않았다. 또 실제상에 있어서도 야소교국 이외의 제국에게 있어서 국제법은 야소교국으로부터 제한적이고 수동적인 적용을 받을 뿐이었다. 터키제국의 경우 1856년 이래 만국공법의 이익 및 구주국제협동에 가입하는 것을 구주 열강의 일치로 승인받기에 이르렀지만, 그 가입은 완전히 수동적이었으며 또 주권의 가장 중요한 특권, 즉 외국인에 관한 법권을 행할 수 없었다.

우리 제국이 국제법에 가입한 것은 완전히 그 취지를 달리한다. 안으로는 다년간 국민의 문화를 개발하고, 밖으로는 문명국으로서의 의무를 다하는 동시에, 문명국으로서의 권리를 행하려 한다는 주의로부터 임의적이고 적극적으로 국제법에 가입했다. 그리고 이 정당한 가입은 구미제국이 인정하는 바가 되었다. 우리나라가 국제법상 완전한 권리를 향유하게 된 것은 메이지 27년(1894년: 인용자) 이래 구미제국과 체결하여 메이지 32년(1899년: 인용자) 7월 이래 실시되고 있는 개정조약이 증명하는 바이다. 그뿐만 아니라 우리 제국은 문명열국과 함께 각반의 만국동맹조약에 가맹하고, 또 만국평화회의에 참여하여 세계의 평화와 국제법의 진보를 기도하는 점에서도 또한 열국에 비견하더라도 손색이 없음을 표창했다. 이는 실로 국제법의 연혁상 단지 일대 신현상이라는 데만 그치는 것이 아니라, 일대 신시기를 이루는 것이라고 말해야 할 것이다. 왜냐하면 국제법은 우리나라가 가입함에 따라 단순히 그 적용 구역을 지리적으로 확장했을 뿐만 아니라, 더욱이 야소교국이 아닌 신원소를 추가함으로써 성정국제법(成定國際法)이라고 하더라도 이제 구주국제법 또는 야소교국제법이 아니라 진정한 의의에서의 국제법이 되기에 이르렀기 때문이다.[69]

즉, 국제법이라는 것은 유럽 국가들 사이에서 발생한 것으로, 따라서 그 명칭 또한 '구주국제법' 혹은 '야소교국제법'이라 불렸으나, 일본이 1894년 조약 개정을 통해 국제법상 완전한 권리를 향유하게 됨에 따라 그 적용 구역을 유럽이나 기독교 국가에 한정하지 않고 진정한 의미에서 국제법을 실현하게 되었다는 것이다.

그러나 '치외법권 향유=거주지 제한', '치외법권 철폐=내지 잡거 허용'이라는 등식이 다나카 류이치의 지적처럼 만주국에 이르러 처음 무너진 것은 아니었다. 전술한 바와 같이, 1890년대 후반 한국 언론에서는 일본의 조약 개정을 독립국의 대등권리를 회복한 선례이자 본받아야 할 모델로 간주했다. 그리고 문명개화의 최종적인 목표를 제 외국인과 대등한 지위에서 잡거를 실현하는 것에 두고서는, "어떻게 하여야 조선 인민이 남에게 눌리지 않고 어떻게 하여야 조선 인민이 남의 나라 인민과 섞이게 될 방책"을 강구하라고 요구했다.[70] 그러나 한국의 현실은 아직 각국과 대등한 권리를 획득하지 못했음에도 불구하고, 잡거는 조약상의 규정에 따라 또는 그것을 넘어서까지 진전되어 있었다. 따라서 그처럼 '잡거'의 이상과 현실 사이의 괴리가 크고 또 당장 그 괴리를 메울 수 있는 것이 아니라고 한다면, "개화한 나라 경계로 말할 것 같으면 타국인의 잡거를 허락하지 않는 것이 무식한 듯하나 대한 사정을 보면 잡거가 대단히 불가"하다고 지적했다.[71] 그러나 외국인의 불법적인 내지 잡거는 이후 더욱 확산되어갔고 1906년에 공포된 「토지가옥증명규칙」이 그를 제도적으로 공인해주었다. 더구나 일본 정부는 1905년 3월 8일 법률 제41호로서 「거류민단법」을 공포하여 한국 내 어딘가에 상당 규모의 일본인이 살고 있다면 일본의 한 지방과 같이 법인격을 갖는 자치체를 구성할 수 있도록 만들었다.[72] 이와 같은 과정을 통해 조약체제하 공간구조는 붕괴되었고, 결과적으로 치외법권을 향유하는 외국인들에 의해 무제한적인 내지 잡거가 이루어지는, 말하자면 "치외법권사상 거의 유례가 없"는 일이 한반도에서 이미 하나의 선례를 만들고 있었다.

그런데 그와 때를 같이해서 일본 국내에서는 국경 밖 일본인에 대한 법률 적용 문제와 관련하여 여러 방면에서 검토가 이루어졌다. 먼저 일본 외무성의 외국인 고문인 데니슨(Henry. W. Denison, 1846~1914)은 청한 양국에 거류하는 일본인들을 관리하기 위한 법령을 칙령으로 정해도 좋을 것인가를 주제로 1891년 6월 20일 의견서를 제출했다. 내용을 간단히 정리하면, 법률의 세정 및 재판권의 집행에 관한 헌법상의 보증은 본래 국내에 한하는 것인데, 청한 양국에서도 그 효력을 발휘할 수 있는 것은 재판관할권에 관한 조약, 곧 영사재판권의 존재 덕분이다. 조약에 의해 발생한 재판관할권은 조약에 의해 폐기 또는 변경될 수 있는데, 제국헌법은 일본 천황이 대대로 계승해온 대권에 기초한 것으로서 영원히 순행해야 할 대전(大典)으로서의 성질을 갖는다. 따라서 조약에 따라 존폐 여부가 결정되는 재판관할권에 대해 헌법상의 보증을 인용하는 것은 매우 온당하지 않으며, 결론적으로 청한 양국에 재류하는 일본인들에 대한 법령은 일본의 법률이 아닌 천황의 칙령에 의할 것을 제안했다.

그러나 1902년 7월에 작성된 또 다른 보고서는 정반대의 결론을 도출했다. 즉, 헌법상의 신민에 대한 통치권을 신민권, 영토에 대한 통치권을 영토권으로 구분한 뒤, 전자는 영토의 내외를 불문하고 신민에게 효력을 미치지만, 후자는 내외국인을 분문하고 영토 내에서 모두 복종해야 한다고 설명했다. 그리고 통치권의 한 표현인 법률도 마찬가지여서, 일본 신민은 신민권의 관계에 따라 영토 밖에서도 일본의 법률에 따를 의무가 있으나, 다만 외국의 영토권과 저촉되는 까닭에 그를 강제할 수 없을 뿐이며, 그러한 강제수단의 유무가 법률효력의 실질을 결정하지는 못한다고 주장했다. 결국 법률에 대한 헌법상의 보증은 국내에 한정된다고 전제한 데니슨과 달리, 이 보고서에서는 영토의 내외를 불문하는 신민권 개념을 통해 국외에 재류하는 일본인에게도 헌법이 효력을 갖는다는 논리를 성립시켰다.[73]

더구나 1905년 11월 제2차 한일협약, 곧 을사늑약 체결로 한국이 일본의 보호국이 됨에 따라, 이제는 국경 밖 지배 영역의 통치 문제를 둘러싸고도 저명한 국제법학자인 아리가 나가오(有賀長雄, 1860∼1921)와 다치 사쿠타로(立作太郎, 1874∼1943) 사이에 논쟁이 전개되었다. 다나카 신이치(田中愼一)는 이를 가리켜 '보호국 논쟁'이라 명명하고 치밀한 분석을 행했다.[74] 이하에서는 다나카 신이치의 연구에 의존하여 양자의 주장을 간략하게 정리해보자.

논쟁의 한 축을 이끌게 되는 아리가는 1860년에 태어나 1882년 도쿄대학 문학부를 졸업한 후 1884년부터 와세다(早稻田)대학 전신인 도쿄전문학교의 강사가 되었다. 1886년부터는 유럽 유학에 나서 베를린대학에서 정치철학, 유럽문명사 등을 수학하고 빈대학의 로렌츠 폰 슈타인(Lorenze von Stein, 1815∼1890)에게서 국법학을 배웠다. 1888년에 귀국한 그는 청일전쟁이 일어나자 대본영 명령에 따라 국제법 고문으로 종군했다가, 종전 후인 1896년 3월 프랑스에서 『국제법의 견지에서 본 청일전쟁(Le Guerre Sino-Japonaise au point de vue droit international)』을 출간했다. 이 책은 같은 해 8월 일본에서 『청일전쟁 국제법론(日清戰役國際法論)』이라는 제목으로 번역 출간되었다. 아리가는 이 책의 출간 목적을 "일청전쟁(청일전쟁: 인용자)에서 적군은 전율(戰律)을 무시했음에도 불구하고 아군은 문명교전의 조규를 준수한 상세한 사실들을 구주의 국제법학자들에게 전하"기 위해서라고 밝혔다.[75] 이를 보면 앞서 인용한 『국제법잡지』 발간사에서는 일본의 국제법 참여로 국제법의 적용 범위가 전 세계로 확대되었다고 자평했으나, 기실은 '구미국제법'에 일본이 참여한 것이고 더구나 일본이 얼마나 그를 잘 준수하고 있는지 증명해야 하는 위치에 있었음을 알 수 있다.

논쟁의 단서가 된 아리가의 『보호국론(保護國論)』(1906) 또한 기본적으로는 일본의 한국 보호국화를 정당화하고, 또 그를 위해 일본의 보호국 경영이 선진 제국주의 국가의 선례들에 의해 규정되어야 할 필요성에 따라 작성된 것이었다. 아리가는 그러한 정당화의 논리를 '도리(道理)'에서 구했고, 그를 밝히는 작업을 학문하는 사람의 의무로서 자처했다.

이 책에서 아리가는 국가 간 보호관계가 발생하는 원인을 기준으로 보호국을 크게 네 종류로 분류했다. 제1종은 스스로 주권을 완전히 행사하는 경우이며, 제2종은 주권을 보유하고는 있으나 그를 행사할 능력을 결여하고 있는 경우, 제3종은 역사상 국가의 체제를 갖춘 바 있으나 보호하는 국가의 주권 이외에 하등의 주권을 보유하지 못한 경우, 제4종은 여태껏 국가의 외형을 갖춘 적 없이 하나의 종족이 일정의 토지에 군집하여 생활하는 경우이다. 이 중 아리가가 주목한 것은 제2종 보호국으로, 이는 한국이 그에 해당한다고 생각했기 때문이다. 여기에서 문제가 된 것은 한국을 국제법상 하나의 독립국으로 볼 수 있는가 여부였다. 아리가는 한일의정서에서의 독립 보장 약속과 제2차 한일협약에 의한 보호관계 설정을 어떻게 조화시킬 것인가를 부심한 끝에 "제2종 보호관계에 있는 피보호국은 제3의 국가들에 대해서는 원래부터 독립이지만, 오직 능보호국(能保護國)에 대해서만은 독립이 아니"라고 결론을 내렸다.

논쟁의 다른 한 축을 이끈 다치[76]는 『보호국론』 서평에서 아리가의 설에 "반드시 결함이 없다고는 할 수 없다"고 평한 뒤 연이은 논문들을 통해 본격적인 비판을 시작했다. 다치는 아리가의 보호국 분류 방법 자체부터 비판을 가했다. 먼저 엄격한 학술상의 저작이라면 보호국을 분류하기에 앞서 보호국이 무엇인지 정의해야 한다고 지적했다. 그리고 최신 연구들에서는 경향적으로 국제법상의 보호 관계를 국제법상의 행위능력에 제한을 받는 경우와 제한을 받지 않는 경우로 구분하고 오직 전자에 대해서만 보호국이란 용어를 적용하고 있음을 소개한 후, 이를 근거로 아리가의 네 가지 보호국 중 제1종은 보호국에 해당하지 않는다는 이유로, 그리고 제3 및 제4종의 보호국은 애당초 국가라고 할 수 없다는 이유로 논의 대상에서 제외했다. 그렇다면 제2종의 보호국만 남게 되는데, 다치는 '국가의 독립'을 "일국이 국제법상의 행위능력, 특히 외교권에 대해 타국으로부터 법규상의 제한을 받지 않는 소극적인 상태"라고 정의한 후, 독립의 여부는 아리가가 말하는 바와 같이 권리능력의 완전함으로 판단하는 것이 아니라, 국제법상의 행위능력, 특히 외교권의 완전함 여부로 판단해야 한다고 주장했다. 다만 그는 "한국은 보호국이자 독립국"이라는 아리가의 설이 완전히 무의미한 것은 아니라고 부언했는데, 왜냐하면 '독립'이라는 용어가 외교상에서 국제법상의 의미와 다르게 사용되고 있는 현실의 교정을 아리가의 설이 요청하고 있다는 이유에서였다.

이 논쟁으로부터 4년 뒤인 1910년, 한국은 일본에 의해 강제병합되었다. 이를 계기로 『법학협회잡지(法學協會雜誌)』 지상에서는 또다시 논쟁이 전개되었다. 이번에도 논쟁의 한 축은 다치 사쿠타로였으나, 다른 한 축은 그의 대학 동기이자 천황기관설을 주장하여 '다이쇼(大正) 데모크라시(democracy)' 시대를 풍미했던 법학자 미노베 다쓰키치(美濃部達吉, 1873~1948)였다.[77] 논쟁에서는 국가주권, 통치권, 영토권, 국제법과 국내법의 관계 등 공법상의 중심 문제들이 다루어졌다. 다치와 미노베가 각자 자신의 주장을 피력한 논문들과 논점을 정리하면 〈표 1-2〉와 같다.

이들 논쟁을 통해 여기에서 강조하고 싶은 것은 어느 쪽 주장이 보다 타당했는가가 아니라, 새로 획득한 공간과 기존의 공간구조 사이의 정합성 문제를 해결해야 하는 임무가 제국 일본의 법학자들에게 부여되고 있었다는 점이다. 그에 따라 제국헌법을 어느 영역까지 적용할 수 있는지 여부나, 한국의 보호국화와 식민지화라고 하는 일련의 사건 해석을 둘러싸고 일본의 법학자들 사이에서 치열한 논쟁이 전개되었다. 그러나 어느 쪽이든 근대적 학문을 통해 새로운 공간을 법적으로 자리매김함으로써 제국 공간의 확장을 기정사실화하는 데 기여했을 뿐이다. 그리고 이는 권력·공간·학문의 삼중주가 펼쳐낼 앞으로의 이야기들에 대한 서막에 지나지 않았다.

표 1-2. 다치 사쿠타로와 미노베 다쓰키치의 논쟁

구분	다치 사쿠타로	미노베 다쓰키치
『법학협회잡지』 게재 논문	「국제법상에서의 국가 주권」(26권 3호) 「한국병합국제법관」(28권 11호)	
		「영토권의 법률상 성질을 논하다」(29권 2, 3, 4 각호)
	「피병합국의 '컨세션'에 대한 국가 병합의 효과」(29권 4호) 「국가 병합의 경우 영토권과 주권의 관계를 논하고 겸하여 미노베 박사의 논박에 답하다」(29권 5호)	
		「재차 영토권의 성질을 논하여 다치 박사에 답하다」(29권 6호)
	「국내법과 국제법, 부(附) 주권과 영토권(미노베 박사에 답하다)」(29권 7, 8, 9, 10 각호)	
		「주권 및 영토권의 개념에 대하여(다치 박사에 답하다)」(29권 10, 11호)
논점	① 국제법상 국가의 의사와 국내법상 국가의 의사의 관계	
	양자는 서로 부딪혀도 지장이 없다는 이원론	양자는 모순될 수 없다는 일원론
	② 국제법과 국내법의 관계	
	양자는 별개의 법규이기 때문에 각각의 권리는 독립적으로 존재 가능	양자는 별개로 독립할 수 없음
	③ 주권과 통치권의 관계	
	양자는 유일불가분	국가의 권리능력, 즉 국가의 인격이 불가분인 데 지나지 않음. 국가의 권리인 통치권은 가분
	④ 통치권과 영토권의 관계	
	양자는 별개의 권리	영토권은 통치권의 일부
	⑤ 통치권의 이전 가능성	
	영토권의 이전이 있을 뿐 통치권의 이전은 있을 수 없음	통치권의 전부 또는 일부의 이전 가능

2장

'만주' 공간의 재편과 남만주철도주식회사의 공간 경영

1. '만한'의 사이, 간도

1) 간도의 '문제 공간'화

러일전쟁의 결과 한반도가 일본의 '보호국'이 되면서 한반도 북쪽 경계 너머의 만주가 새로운 '문제 공간'으로 부상했다. 이즈음 대한제국 및 일본과 청국 사이에서 제기된 '간도문제'는 한반도에서 만주로 '문제 공간'이 이동해가는 과정의 일면을 보여준다는 점에서 그 땅이 누구 땅인가를 따지는 영토 귀속 문제를 떠나서도 충분히 주목할 만한 가치가 있다.

다만 러일전쟁 발발 수십 년 전부터 간도는 이미 '문제적'이었다. 1712년에 조청 양국의 국경을 확정하는 백두산정계비가 세워졌지만, 1885년과 1887년 두 차례에 걸쳐 조청 양국 대표들은 다시금 백두산 일대에 대한 공동감계(共同勘界)를 실시해야만 했다. 18세기 초의 정계와 19세기 후반의 감계 모두 조청 간 국경 확정과 그를 통한 월경 단속을 위한 조치였다고 할 수 있지만, 후자의 성격은 전자와 분명하게 구분되었다. 즉, 전자가 "청의 전국 지도인 〈황여전람도〉를 편찬하기 위"한 것으로, "청조의 조상 발상지에 대한 중시 및 지리 조사를 엄격히 하려는 과학적인 태도에 기인"하는 것이었다고 한다면,[1] 후자는 동북 봉금 해지 과정과 연결되어 있었다.[2]

청대의 봉금정책이라고 하면 주로 1740년에 산하이관(山海關) 밖을 봉금 지역으로 공포한 사실을 일컫는다. 청조는 입관 후 새로운 세원 확보를 위해 1651년 「요동초간령(遼東招墾令)」을 공포하여 한족(漢族)의 관외 지역 유입을 유도한 바 있는데, 이로 인해 만주족 기인(旗人)들의 토지가 감소하여 그들이 생계 문제를 겪게 되자 봉금 조치를 취하게 된 것이었다.

물론 그 이전에도 봉금정책은 실시되고 있었다. 청국 초에 산하이관에서 압록강 입구까지 950km 지역과 1681년에 카이위안(開原) 웨이위안푸(威遠堡)에서 수란(舒蘭) 얼다오허즈(二道河子)까지 690km 지역에 유조변(柳條邊, 버드나무로 만든 방책)을 설치한 바 있는데, 그 설치 목적은 만주족의 고향을 보호한다는 것이었다. 특히 후자는 「요동초간령」 후 유입된 한족들이 동북쪽으로 더 진출하는 것을 막기 위한 조치였다. 그런데 1740년의 동북 봉금은 관외의 랴오닝(遼寧), 지린(吉林), 헤이룽장(黑龍江) 지역을 하나의 지역 단위로 보고 실시되었다는 점에서 차이가 있었다. 이를 통해 한족의 산하이관 출입은 엄격히 통제되었고, 토지는 기인만이 경작할 수 있게 되었다. 그렇지만 어느 시기를 막론하고 봉금정책이 관외 지역을 '내지'와는 다른 '변강(邊疆)' 상태로 유지하는 데 일조했음은 틀림이 없었다.

이와 같은 봉금 기조는 19세기 들어 대전환을 이루게 된다. 이 시기 청조는 기인들의 생계 구제를 위해 농지 개간에 힘썼는데, 개간에 소극적인 기인들을 대신해서 도리어 한족의 동북 이주가 증가했다. 게다가 한족의 불법 이주와 그로 인한 정부의 통제력 저하, 나아가 러시아의 위협까지 더해져 봉금 해지에 대한 논의가 시작되었다. 개간을 위한 관리들의 요구는 끊이지 않았고, 개간의 확대와 함께 인구 또한 비약적으로 늘어났다.

이에 따라 광서(光緒) 연간(1875~1908)에 이르면 봉금정책은 사실상 그 의미를 상실하게 된다. 청조는 본래 유조변을 따라 구획된 동북의 세 지역에 각각 장군(將軍)을 두고서 '내지'와 다르게 특별 관리를 해왔으나, 1907년에는 성경장군(盛京將軍)을 동삼성총독(東三省總督)으로 개편하고, 그 휘하에 펑톈(奉天)·지린·헤이룽장 순무(巡撫, 지방장관)를 두어 '내지'와 같은 성제(省制)를 실시했다. 다시 말해 '동북의 내지화'가 실현된 것이다.

모테기 도시오(茂木敏夫)는 이를 "전통적인 판도 지배로부터 근대적인 영토 지배로 그 실질을 변경하는 작업"이었다고 평가한다. 또한 그것은 "1870년대 이래 변강에 대한 영토 지배를 확립해가는 과정에서 추진된, 이른바 '중국'으로의 배타적인 통합을 전제로 그 실적을 쌓아가는 방향에서 이루어"졌다고 설명했다. 구체적으로 1884년에는 신장성(新疆省)이 설치되었고, 이듬해인 1885년에는 타이완성(台湾省)이 새롭게 탄생했다. 그리고 동북3성 성립 이후인 1910년에는 티베트 동편이 시캉성(西康省)에 편입되고, 그와 동시에 쓰촨군

(四川軍)이 라싸(拉薩)로 진군했다.[3]

이처럼 공간의 내적 균질화를 실현하는 근대적인 영토 지배는 점차 '변경'을 '국경'으로 만들어갔다. 이와 함께 '변강'은 더 이상 주변 지역이 아니라 국가 주권을 확인하는 가장 민감한 장소가 되었다. 1894년 청일전쟁 발발을 계기로 청과의 조공책봉관계를 청산하고 1897년에는 황제국으로 재탄생한 대한제국 또한 비슷한 변화의 흐름 속에 있었다. 일례로 울릉도에 '도감(島監)' 대신 '군수(郡守)'를 두기로 한 칙령 제41호(1900년 공포)는 독도의 귀속 문제를 논하기에 앞서 '변강'의 '내지화'를 보여주는 하나의 실적으로 평가해야 할 것이다.

'간도문제'는 또 하나의 실적이 만들어지는 과정에서 발생했다. 이와 관련해서 은정태는 최초에 '월경민' 문제였던 것이 '이민'을 거쳐 '식민'의 문제로 전환되는 과정으로 설명했다.[4] 그리고 그 과정의 변곡점으로 1902년 5월 북간도시찰사 이범윤의 파견을 들었다. 이에 앞서 대한제국 정부는 의화단 사건 후 청국에서 유입되는 피난민들에 대한 대처로 평안북도와 함경남북도에 지방 군사조직인 진위대(鎭衛隊)를 설치한 바 있었다. 진위대는 압록강과 두만강을 건너오는 '청비(淸匪)'를 단속하는 한편, 간혹 강을 건너가 무력을 행사하기도 했다. 그리고 1901년 2월에는 회령에 변계경무서(邊界警務署)를 설치해서 국경지대의 비적을 막고 간도 한인들을 보호하도록 했다. 변계경무서는 기본적으로 위생·행정·사법 등의 임무를 담당했으며, 경무서 경무관은 차후에 설치된 외부 관할의 교계관(交界官)을 겸임해서 간도 한인이 연루된 교섭 사건이 발생할 경우 청국 지방관과 교섭하는 임무도 수행했다. 그런데 1902년 4월 러시아와 만주환부

조약을 체결한 이후 청국이 다시금 간도 한인들에게 치발역복(薙髮易服, 만주식 변발과 의복)을 강요하자, 간도 한인들은 기존의 진위대나 경무서보다 한 발 더 진전된 형태의 관리 곧 간도에 주재하는 관리의 파견을 요구했으며, 그에 응한 것이 바로 이범윤의 파견이었다.

같은 시기 이민 절차를 대폭 간소화한 일본의 「이민보호법」 개정을 둘러싸고 신문지상에서 진행되고 있던 논쟁에서도 간도 한인들은 새롭게 인식되고 있었다. 『황성신문(皇城新聞)』은 일본인들이 간행하는 『한성신보(漢城新報)』 및 『조선신보(朝鮮新報)』와의 논쟁에서 「이민보호법」 개정은 결국 일본의 하층 노동자들이 한국을 자유롭게 왕래할 수 있게 함으로써 심각한 폐해를 야기할 것이고, 또한 일본인 '이민'은 '식민'의 전(前) 단계가 될 것이라고 주상했다. 논쟁은 장지연이나 이기 등 국내 지식인들과도 전개되었다. 주된 논점은 이민의 경제적 가치, 이민을 통한 산업개발 가능성에 맞춰졌으며, 한인 이주민에 대한 러시아의 정책까지도 조명되었다.

이처럼 논의가 '일본인' 이민자가 아니라 '이민' 일반으로 확대되어가면서 간도 한인들도 시야에 들어왔다. 이때 그 시선은 나라를 버리고 간 '범월자'가 아니라 경제활동의 확대를 위한 '이민자'로 바뀌어 있었다. 그뿐만 아니라 간도라는 공간 자체에 대한 이해도 변화했다. 그전까지는 잃어버린 옛 땅이나 피난지, 혹은 이역만리의 험지로 간주되어온 데 반해, 이제는 경제적 가치를 논하게 된 것이다. 이로부터 간도는 "우리 동북의 한 성(省)에 해당될 수 있"[5]다고 하는 '변경'의 '내지화', 더 나아가서는 '식민지화'라고 할 수 있는 주장으로까지 논의가 발전해갔다.

1894년 1월부터 1897년 3월까지 네 차례에 걸쳐 한국을 방문한 이사벨라 비숍(Isabella B. Bishop, 1831~1904)은 국내는 물론 국경 너머 시베리아 땅 한인들까지 찾아갔다. 한국에 대한 그녀의 첫인상은 "여행해본 나라 중 가장 흥미 없는 나라"라고 할 정도로 좋지 못했다. 그러나 시베리아 한인들은 조선에 대한 그녀의 인상을 완전히 바꾸어버렸다.

국내에서만 자란 조선 사람들은 아내에 대한 의심과 독단, 노예근성 등의 특징을 가지고 있으나, 이곳에서는 그런 모습들이 아시아적이라기보다는 영국적인 남자다움과 독립심으로 바뀌었다. 양반의 거만한 몸짓과 농부가 기운 없이 어슬렁대는 태도도 민첩한 행동으로 바뀐 것이 특징이다. 돈을 벌 수 있는 기회가 많으며 그들이 번 돈을 짜낼 양반도, 관리도 그곳에는 없었다. (…) 조선에서 나는 그들이 열등민족이었고 삶의 희망이 없는 존재라고 생각했다. 그러나 프리모르스크에서 나는 나의 의견을 수정해야 할 이유들을 발견했다. 그들 자신을 부유한 농민층으로 끌어올리고 러시아 경찰이나 러시아 정착민들, 군인들과 똑같이 근면하고 좋은 품행을 가진 우수한 성격을 얻은 이 조선 사람들만이 예외적으로 근면하고 검소한 사람들로 구성된 것이 아니라는 점을 명심해야 한다. 그들은 대개 기근으로부터 피난 온 굶주린 사람들이었다. 그들의 재산과 일반적인 태도는 조선에 있는 그들의 동포들이 정직한 행정과 수입에 대한 정당한 방어가 있다면 천천히 인간으로 발전해갈 수 있으리라는 희망을 나에게 안겨주었다.[6]

비록 간도 한인들에 대한 서술은 아니지만, 국경 밖 한인들은 모험심 많은 영국의 한 여성에 의해 '독립심'과 앞으로의 발전 가능성을 지닌 희망적 존재로 재발견되었다. 『독립신문』은 이 글을 접하고서는 분하기도 하고 반갑기도 하다는 소감과 함께, "사람들이 대한의 쇠약함을 보고 언필칭 인종이 그르다 하나 비숍 씨의 말을 궁구하여 보면 인민의 성쇠가 정부에 달"렸음을 알 수 있다면서, "한편으로는 대한 정부의 실책을 분탄하며 한편으로는 대한 인종이 본래 그르지 아니함을 치하"한다고 말했다.[7] 이 기사가 1898년의 것임을 고려할 때, 한민족의 발전 가능성을 증명해주었던 국경 밖의 공간이 그 가능성을 실현해야 하는 '식민'의 장소로 바뀌는 데에는 많은 시간이 걸리지 않았던 셈이다. 그러나 일제는 이러한 간도 한인들을 빌미로 '간도문제' 개입이라는 또 다른 가능성을 실천해갔다.

2) 한인 '잡거' 문제와 간도협약

한국통감부가 설치된 직후인 1906년 3월, 이토 통감은 주일 영국대사 맥도널드(Claude Maxwell MacDonald, 1852~1915)에게 편지 한 통을 받았다. 편지는 만주에서의 일본 군부의 행동이 만주의 문호 폐쇄를 목적으로 하고 있는 것이라면, 구미 열강이 그때까지 일본에 대해 가져왔던 동정을 철회하게 될 것이라는 내용이었다. 이에 이토는 곧바로 만주문제협의회를 소집했으며, 그 자리에서 만주에서의 분규 가능성과 그것이 한반도에 끼칠 영향을 우려했다.[8]

한편, 한국 정부가 간도 한인의 보호를 통감부에 의뢰하자, 1906년 12월 이토는 외무대신 하야시 다다스에게 일본 관리를 간도에 파견하는 동시에 청국 정부에 그 취지를 통지할 필요가 있다고 제의

했다. 이에 따라 일본 정부는 육군 중좌 사이토 스에지로(齋藤季治郎, 1867~1921)를 간도에 파견하는 동시에, 청국 정부에도 그 사정을 알리기로 결정했다. 그런데 청국 정부는 일본 정부의 조회 내용에 항의했을 뿐만 아니라, 간도는 청국의 고유 영토라고 주장했다. '간도문제'는 이 시점부터 청일 양국 사이의 현안으로 부상했으며,[9] 1908년 8월 일본은 '통감부임시간도파출소(統監府臨時間島派出所)'를 개설함으로써 '간도문제' 개입의 포문을 열었다.[10]

그러나 간도 지역에 대한 조사보고서는 이미 러일전쟁 종결 직후부터 작성되고 있었다.[11] 1905년 11월 한국주차군사령관 하세가와 요시미치(長谷川好道, 1850~1924)가 육군 참모본부에 올린 「간도경계조사자료(間島境界調査資料)」는 주로 함경도 관찰사 조존우와 경원군수 박일헌의 조사기를 수록하는 데 그쳤으나, 이듬해에 작성된 「간도에 관한 조사 개요(間島ニ關スル調査槪要)」는 일본군이 직접 간도에 잠입하여 수집한 정보들까지 포함했다. 1907년 4월에는 사이토 스에지로와 함께 촉탁 시노다 지사쿠(篠田治策, 1872~1946)가 통감부파출소를 세울 위치를 물색하기 위한 정보 수집에 나섰는데, 후에 시노다는 『백두산정계비(白頭山定界碑)』(1938)를 통해 백두산정계비의 '동위토문(東爲土門, 동쪽은 토문강을 경계로 삼는다)'이 두만강이 아니라 쑹화강(松花江)을 가리킨다는 '토문·두만 2강설'을 체계화했다.[12]

현지조사와 더불어 문헌 연구도 동시에 진행되었다. 통감부 촉탁에 임명된 나카이 기타로(中井喜太郎, 1864~1924)는 1907년 9월에 「간도문제의 연혁(間島問題ノ沿革)」이라는 보고서를 작성했다. 여기에서 그는 백두산 정계 당시와 두 차례의 감계 담판 때에도 기본적으로 두만강을 경계로 삼았지만 상류 지역에서 어느 물줄기를 따라야 하는지만 해결을 보지 못했다고 파악했다. 또한 1899년에 체결된 한청통상조약 제12조에서 "변민이 이미 월경하여 개간을 진행했을 경우 생업에 안착하여 생명·재산을 보호하도록 하며, 이후에 만약 변계를 몰래 넘는 자가 있을 경우 피차 반드시 금해야 한다"는 규정은 조선 측이 간도를 청국 영토로 간주한 것이라고 보았다. 그럼에도 불구하고 1904년 청국 정부의 감계 요청에 대해 일본 측이 러일전쟁 이후로 미루자고 하자 그것을 청국 정부가 받아들인 사실은 감계가 아직 확정된 것은 아님을 증명한다고 해석함으로써, 이후 시국의 변화 속에서 유리하게 담판을 이끌어갈 가능성을 열어두었다.

또한 시라토리 구라키치(白鳥庫吉, 1865~1942)와 함께 일본 동양사학의 창시자로 불리는 나이토 고난(內藤湖南, 1866~1934)은 신문기자 신분이던 1906년 1월 육군 참모본부 촉탁에 임명되어 간도를 조사하고, 같은 해 2월 자신의 첫 번째 보고서인 「간도문제조사서(間島問題調査書)」를 완성했다. 그리고 그는 교토제국대학 교수가 된 이후에도 연구를 계속하여 1907년 9월에는 외무성 촉탁으로서 두 번째 「간도문제조사서」를 제출했다.

첫 번째 보고서에서는 백두산 정계 때 청국 측은 본래 압록강과 두만강으로 경계를 삼으려 했으나, 조청 양측 모두 수원지를 착각하여 두만강이 아니라 쑹화강 상류를 따라 토석퇴와 목책을 설치하게 되었다고 했으며, 역사적으로 봤을 때 조청 양국 사이의 땅은 '중립지'의 성격을 띠어왔다고 주장했다. 두 번째 보고서에서는 백두산 정계 때 조청 양국 모두 압록강·두만강 본류로 경계를 삼았다고 하여 첫 번째 보고 내용을 일부 정정했지만, 그럼에도 '중립지'의 존재를 계속 인정함으로써 나카이와 마찬가지로 간도의 영토 귀속과 관련해서 청국과의 협상 여지를 남겨두었다.

그런데 나이토가 1909년에 제출한 「간도문제사견(間島問題私見)」은 '간도문제'를 역사문제에서 지리문제로 치환해버렸다.

근년의 간도문제는 또한 우선은 한민(韓民)이 이 땅에 들어간 일로부터 발생한 것이지만, 기실은 완전히 이러한 지세(地勢)에 기인하는 것으로, 지금도 간도의 곡물은 북한에 수출함으로써 그 생산의 가치를 낳게 된다. 가령 이를 청국 방면으로 수출하려고 해도, 둔화 서쪽의 지린 지방은 더욱 큰 곡산지이기 때문에, 본래부터 그 용도가 열리기를 기대할 수 없다. 따라서 북한에 대한 방곡령 시행도 실제로는 그 산지인 간도 주민에게 고통을 부여하는 데 지나지 않았다. 단지 잡화 등은 쥐쯔제(局子街)의 상인이 지나인인 관계상 일본 제품조차 여전히 지린 지방을 바라보고 있는 상황이지만, 이는 청진에서 간도에 이르는 교통기관이 불비한 점이 낳은 결과로, 만약 교통이 편리하다면 상업 상태도 일변하게 될 것임은 현재 이미 쥐쯔제의 잡화가 블라디보스토크로부터 수입되지 않음에 비추어보더라도 이를 헤아릴 수 있다.

이상의 사실은 간도가 지세상 한국에 속하는 것이 청국에 속하는 것보다 편리하고, 따라서 지당함을 증명하는 것으로, 저 암흑시대의 사실(史實)은 결코 이 지세를 거스르며 성립할 수 있는 것이 아니기 때문에, 또한 실로 간도의 한국과의 연고가 청국보다도 깊었음이 분명하다.[13]

경계를 논하는 데 이와 같은 자연주의의 잣대를 들이대는 것은 경계 또한 역사적 구성물이라는 사실을 최종적으로 은폐한다. 크리스티앙 그라탈루(Christian Grataloup)는 "그 어떤 지정학적 추론이라도 그 추론의 근거가 자연에 있다는 주장에 세계의 구분이 동원될 수는 없"다고 단정했는데,[14] 이는 세계의 구분은 물론 국가의 구분에서도 마찬가지일 것이다. 그런데 역사학자 나이토는 '간도문제'를 '지세'의 문제로 완전히 치환함으로써 역사성을 소거해버렸다. 결과적으로 간도는 유구한 자연의 형세처럼 한국의 영토임이 자명해졌다. 그리고 일본은 이상과 같은 논리들을 무기로 삼아 청국과의 협상 테이블에 앉았다.

'간도문제'를 둘러싼 청일 양국 간의 제1차 교섭은 1908년 12월 28일 베이징에서 열렸다.[15] 청국 정부는 나퉁(那桐, 1857~1925), 위안스카이[선통제 즉위 후 정변으로 제2회부터는 량둔옌(梁敦彦, 1857~1924)으로 교체됨]를 교섭위원으로 임명했고, 일본 측에서는 이주인 히코키치(伊集院彦吉, 1864~1924) 주청 일본공사가 나섰다. 교섭에 임하면서 일본 측은 '간도문제'와 '만주문제'의 일괄 처리를 기도했으나, 청국 측은 '간도문제'를 최우선시했다. 이주인 공사는 청국 측이 예상외로 강경한 자세를 보이자 1909년 2월 6일 량둔옌에게 '간도문제'는 단순히 경계 문제만이 아니라, 청한 양국인의 생명·재산 및 사업의 보호, 재판관할권 등도 포함한다고 말하면서 다섯 가지 조건을 내걸었다. 여기에서 다섯 가지 조건이란, ① 일본인과 한인의 거주권 및 경영권을 인정할 것, ② 영사관의 설치 및 일·한인에 대한 일본 측의 보호권을 승인할 것, ③ 일·한인의 기득재산 및 착수 중인 사업을 승인할 것, ④ 교통·무역을 보호할 것, ⑤ 길장철도(吉長鐵道:

지린·창춘 간 철도)를 회령까지 연장할 것 등이었다.

2월 17일의 교섭에서 이주인은 다섯 가지 조건을 승인해준다면, 간도에 대한 청의 영토권 주장을 인정할 수 있다고 양보의 뜻을 비쳤다. 이에 대해 량둔옌은 영토권만 인정하고 한인에 대한 청국의 사법권을 인정하지 않을 경우 한인 인구가 절대적인 비중을 차지하고 있는 현실을 볼 때 합의가 유명무실해질 수 있다고 우려를 표했다. 그 대신 간도의 2~3개소를 상부지(商埠地)로 개방하여 상부지 내에 거주하는 한인과 상부지 밖을 왕래하는 한인에 대해서는 일본 관헌이 관할권을 갖지만, 상부지 밖의 땅에 토지를 소유하여 농사를 짓는 한인에 대해서는 종래와 같이 청국 관리가 관할권을 행사하고 청국인과 마찬가지로 대우한다는 안을 제시했다. 요컨대 청국 측은 간도 공간을 '상부지 안'과 '상부지 밖'으로 구분하고 일본의 관할권을 '상부지 안'으로 제한하고자 했던 것이다. 이로 볼 때 '간도문제'와 관련해서 청일 양국 간 교섭 중 최종 논점이 되었던 것은 간도에 대한 영토권이 아니라 '잡거' 한인에 대한 사법권이었으며, 이를 해결하기 위한 방도로 공간 분할이 시도되었다고 말할 수 있다.

고무라 주타로(小村壽太郎, 1855~1911) 외무대신은 영토권을 양보한 이상 한인에 대한 사법권까지 양보해서는 안 된다고 지시했다. 그러나 8월 9일 훈령에서는 영토권은 물론 '상부지 밖' 한인의 사법권까지 양보하도록 했다. 이 결정의 배경에는 다음과 같은 고려가 있었다. 첫 번째는 '상부지 밖' 주민의 70%가 한인인 이상 사법권의 포기는 통치권의 포기를 의미하는 것이기 때문에 청국 측의 양보를 이끌어내기 어렵다는 점, 두 번째는 본래부터 영사재판권은 개항장 거주자와 내지 여행자를 대상으로 하는 것이지 내지 거주자를 대상으로 하는 것은 아니라는 점이었다. 마지막 세 번째로는 일본의 이권이 만주 서북 지역까지 미치는 상황에서 간도는 양보할 수 있다는 것이었다.

1909년 9월 4일 베이징에서 「간도에 관한 일청협약(間島ニ關スル日淸協約)」, 즉 '간도협약'이 조인되었다. 결과적으로 룽징춘(龍井村), 터우다오거우(頭道溝), 쥐쯔제(局子街), 바이차오거우(百草溝)의 4개소를 상부지로 개방하고, 상부지 안에서의 한인과 일본인의 거주를 승인했다(제2조). 상부지 밖에서도 한인의 거주권(제3조), 토지 소유권(제5조) 등을 인정했으나, 다만 청국의 사법권에 따라야 한다는 조건이 붙었다. 이로써 '문제 공간' 간도는 특수 공간인 '상부지'와 그 바깥의 잡거 공간으로의 분할을 통해 '문제' 해소를 꾀했다. 그런데 이때 '만주문제'에 관한 협약도 함께 체결된 사실에서 알 수 있듯이, '문제 공간'은 이미 간도를 넘어 만주로 확장되어갔다.

「간도에 관한 일청협약」(1909년 9월 4일 조인, 일어본 번역)

대일본국 정부 및 대청국 정부는 선린의 교의에 비추어 도문강(圖們江, 두만강: 인용자)이 청한 양국의 국경임을 서로 확인하고, 타협의 정신으로써 일체의 변법을 협정하여, 이로써 청한 양국의 변민(邊民)으로 하여금 영원히 치안의 경복을 향유케 하기를 바라, 이에 다음의 조관을 정립했다.
제1조 일청 양국 정부는 도문강을 청한 양국의 국경으로 하며, 강의 수원은 정계비를 기점으로 하여 석을수(石乙水)로써 양국의 경계로 삼을 것을 성명한다.

제2조 청국 정부는 본 협약 조인 후 되도록 빨리 다음의 각지를 외국인의 거주 및 무역을 위해 개방하며, 일본국 정부는 이들 땅에 영사관 혹은 영사관 분관을 배설한다. 개방의 기일은 따로 정한다.

룽징춘, 터우다오거우, 쥐쯔제, 바이차오거우.

제3조 청국 정부는 종래와 같이 도문강의 개간지에서 한민의 거주를 승인한다. 그 지역의 경계는 별도의 지도에 표시한다.

제4조 도문강 북쪽 지방 잡거구역 내 개간지에 거주하는 한민은 청국의 법권에 복종하고, 청국 지방관의 관할 재판에 귀속한다. 청국 관헌은 위 한민을 청국민과 마찬가지로 대우하며, 납세 기타 일체 행정상의 처분도 청국민과 마찬가지로 한다.

위 한민에 관계되는 민사 · 형사 일체의 소송 사건은 청국 관헌이 청국의 법률에 비추어 공평하게 재판하며, 일본국영사관 또는 그 위임을 받은 관리는 자유롭게 법정에 입회할 수 있다. 다만 인명에 관한 중요한 사건에 대해서는 모름지기 우선 일본국영사관에 통지해야 한다. 일본국영사관은 만약 법률에 어긋난다고 판단되는 부분이 있다고 인정될 때에는 공정의 재판을 기하기 위해 따로 관리를 파견하여 복심(覆審)할 것을 청국에 청구할 수 있다.

제5조 도문강 북쪽 잡거구역 내 한민 소유의 토지 · 가옥은 청국 정부가 청국 인민의 재산과 마찬가지로 완전히 보호한다. 또 해당 강 연안에는 장소를 선택하여 도선(渡船)을 설치하고 쌍방 인민의 왕래는 자유로운 것으로 한다. 다만 병기를 휴대하는 자는 공문 또는 호조 없이 경계를 넘을 수 없다. 잡거구역 내에서 산출된 미곡은 한민의 판매 · 운반을 허락한다. 다만 흉년 때에는 금지할 수 있으며 시초(柴草)는 예에 따라 처리한다.

제6조 청국 정부는 장래 길장철도를 옌지(延吉)의 남쪽 경계로 연장하고 한국 회령에서 한국 철도와 연락한다. 그 일체의 변법은 길장철도와 똑같이 한다. 시행 시기는 청국 정부가 정형을 살펴 일본국 정부와 상의한 후에 정한다.

제7조 본 협약은 조인 후 곧바로 효력이 발생하며, 통감부파출소 그리고 문무의 각원은 되도록 속히 철퇴를 개시하여 2개월로써 완료한다. 일본국 정부는 2개월 이내에 제2조의 통상지에 영사관을 개설한다.

위 증거로서 아래 성명은 각기 본국 정부로부터 상당의 위임을 받아 일본문 및 한문으로 작성한 각 2통의 본 협약에 기명조인한다.

메이지 42년 9월 4일

선통원년 7월 20일

베이징에서

대일본국특명전권공사 이주인 히코키치

대청국흠명외무부상서회변대신 량둔옌

2. '만주'의 권익 계승과 철도부속지

1) 철도를 통한 권익 확장과 '외지'로서의 관동주

간도협약 체결로부터 불과 한 달여 뒤인 1909년 10월 26일, 러시아 재무상 블라디미르 니콜라예비치 코코프체프(В. Н. Коковцов, 1853~1943)를 만나기 위해 하얼빈(哈爾濱)역에 도착한 이토 히로부미가 안중근 의사에게 저격당했다. 이 사건은 한국인들에게는 일본의 침략에 대한 항거로 기억되고 있지만, 다른 한편으로는 일본이 러일전쟁 승리를 통해 획득한 권익과 간도 및 만주에 관한 협약에 의해 조성된 신(新)정세 사이의 부조화를 상징적으로 보여주는 것이기도 했다. 즉, 이즈음 러시아는 청국에 대해서도 수세적 입장에 몰려, 1909년 5월에는 철도부속지에서의 주권이 청국에 있음을 확인하는 조약에 조인해야 했다. 만주의 '문호 개방'을 바라는 영국, 미국, 독일 등의 열강들이 청국의 뒤에서 벼르고 있었기 때문이다. 단지 러시아와 전쟁까지 치른 일본만은 오히려 청국의 이권 회수 움직임이 일본의 권익에까지 미칠 것을 우려하여 러시아와 공동전선을 형성했다. 그러나 간도 및 만주에 관한 협약 체결 이후 러시아 신문들은 그것을 러시아에 대한 적대 행위로 간주하여 일본을 배신자라고 일제히 비판하고 나섰던 것이다. 이토 히로부미의 러시아행은 바로 이 문제의 해결, 곧 간도 및 만주에 관한 협약에 대해 러시아를 안심시키는 것을 목적으로 하고 있었다.[16]

여기에서 일본이 러일전쟁을 통해 새로 획득한 권익이란 무엇을 말하는 것일까? 그것은 일찍이 러시아가 청국으로부터 획득했던 권익을 계승한 것인 까닭에, 이를 이해하기 위해서는 우선 러시아가 획득한 권익부터 살펴볼 필요가 있다.[17]

1892년 9월부터 1903년 8월까지 11년 동안이나 러시아 재무상 자리를 지켜온 세르게이 율리예비치 비테(Сергей Ю́льевич Ви́тте, 1849~1915)는 재임 중 무엇보다도 국내 산업 육성에 힘썼으며, 그를 통해 1860년대 농노해방으로 발생한 농촌의 잉여 노동력을 흡수하고 또 공업화를 달성함으로써 점차 고양되고 있던 혁명운동을 진압

하려는 정책을 추진했다. 이를 실현하는 데 가장 핵심을 이루는 사업이 다름 아닌 러시아제국을 횡단하는 장장 9,000km 길이의 시베리아철도 건설이었다. 비테는 철도 건설에 드는 막대한 비용을 충당하기 위해 시베리아철도 지선을 중국까지 연장해 아시아와 유럽 간 중계무역으로 이득을 취하려는 구상을 가지고 있었다. 청일전쟁 종결 직후 일본의 랴오둥반도(遼東半島) 할양에 반대하여 러시아가 프랑스, 독일과 함께 그 반환을 요구한 삼국간섭은 이러한 구상을 실현할 수 있는 배경을 마련해주었다. 더구나 2억 량에 달하는 전쟁 배상금을 부담해야 했던 청국에 러시아 정부의 보증하에 프랑스 자본을 대부하는 형태로 다액의 차관을 제공하게 되자, 비테는 청국과 본격적인 협상에 나섰다.

1896년 러시아 니콜라이 2세의 대관식은 러청 간 교섭의 장이 되었다. 청국 측 대표는 리훙장이었다. 비테는 러시아 치타부터 청국의 닝구타(寧古塔)까지 중국 동북 지방을 가로지르는 철도 부설의 승인을 요구하는 한편, 그 부설을 러시아 및 프랑스 자본으로 설립된 러청은행에 위임하는 방법을 제안했다. 일본이 여전히 산둥성의 군항인 웨이하이웨이에서 병력을 철수하지 않고 있고, 또 그를 영국이 지지하고 있는 상황에서 청국은 러시아와의 동맹 이외에 다른 방법이 없었다.

따라서 양측은 동맹관계 수립과 함께 철도 부설을 위해 러청은행이 새롭게 철도회사를 설립한다는 데 합의했다. 또한 회사 설립으로부터 36년 후에는 회사를 회수할 권리가 청국에 부여되며, 80년 후에는 무상으로 인도해야 한다는 단서를 붙였다. 그리고 이에 따라 설립된 것이 바로 동청철도(東淸鐵道)였다.

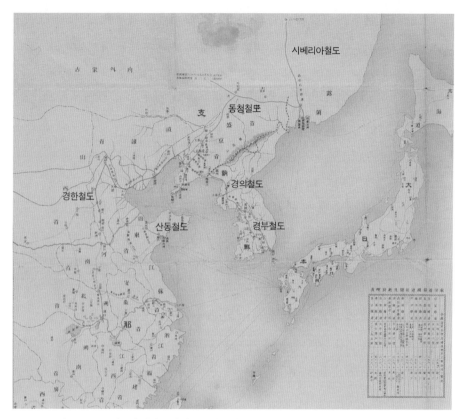

그림 2-1. 1905년 5월 현재 동아시아의 철도망

일본 『고쿠민신문(國民新聞)』의 부록으로 나온 〈동양철도 및 항로연락도(東洋鐵道及航路連絡圖)〉
(서울시립대학교 박물관 소장)의 일부이다. 철도 노선이 이미 부설된 것(━━)과 예정인 것(┄┄)
으로 구분되어 있는데, 한반도에는 이미 경인·경부·경의철도가 부설된 것을 볼 수 있으며,
북쪽으로는 블라디보스토크에서 하바롭스크까지만 연결되어 있는 시베리아철도와 만주를 가르는
형태로 부설된 동청철도 등을 확인할 수 있다.

    동청철도는 1896년 12월 4일 동청철도주식회사 정관을 니콜라
이 2세로부터 재가받음으로써 창립되었다. 동청철도의 본선은 서쪽
의 만저우리(滿洲里)에서 하얼빈을 경유하여 동쪽의 쑤이펀허(綏芬
河)를 연결하는 노선이었다(〈그림 2-1〉 참조). 그런데 1897년 말 독일

의 자오저우만 점령에 자극을 받아 랴오둥반도를 점령한 러시아는 1898년 3월 청국과 뤼순항·다롄항 조차에 관한 조약을 체결하여 랴오둥반도와 그 주변 도서부를 25년간 조차할 수 있는 권리를 새롭게 획득했다. 그리고 같은 해 7월 하얼빈에서 뤼순까지 이어지는 동청철도 남만주 지선을 손에 넣게 된다.

그로부터 7년 뒤 러일 양국 대표들은 1904년 2월에 시작된 전쟁을 종결하기 위해 미국 뉴햄프셔주의 작은 도시인 포츠머스에 모였다. 러시아 측 대표는 전 재무상 비테, 일본 측 대표는 외무대신 고무라 주타로였다. 협상을 통해 러시아는 패전국이면서도 단 한 푼의 돈도 지불하지 않는 무배상의 성과를 올렸다. 일본은 배상금을 포기하는 대신 사할린의 북위 50도 이하 남반부를 할양빋는 것으로 만족해야 했다. 또한 일본은 남만주에서 러시아가 가지고 있던 여러 권익을 계승했다. 그 내용은 크게 네 가지로 정리할 수 있다.

① 관동주의 조차권
② 창춘~뤼순·다롄 간 철도 경영권과 그에 부수한 권리
③ 안둥~펑톈 간 철도 경영권
④ 압록강 유역의 삼림채벌권

①과 관련하여 일본 정부는 관동도독부(關東都督府)를 설치하여 다스리도록 했으며, ④를 위해서는 압록강채목공사(鴨綠江採木公司)를 설립했다. ②와 ③은 표면적으로는 철도 경영에 관한 것이었기 때문에, 일본 정부는 동청철도와 같은 철도회사를 새로 설립해서 대응하고자 했으며, 결국 그를 위해 남만주철도주식회사 곧 만철을 설립

했다.[18]

일본이 획득한 권익을 지배 영역의 성격에 따라 구분하면, 조차지인 관동주와 철도 연선에 설정된 철도부속지로 다시 나눌 수 있다. 본래 '관동(關東)'이란 말은 산하이관 동쪽을 의미하므로, 랴오둥반도 남단에 설정된 조차지의 범위를 크게 넘어서는 것이었다. 그러나 러시아가 그 지역을 '관동주(關東州)'라 명명했고, 일본도 그를 따랐다.

일본은 1906년 9월 러시아 태평양함대의 모항 역할을 수행하던 뤼순에 관동도독부를 개설했다. 관동도독부의 수장인 관동도독은 일본 천황의 대리로서 관동주의 행정과 중국 동북 지방의 군사를 총괄하고 만철의 업무를 감독했다. 여기에서 중국 동북 지방의 군사란 포츠머스조약 체결 이후 그 내용을 청국이 받아들이도록 하기 위해 체결했던 청일만주선후조약(淸日滿洲善後條約)에 근거하여 관동주와 철도 연선에 편제되었던 일본군을 지칭한다. 후에 이 부대는 만주사변을 일으키는 관동군의 원형을 이루게 된다. 관동도독에는 현역 육군대장 또는 중장이 임명되었다. 러일전쟁 때 제3사단장으로서 달리니[러시아어로 '원방遠方(먼 지방)'이라는 뜻으로, 러시아 지배 당시 다롄에 붙여진 이름] 점령을 담당했던 오시마 요시마사(大島義昌, 1850~1926)가 초대 관동도독이 되었다.[19] 관동도독은 이후 관제 개정을 통해 내각총리대신의 감독을 받다가 다시 외무대신의 감독을 받게 되었다. 그러나 1917년 7월에 공포된 칙령 제82호에 의해 재차 내각총리대신의 감독을 받았다. 1919년 4월에는 칙령 제94호로 관동청관제가 공포되어 관동주에 관동도독부를 대신하여 관동청이 신설되었다. 그 수장인 관동장관은 관동도독과 달리 육군대장 또는 중장을 임명한다는 규정이 삭제됨에 따라 문관제가 확립되었다. 동시에 군대 통솔을 위한 관동군사령관이 신설되었으며, 관동장관은 필요에 따라 관동군사령관에게 병력 사용을 청구할 수 있었다. 관동장관 또한 내각총리대신의 감독을 받았지만 외교에 관한 사항은 외무대신의 감독을 받았다.[20]

관동도독부와 관동청은 기본적으로 '외지'의 통치기구였다. '외지'란 전술한 바와 같이 "내지에 미편입된 이법영역"으로 정의할 수 있는데,[21] 이렇게 정의된 '외지'의 통치기구는 일반적으로 다음과 같은 특이점들을 지니고 있었다. 먼저 입법과 관련해서는 입법 사항이 행정기관의 '제령(制令)', '율령(律令)' 같은 명령으로 정해질 수 있었다. 행정에 있어서도 각 성 대신의 권한이 포괄적으로 '외지' 행정장관에게 위임되었으며, '내지'와 완전히 분리되어 있던 사법기구는 사법권의 독립이 '내지'에 비해 보장되지 않아 행정권의 관여를 허용했다.[22] 이와 같이 '외지'의 통치기구는 행정권의 비대화 혹은 절대화 속에 삼권분립의 원칙이 제대로 준수되지 않았다.

'외지'의 통치기구를 담당하는 일본 정부 내 중앙기관은 청일전쟁 이후 내각에 설치된 타이완사무국(臺灣事務局)을 시초로 한다. 타이완 및 펑후제도(澎湖諸島)에 관한 제반 사무를 담당했던 타이완사무국은 1898년에 폐지되어 내무성으로 흡수되었다. 그런데 러일전쟁 이후 설치된 관동도독부는 내무성이 아니라 외무성이 관장했다.[23] 양자 모두 '외지'임에는 차이가 없었지만, 타이완이 일본의 식민지인 데 반해, 관동주는 어디까지나 청국 영토임이 인정되고 있던 것이다. 관동주와 마찬가지로 러일전쟁의 산물이었던 사할린(일본에서는 '가라후토樺太'라고 부름) 남부 지역은 조차지가 아니라 할양된 땅이기 때문에 가라후토청(樺太廳) 장관은 내무대신의 지휘 감독을 받았다.

1910년 6월에는 내각의 외국(外局)으로 척식국이 신설되었다. 이전에도 1896년 3월에 척식무성이 설립되어 그 산하 남부국(南部局)과 북부국(北部局)에서 각각 타이완과 홋카이도에 관한 사무를 관장하다가 이듬해 8월에 폐지된 적이 있는데, 이와 달리 척식국은 타이완, 사할린, 조선에 관한 사항과 더불어 외교문제를 제외한 관동주의 사항까지 관장하게 됨으로써, '외지' 전체를 일원적으로 통괄할 수 있는 기관이 되었다는 점에 의미가 있었다. 그러나 야마모토 곤노효에(山本權兵衛, 1852~1933) 내각의 행정 정리로 인해 1913년 6월 폐지되었으며, 이때 관동주의 사항은 다시 외무성에서 관장하게 되었다. 1917년 7월에 척식국이 복설되었다가 1922년 이후 사무가 축소되었으며, 1924년에는 아예 내각의 소속 부국 중 하나가 되어 내각총리대신의 보조기관 역할을 하게 되었다. 그러나 1929년 6월 척무성이 신설되어 관동청을 비롯해 조선총독부, 타이완총독부, 가라후토청 및 남양청에 관한 사무를 관장했다.[24]

그런데 이상과 같은 중앙기관의 변천과는 별도로, 만주의 통치 실상은 군부, 외무성, 관동청의 기관들뿐 아니라 철도부속지 행정권을 갖는 만철까지 가세해 서로 착종되는 양상을 보이고 있었다. 그리하여 만주국 건립 이후인 1934년에는 만주에 관동국이 설치되어 행정의 일원적 운영을 꾀하게 되었으며, 그에 맞춰 1935년에 내각총리대신 소관의 타이완사무국을 설치하여 종래 척무대신이 소관하던 바를 이관토록 했다. 그리고 태평양전쟁 발발 이후인 1942년에는 척무성과 타이완사무국을 모두 폐지하고, 내무대신과 신설된 대동아

성(大東亞省) 대신이 각각 조선총독부·타이완총독부·가라후토청에
관한 사무와 관동국 및 남양청에 관한 사무를 나누어 관장하도록 했
다. 이는 조선, 타이완, 사할린 등의 '외지'에 대한 '내지'화, 다시 말해
내·외지 행정의 일원화를 실현하려는 의도를 분명하게 드러낸 것이
었다. 동시에 관동주와 남양군도는 제국의 판도 내에서 '내지'의 '외
연'으로 자리매김되었다.[25]

2) 남만주철도주식회사의 설립과 '치외'의 모순

철도는 원래 선로라고 하는 '선'과 정거장이라고 하는 '점'을 확보할
필요가 있다. 그러나 철도가 자국의 주권이 직접 미치지 않는 식민지
등에서 건설되는 경우, 직접 철도 운영에 관련된 시설만이 아니라 종
업원이나 가족이 생활을 영위하기 위한 시설, 주택, 학교, 병원 외에
도서관이나 체육시설 등의 건설, 혹은 군대의 주둔지로서의 '면'의
확보가 필요하다. 그 유지 운영을 위해 그 땅 주권국의 주권이 미치
지 않는 배타적인 공간, 즉 치외법권이 설정되는 일이 많다.[26]

『만철 40년사』에서는 포츠머스조약 체결로 계승하게 된 권익들
중 철도부속지의 유래에 대해 위의 인용문과 같이 설명했다. 철도부
속지는 1896년 9월 러청은행과 청국 정부 사이에 체결된 「동청철도
건설 및 경영에 관한 계약」 및 1898년 7월 동청철도 회사와 청국 정
부 사이에 체결된 「동청철도 남만지선에 관한 계약」에 의해 규정되
었다.[27] 그러나 철도부속지가 처음부터 '배타적인 공간', 곧 치외법권
적 공간으로 설정되었던 것은 아니다. 철도부속지가 치외법권적 공

간이 되기까지는 일련의 과정을 거쳤으며, 그 과정에는 러일전쟁 이후 철도부속지 경영을 담당하게 된 일본 또한 적지 않은 역할을 했다.

포츠머스조약 체결로부터 1년 가까운 시간이 경과한 1906년 6월 7일, 일본의 칙령으로 「남만주철도주식회사 설립의 건」이 공포되었다. 이에 따라 7월 13일에는 80명의 만철설립위원이 임명되었다. 위원장은 제4대 타이완총독이자 러일전쟁 당시 육군 작전의 실질적인 지도자였던 고다마 겐타로(兒玉源太郎, 1852~1906)가 맡았으나, 7월 23일 그가 급서하는 바람에 육군대신 데라우치 마사타케(寺內正毅, 1852~1919)가 그 자리를 대신했다. 8월 1일에는 일본 정부가 설립위원들에게 「삼대신명령서(三大臣命令書)」를 발했다.[28] 이 명령서에 따르면, 만철은 철도 및 수운을 이용한 운수업은 물론, 철도의 편익을 위한다는 명분하에 철도업과 무관한 탄광 경영이나 부동산업까지 할 수 있었다(제1조, 제3조, 제4조). 게다가 철도부속지 행정과 그를 위한 징세 업무까지도 담당했다.

설립위원회는 이 명령서에 기초하여 「남만주철도주식회사 정관」을 작성하여 1906년 8월 18일 체신대신의 인가를 받았다.[29] 9월 10일부터 주식 모집을 개시하여, 11월 26일에는 설립 총회를 열었으며, 그 이튿날에는 도쿄에 만철 본사를 설립하기에 이른다. 이듬해 4월에는 만철 본사를 도쿄에서 다롄으로 옮기고 「본사분과규정」을 정해 실제적인 업무를 시작했다(〈그림 2-2〉 참조).[30]

이와 같이 만철의 설립 총회부터 다롄에서 실제 업무를 시작하기까지는 불과 5개월밖에 걸리지 않았다. 그러나 이러한 외견상의 순조로움은 조약 규정을 무시한 일방적인 추진 결과였을 뿐이다. 일본이 러시아로부터 계승한 권익과 그에 따른 지배 영역은 기본적으로

그림 2-2. 구 만철 본사
1906년 6월 7일 천황 칙령으로 설립된 만철은 1907년 4월 도쿄에서 다롄으로 본사를 옮겨 업무를 시작했다. 다롄의 만철 본부 건물은 현재 '남만주철도주식회사 구지(舊址) 진열관'과 다롄 철도국의 사무실로 사용되고 있다(필자 촬영).

청국 영토 위에 존재했다. 다시 말해 권익의 이양은 청국의 승인하에 이루어진 것이었으며, 그것은 청국 입장에서 봤을 때 권익 행사의 주체가 러시아에서 일본으로 바뀐 것에 지나지 않았다. 실제로 포츠머스조약의 승인을 위해 체결된 「만주에 관한 청일조약」은 일본 정부가 러청 사이에 체결된 「동청철도 건설 및 경영에 관한 계약」을 준수하도록 규정하고 있었다. 준수 사항의 구체적인 내용은 '동청철도의 건설과 경영은 청국이 러청은행에 출자하여 러청은행이 청국 정부로부터 위임을 받아 실행한다, 동청철도 주식은 러청 양 국민이 소지한다, 동청철도 사장은 청국 정부가 임명한다' 등이었다. 청국은 이처럼 동청철도에 대해 여러 권한을 갖고 있었지만, 일본 정부는 만철을 설립하는 과정에서 청국 정부로부터 그 어떤 동의 절차도 구하지 않았다.[31]

그뿐만 아니라 철도부속지의 경우 이미 러시아가 처음 조성할 때부터 위법 행위가 반복되었다. 「동청철도 건설 및 경영에 관한 계약」은 프랑스어본과 한문본 두 가지로 작성되었다. 그런데 한문본에서는 동청철도가 철도 건설 및 보호에 필요한 토지를 취득할 수 있다고 규정했을 뿐이지만, 프랑스어본에는 동청철도가 배타적이고 절대적인 행정권을 소유한다는 내용이 삽입되어 있었다. 말하자면 러시아는 청국 측을 속여 철도부속지에 대한 배타적이고 절대적인 행정권을 소유하게 된 셈이었다. 또 조약상으로는 청국 정부가 철도부속지의 치안을 담당하도록 되어 있었으나 러시아는 청국 관헌의 출입 자체를 금지했으며, 철도 건설과는 무관한 토지까지도 철도부속지 명목으로 수용했다.

그런데 일본은 러시아의 권익을 계승하는 과정에서 철도부속지에 대한 지배권을 한층 공고히 했다. 철도부속지에서의 주병권(駐兵權)을 청국 측으로부터 확보했을 뿐만 아니라, 러일전쟁 당시 일본군에 의해 부설된 안봉선(안둥·펑톈 간 경편철도)을 만철선에 포함했다. 이와 같은 과정을 거쳐 마침내 철도부속지는 청국의 주권이 미치

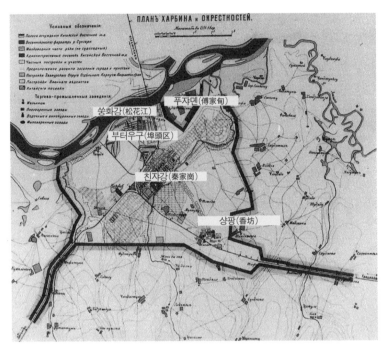

그림 2-3. 1902년경 하얼빈의 철도부속지
철도 연선 포함 검은색 굵은 선 안쪽이 모두 철도부속지에 해당한다.
출처: 西澤泰彦, 2006, 『圖說「滿洲」都市物語』, ふくろうの本의 p. 22에 의거 재작성.

지 못하는 '치외법권'적 공간이 되었다.[32]

철도부속지의 총면적은 1907년 4월 당시 149.7km²였으나, 1935년도 말에는 498.6km²로 크게 증가했다. 그 내역을 살펴보면, 관동주 내에 33.8km², 관동주 밖에 295.8km²가 분포했으며, 철도 연선 밖에도 169km²가 있었다. 이를 용도별로 구분하면, 철도용지가 115.6km², 지방시설용지가 316.2km², 탄광용지가 57.2km², 여관·항만 등이 9.7km²를 차지했다.[33] 이처럼 철도부속지 중에는 철도와 멀리 떨어져 있고 철도와는 무관한 용도의 땅이 차지하는 비중이 매우 컸다.

다시 지역으로 살펴보면, 1936년도 말 관둥주를 제외하고는 푸순(撫順)이나 안산(鞍山)의 탄광 지역이 최대 면적을 차지했는데, 이 두 지역에서 철도용지가 차지하는 면적은 각각 0.3%와 4.0%에 지나지 않았다. 또한 그다음으로 넓은 면적을 차지했던 펑톈의 경우 12km²의 면적 대부분이 시가용지였다. 펑톈처럼 만철에 의해 철도부속지에 세워진 도시들을 가리켜 '만철부속지 도시' 또는 '만철부속지 시가'라고 불렀는데, '일본인 거류지'로도 불린 이 도시들은 일본인들의 만주 진출의 거점 노릇을 했다.[34]

1940년 만주 거주 일본인 숫자는 82만 명까지 증가했다. 그러나 일본인들만 만주로 진출했던 것은 아니다. 철도 건설뿐 아니라 탄광이나 항만 등지에서도 많은 노동력이 필요했으며, 그 자리를 중국 본토에서 이주한 중국인 노동자들이 채웠다. 1891년부터 1942년 사이 만주로 이주한 중국인 숫자는 2,500만 명을 넘었고, 그중 3분의 1이 만주에 정착했다. 대부분 산둥성·즈리성(直隸省) 출신인 이들은 철도 연선에서 내륙으로 진출해가는 경향을 보였다. 그뿐만 아니라 1940년 현재 재만조선인도 145만 명에 달했다. 조선인들은 만주에서 최초로 도작(稻作)을 시작했으며, 일본인과 중국인 사이에서 소수 집단으로서 중간층을 형성했다.[35]

철도부속지 내 인구로 한정한다면, 〈표 2-1〉을 보면 알 수 있듯이, 1908년에는 전체 약 2만 9,000명 중 일본인이 약 1만 7,000명, 중국인이 약 1만 2,000명을 차지했다. 그러나 1917년에는 일본인과 중국인 숫자가 각각 대략 4만 3,000명과 6만 5,000명으로 역전되었으며, 1935년에 이르면 대략 20만 7,000명과 30만 3,000명으로 둘 사이의

표 2-1. 부속지 내 인구 추이(단위: 명)

연도	일본인	조선인	중국인	기타	합계
1908	17,142	–	12,375	7	29,524
1912	30,426	–	33,435	4	63,865
1917	43,486	355	65,623	189	109,653
1922	72,620	1,879	108,315	323	183,137
1927	92,704	8,913	212,864	1,748	316,229
1932	129,343	28,166	238,140	1,355	397,004
1935	207,971	31,825	303,846	1,133	544,775

격차는 더욱 벌어진다. 이처럼 중국인 인구가 급격하게 늘어난 이유는 부유한 중국인이 비교적 안전한 부속지 내로 이주하고, 일본인을 상대하는 상인들도 다수 유입되었기 때문이다.[36] 조선인의 경우는 주로 농사에 종사했기 때문에 시종 부속지 내 인구에서 일본인이나 중국인만큼 큰 비중을 차지하지는 못했다.

그런데 만철은 철도부속지에 시가지를 건설하는 데 특별히 일본인 외 타민족의 토지 이용을 규제한 것은 아니었다. 하지만, 만철 사원을 비롯해서 일본인 관료, 군인, 대기업 사원 등을 위한 별도의 주택지구를 설정하는 경우가 많았다. 이는 비단 다른 민족에 대해서만이 아니라 일반 일본인에 대해서도 벽을 쌓는 행위였다. 어느 만철 사원은 그러한 특별주택지구 안에서의 삶에 대해 "나는 펑톈에서 태어나 만철사택에서 자라 만철에서 일하고 사원회관에서 결혼하고 아이들을 낳았으며 어떤 불안도 없"었다고 회고하였다.[37] 토지 대부의 권리를 지닌 만철은 민족들 혹은 사회계급들 사이에서 일종의 '문지기(gate keeper)'로서 어느 공간에 어떤 사람을 거주시킬지 결정할 수 있었고, 그를 통해 부속지 내 거주지 분화 상황을 유지할 수 있었다.[38]

그러나 1932년 만주국 건국 이후 철도부속지의 '치외법권'적 상황이 문제가 되었다. 만주국 정부를 통해 만주 전토에 일원적인 통치를 실현하고자 했던 관동군 사령부 입장에서는 철도부속지는 설사 그것이 일본의 국책회사인 만철에 의해 지배되는 것이라고 할지라도 일종의 장애물에 지나지 않았다. 만주국 성립 이후에도 철도부속지에 대한 징세권은 만철에 있었다. 더구나 만주국 정부는 창춘을 비롯해서 펑톈 등지에서도 새로운 도시계획을 입안하고자 했지만 주권이 미치지 못하는 철도부속지를 도시계획구역에 포함하는 것 자체가 불가능했다.

이는 마치 조약에 근거하여 외국인의 거류 및 무역을 위해 설치된 조계가 당초에는 일본인들의 한반도 침략 거점 역할을 했지만, 1910년 '한국병합' 이후로는 조선총독부의 일원적 지배를 방해하는 애물단지로 전락하게 된 상황과 유사하다. '문제 공간'을 '통치 공간'으로 전환하기 위해서는 통치의 예외성을 담보하는 그와 같은 공간들은 반드시 정리되어야만 했다. 따라서 조선총독부는 1914년 4월 각국과의 협의 끝에 조계를 철폐하고 새로운 지방제도인 부제(府制) 실시를 통해 일원적인 통치를 실현했다.[39]

만철의 철도부속지 또한 같은 길을 걸었다. 즉, 1937년 11월 만철의 철도부속지가 철폐되고 그에 대한 행정권은 만주국에 이양되었다. 일찍이 동청철도 회사가 운영하던 '북만철로'는 2년 전에 만주국 정부가 제정러시아를 무너뜨린 소련 정부로부터 매수해놓은 상태

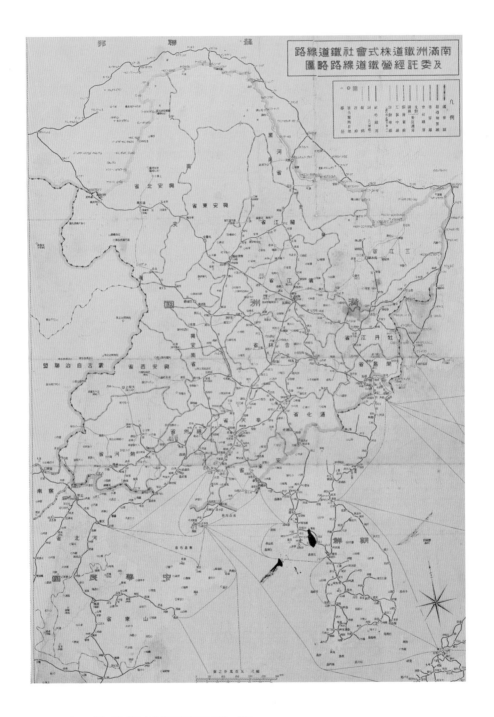

였기 때문에 그에 속한 철도부속지 문제도 이미 해소되어 있었다.[40] 니시자와 야스히코(西澤泰彦)가 지적했듯이 "만주 지배를 위해 만들어낸 철도부속지가 만주 지배를 위해 해소된 것은 매우 아이러니하다"[41]고 해야겠지만, 그것이 만주에서만의 특수한 사정은 아니었다는 점 또한 기억해둘 필요가 있다.

그림 2-4. 〈남만주철도주식회사의 철도선로 및 위탁경영 철도선로 약도(南滿洲鐵道株式會社鐵道線路及委託經營鐵道線路略圖)〉
1938년 3월 만철조사부 자료과의 조사를 통해 제작된 지도이다(서울시립대학교 박물관 소장). 지도상의 녹색 선은 1932년에 건국된 만주국의 국경을 나타내며, 그 안으로 만철의 철도 노선(빨간색)과 위탁경영을 하는 노선(보라색)이 그려져 있다. 만철은 다롄·뤼순에서 창춘까지의 노선을 중심으로 운영해오다가, 1935년에 소련으로부터 중동철도(中東鐵道)를 매입하여 경영 영역을 만주 전역으로 확장했다.

제2부

만선역사지리조사부의 설립과
'동양사학'의 전개

3장

만철의 조사기구와 사람들: '동양사학'의 기원

1. 만철조사부의 창설

1) 초대 총재 고토 신페이

러일전쟁의 결과로 획득한 남만주에서의 권익은 일본 스스로도 예상했던 바는 아니었다. 전쟁의 목적은 어디까지나 한반도에서 일본의 주도권을 러시아가 인정하고 물러나게 하는 데 있었기 때문에, 청국 영토인 만주에 대해서는 군사 작전 외에 구체적인 목표를 세우지 않았다. 그러나 일본군이 러시아의 조차지인 랴오둥반도와 동청철도 남만주 지선 일부를 점령하면서 생각지 못했던 이권이 일본의 수중에 들어오게 되었다. 그런 까닭에 일본 정부는 강화회의 직전까지 동청철도가 러시아 국영인지 민영인지조차 제대로 파악하지 못했다. 일본 정부 내에서 동청철도의 역할은 기껏해야 전후 러시아의 남하를 저지하는 용도 수준에서 고려되었을 뿐이다. 그럼에도 불구하고 일찍부터 철도를 중심으로 한 전후 '만주 경영'을 구상한 인물이 있었다. 그는 다름 아니라 후에 만철 초대 총재로 부임하게 되는 고토 신페이(後藤新平, 1857~1929)였다.[1]

타이완총독부 민정장관으로 있던 고토 신페이는 러일전쟁 개전 직후 영국 동인도회사를 모델로 만주 지역에 새로운 조직을 설립하자는 아이디어를 당시 타이완총독으로서 참모차장을 겸임하고 있던 고다마 겐타로에게 전달했다. 이후 두 사람 사이에서 전후 '만주 경영'에 관한 의견 교환이 이루어졌고, 그 결과는 종전 직전에 고다마가 입안한 「만주경영책경개(滿洲經營策梗槪)」로 정리되었다. 그 핵심은 "전후 만주 경영의 유일한 요결은 양(陽)으로는 철도 경영의 가면을 쓰고서 음(陰)으로는 백반의 시설을 실행함에 있다"는 것이었다. 구체적인 실행 방법으로는 정부 직할의 만주철도청을 설치하여 철도 경영은 물론 선로 수비, 광산 채굴, 이민 장려, 지방 경찰, 러시아 및 청국과의 외교 교섭, 군사 첩보 등을 담당케 하고, 그 수반 자리는 조차지 내 통치기관인 랴오둥총독부와 원활하게 소통할 수 있도록 랴오둥총독이 겸임토록 한다는 것 등이 제시되어 있었다.[2]

그러나 이러한 구상은 실행에 옮겨지지 못했다. 전술한 바와 같이 만철은 반관반민(半官半民)의 국책회사로 설립되었으며, 만철 총재는 관동도독의 감독만 받도록 했다. 다만 1906년 1월에 발족하여 「남만주철도주식회사 설립의 건」이나 「삼대신명령서」 등의 문서를 기초함으로써 만철의 골격을 만든 만주경영위원회 위원장 자리를 고다마가 지키고 있었다. 따라서 고다마와 고토의 의견이 완전히 폐기되었다고 말하기는 어려우며, 그 점에서 고토가 만철의 초대 총장에 추천된 것 또한 어쩌면 자연스런 결과였다.

그러나 고토는 7월 22일 하라 다카시(原敬, 1856~1921) 내무대신, 사이온지 긴모치(西園寺公望, 1849~1940) 내각총리대신, 그리고 만철 설립위원회 위원장이 된 고다마 참모총장 등과 대면한 자리에서 총재직 권유를 끝내 고사했다. 이는 총재 취임에 애초부터 뜻이 없었다기보다는 오히려 자신의 뜻을 펼치기 위한 조건들을 내걸고 그를 통해 주변의 협력을 사전에 확보하기 위함이었다. 이때 그가 가장 불안하게 여겼던 것은 식민정책에 중심이 없다는 것이었고, 그러한 문제를 야기하는 핵심에는 육군이 있었다. 전쟁 종결과 함께 러시아 조차지에서 군정이 철폐되었지만, 만철을 감독하는 관동도독은 현역 대장이나 중장이 부임하는 자리였다. 게다가 도쿄로부터는 외무성의 감독도 받아야 했다. 만철에 대한 이 같은 통제들은 만철이 '만주 경영'에서 중심적 역할을 하는 것을 저해할 것임이 분명했다. 그런데 이튿날인 23일 고다마의 급작스런 죽음으로 고토의 총재직 수락 시기가 앞당겨졌다. 8월 1일, 고토는 만철 총재 취임 의사를 밝혔다.[3]

고토 신페이는 1857년 이와테현(岩手縣) 미즈사와(水沢)에서 태어났다. 의사가 된 그는 아이치현(愛知縣) 병원장을 거쳐 독일로 유학을 갔다. 귀국 후 내무성 위생국장에 취임했지만 화족(華族)인 소마가(相馬家)의 분쟁에 휘말려 1893년에 실직했다. 그가 자신의 재능을 십분 발휘하게 되는 것은 조슈벌(長州閥)의 기대주였던 고다마 겐타로를 보좌하여 타이완으로 건너가서부터였다. 고다마가 타이완총독으로 재임할 당시 고토는 2인자인 민정장관으로서 타이완 통치에 임했다. 고토는 타이완 주민들의 항일운동을 근절하기 위한 대책으로 토지

조사사업을 실시했다. 그뿐만 아니라 아편 전매제를 통해 아편 환자의 감소를 꾀했으며, 철도 건설을 중심으로 하는 교통망의 정비, 전염병 대책을 목적으로 한 위생정책 수립 등을 추진하여 통치 기반을 확립하는 데 크게 기여했다. 또한 타이완 통치 방침 결정에 참고하기 위해 대규모 관습조사사업도 실시했다.[4]

타이완총독부에서의 이와 같은 경험은 고토가 만철 총재로서 '만주 경영'을 담당하게 되었을 때 자양분 역할을 했다. 그런데 그것은 고토 일개인의 체험 수준을 넘어서는 것이었다. 고토는 총재 임명 후 타이완총독부 재무국장 겸 총무국장이던 나카무라 고레키미(中村是公, 1867~1927)를 부총재로 임명했다. 그는 고토의 복심 중 한 명으로 후에 고토의 뒤를 이어 제2대 만철 총재가 되는 인물이다. 고토의 브레인 역할을 한 것은 교토제국대학 교수로 '타이완구관조사(臺灣舊慣調查)' 책임자로 있다가 고토의 이직과 함께 만철 이사로 취임하게 된 오카마쓰 산타로(岡松參太郎, 1871~1921)였다. 더욱이 관동도독부에서 행정부문을 담당하는 민정부의 책임자 민정장관 자리에는 타이완총독부 민정부 참사관을 지낸 이시즈카 에이조(石塚英藏, 1866~1942)가 임명되었다. 이처럼 고토의 '만주 경영'은 타이완총독부 시절의 인적 계승을 통한 타이완 통치 방식의 이식 과정이기도 했다.

고토의 '만주 경영'은 흔히 '문장적 무비(文裝的武備)'라는 말로 대표된다. '무장적 문약(武裝的文弱)'이라는 말과 대비해서 쓰이는 이 표현에 대해 기타오카 신이치(北岡伸一)는 세 가지 함의를 갖는 것으로 파악했다.[5] 첫 번째는 즉시 군비로 전환할 수 있는 군사적 시설의 정비라는 의미이다. 말하자면 평시의 철도 경영은 전시 군사 수송을 위한 것이고, 대량의 이민 장려는 잠재적인 유격대의 양성과 같으며,

대규모 병원의 설립 또한 전시 야전병원으로의 활용에 대비한 조치라는 것이다. 두 번째는 병원, 학교, 철도 등의 문명적 시설을 통해 현지 주민들에게 편의를 제공함으로써 그들을 일본의 지배에 귀의케 한다는 의미이다. 이는 타이완 통치 경험에서 나온 발상에 다름 아니었다. 마지막 세 번째는 두 번째 의미의 연장에 있는 것으로, 대규모 조사기관의 설립을 말한다. 고토는 타이완총독부 시절부터 후에 도쿄시장을 역임할 때까지 조사기관을 신설하여 다양한 사업을 벌였는데, 이는 만철 시대에도 예외가 아니었다.

기타오카는 이러한 분석 위에 고토의 '문장적 무비'란 결국 "비군사적 시설을 통한 광의의 군사력 증강"을 의미한다고 정리했는데, 그러나 그 말 자체의 의미와 달리 고토 정책의 최종 목표가 군사적 활용에 있던 것만은 아니라고 강조했다. 즉 "문명의 은혜를 부여하고 또 세계문명에 공헌하는 것에 고토는 강한 자부심을 느끼고 있"었으며, "게다가 문장적 무비라고 일컬어지는 수많은 정책은 실은 일본과 러시아, 일본과 청국 사이의 대립관계를 상호의존적 관계로 전환해가는 기능을 하고 있"었다는 것이다. 덧붙여 그는 만철이 실제로 무장적 태도로 '만주 경영'에 임했을 경우 "훨씬 비참한 결과"를 야기했을 것이기 때문에, 고토 방식의 건설적 성격은 평가해줄 만하다고 말했다. 그러나 기타오카 스스로가 인정하고 있듯이, 오늘날의 관점에서 봤을 때에는 만주의 문명화를 위한 고토의 사명감을 제국주의 이데올로기라고 지적하는 쪽이 납득하기에 더 '쉬운' 평가가 아닐까.

다만 고토의 문명화 사업이 분명 서구 문명을 기준으로 한 것임에도 불구하고, 기타오카의 표현을 빌리자면 자치와 관습을 존중하는 '생물학 원칙'에 따라 현지화 성격을 동시에 띠고 있었다는 사실은 주목된다. 예를 들어 고토는 도시의 지명을 붙일 때 일본풍 지명을 경계했고, 도시 구성에서도 중국인 거리를 차별하기보다는 오히려 중국인들이 많이 정착할 수 있도록 궁리했다는 것이다.[6] 그렇지만 그의 도시 건설이 구시가와 떨어진 곳에 신도시를 건설하는 작업이었던 것처럼, 현지 문명을 그대로 수용하는 것은 물론 아니었다. 또한 만선역사지리조사부(滿鮮歷史地理調査部)에서 간행한 『만주역사지리(滿洲歷史地理)』 제1 · 2권을 고토의 특별 주문으로 독일어로 번역해서 서구 학자들에게 배포하려 했던 사실로도 알 수 있듯이,[7] 문명화의 성과는 다시금 서구 문명에 의해 평가받아야 하는 것이었다.[8]

그런데 고토는 1908년 7월 만철 총재를 사임하고 가쓰라 다로(桂太郎, 1848~1913) 내각의 체신대신이 되었다. 만철 총재 수락으로부터 만 2년도 되지 않은 때의 일이었다. 고토의 총재직 사임에 대해서는 그의 측근으로부터도 강한 비판이 있었지만, 체신대신 자리의 수용이 결코 만철과의 결별을 의미했던 것은 아니었다. 가쓰라가 내각을 구성하기에 앞서, 외교에 관한 사항을 제외하고는 만철 감독권을 외무성에서 체신성으로 이전하기로 결정한 상태였기 때문이다. 더구나 같은 해 12월에는 철도원이 설립되어 철도 업무가 체신성에서 철도원으로 모두 이관되었으나, 고토는 철도원 총재를 겸임함으로써 만철에 대한 통제 권한을 놓지 않았다.[9]

그러나 다른 한편으로는 만철 창립 초기 고토의 역할이 과대평가되었다는 비판도 제기된 바 있다. 고토의 '신화'는 1910년대 어려운 상황에 직면해 있던 만철이 『남만주철도주식회사 10년사』 등을 통해 '영웅'을 만들어낸 결과라는 것이다.[10] 그럼에도 불구하고 만철을 논할 때 그 첫머리에 고토 신페이라는 이름을 빼놓을 수 없는 이유는 그가 혈연이나 지연 같은 입신양명에 필요한 그 어떤 요소도 갖추지 못했음에도 불구하고, 평생에 걸쳐 그 누구도 부럽지 않은 화려한 경력을 쌓았다는 성공 신화가 존재하기 때문일 것이다.

고시자와 아키라(越澤明)는 이러한 고토의 평생 업적으로 세 가지를 들었다. 그 첫 번째가 일본의 체신과 철도 행정의 기초를 마련했다는 것이며, 두 번째가 타이완총독부 민정장관과 만철 총재 시대의 경험으로 형성된 독자적인 국제감각을 바탕으로 중국 및 러시아(이후 소련)와의 관계를 중시하고 그 관계의 전개에 크게 공헌했다는 것, 그리고 세 번째가 도시계획을 제도화하고 '제도부흥(帝都復興)'을 실현했다는 점이다.[11] 이와 같은 행적 덕분에 일본에서 고토는 '철도의 아버지', '도시계획의 아버지' 등으로 불리고 있는데, 적어도 이러한 이름을 얻기까지 만철이라는 경력이 중요한 연결고리가 되었음 또한 부정할 수 없다.

2) 초창기의 기구 및 역할

만철의 조사기관으로서 만철조사부가 설립된 것은 만철 창립총회로부터 5개월이 지난 1907년 4월의 일이다. 만철 창립 당시 조사부는 총무부, 운수부, 광업부, 지방부 등과 함께 만철 본사의 중심 부서였다. 조사부 기구로는 조사부, 중앙시험소, 지질연구소 등이 있었는데(〈그림 3-1〉 참조), 이는 타이완 식민지의 조사기구, 즉 타이완총독부조사과, 타이완구관조사회, 타이완중앙연구소 등을 계승한 것이었다. 다만 후자가 정부기구였던 데 반해, 전자는 민간회사로서

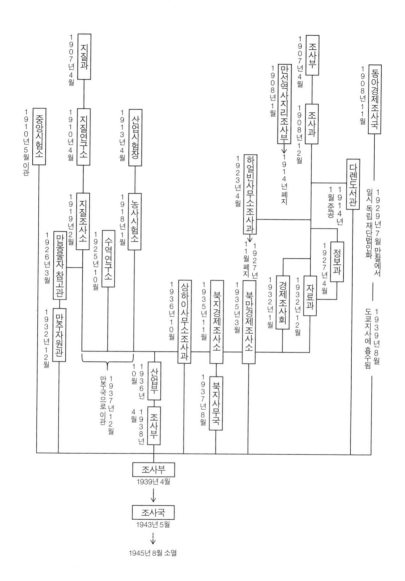

그림 3-1. 만철조사기관의 계보

출처: 小林英夫, 2015, 『滿鐵調査部』, 講談社, p. 29에 의거 재작성.

정부의 감독만 받았다는 차이가 있다. 또한 이와는 별도로 1908년 1월에는 도쿄지사 내에 만선역사지리조사부가 설치되었고, 같은 해 11월에는 동아경제조사국(東亞經濟調査局)이 개설되었다. 제2부의 주제인 만선역사지리조사부에 대해 살펴보기에 앞서, 일본의 만철 연구자인 고바야시 히데오(小林英夫)의 연구 성과에 의거하여 초창기 만철조사부 기구들의 대략을 정리해두자.[12]

만철조사부는 창립 직후 경제, 구관, 러시아 조사를 위해 세 개의 조사반을 꾸렸다. 첫 번째로 '경제조사반'은 당초 만몽(滿蒙)의 산업 조사가 주된 임무였으나, 점차 조사 지역이 시베리아, 러시아까지 미쳤으며, 조사 대상도 재정에서 농업, 상업, 철도, 수운, 지리까지 망라하게 되었다. 1907년 발족 이후 1923년까지 조사보고서 17권, 조사 자료 56권, 조사휘보 30권, 교섭자료 14권, 특보 기타 14권, 만몽전서 14권 등 총 145점의 출판물을 간행했다. 다음으로 '구관조사반'은 주임인 미야우치 기시(宮內季子, 1871~1919)를 포함하여 총인원 3명의 작은 조직이었다. 그러나 이 인원으로 중국 동북 지방 전체를 담당했을 뿐만 아니라, 조사 대상도 토지현행법 조사에서 중국 국내법과 조약으로까지 확대해갔다. 성과물로는 『만주구관조사보고서(滿洲舊慣調査報告書)』(전9권)를 비롯하여 1923년까지 총 54점의 조사보고서 및 저작 등이 있다. 마지막으로 '러시아조사반'은 도쿄외국어학교를 중퇴하고 러일전쟁 전후에 러시아에서 조사활동을 펼친 모리 미카게(森御蔭)가 주임을 맡았으며, 그를 중심으로 북만주, 시베리아 지역을 대상으로 한 조사보고서를 출판했다. 덧붙여 이상의 세 개 조사반 외에 감사반과 통계반이 별도로 설치되어 있었다.

한편, 중앙시험소는 1907년 10월 「관동도독부령」 제55호에 근거하여 설립되었다. 발족 당시 사무실은 다롄시의 구(舊)상품진열관 내에 임시로 설치되었다가, 이듬해 1월 후시미다이(伏見台)로 이전한 후 체제를 정비하여 7월부터 업무를 개시했다. 초대 소장은 '약학계의 명성(明星)'이라 불린 게이마쓰 쇼자에몬(慶松勝左衛門, 1876~1954)으로 고토 신페이의 오랜 친구이기도 한 인물이다. 시험소는 본래 일반 공중의 시험 의뢰를 받아 연구할 목적으로 설립되었으나, 시간이 지날수록 종래의 규모로는 충분한 조사연구를 수행할 수 없게 되자, 1910년 5월 만철로 이관되어 총재 직속 기구로 규모를 확충하게 되었다. 1912년 5월 시험소의 기구는 8개 부문, 즉 분석·제조화학·제사염직·요업·양조·위생화학·전기화학·서무로 개편되었다. 시험소의 사업은 기구 편성을 봐도 알 수 있는 것처럼 다방면에 걸쳐 있었다. 그중에서도 가장 큰 특징은 단순히 기초연구를 행하는 데 그치지 않고 공업화, 더 나아가서는 기업화까지도 시도했다는 것이다. 중앙시험소는 부속공장으로 제사공장, 염직공장, 양조공장, 두유제조장, 지방산공장, 내화연와공장, 도자기공장 등을 보유하고 있었는데, 그중 두유제조장과 지방산공장을 1915년 9월 스즈키상점(鈴木商店)으로 양도한 사례를 기업화의 실례로 들 수 있다.

지질연구소의 전신은 만철 창립 당시 광업부 내에 속해 있던 지질과이다. 지질과의 주된 업무는 푸순탄광의 지질 조사였다. 따라서 초창기인 1907년 5월부터 같은 해 10월까지는 사무소도 푸순탄광 내에 설치되어 있었다. 그러나 푸순탄광의 지질 조사가 일단락되자 사무소를 다롄으로 옮기고, 이후 만주 전역은 물론 동부 몽골(蒙古, 몽고) 방면의 광산지 조사, 만주 남부의 조직적 지질 조사에 착수하게 되었다. 지질과에서 지질연구소로 명칭이 변경된 것은 1910년

4월의 일이다.

또한 만철 산하 조사기관으로 설립된 동아경제조사국은 다롄의 만철 본사가 아니라 도쿄지사 내에 설치되었다. 설립 목적은 "일본 및 회사의 참고가 될 수 있는 세계적 경제 재료를 수집하고, 아울러 이 사항들에 관한 각 방면의 자문에 응"하는 데 있었다. 따라서 방대한 자료 속에서 언제든지 필요한 데이터를 신속하게 추출할 수 있는 시스템을 구축해야 했다. 초창기 각종 간행물을 수집·정리·보존하는 작업을 지휘했던 인물은 독일의 단치히공과대학 교수 티스(K. Thies) 박사였다. 그는 만철 총재 고토 신페이의 브레인으로 유럽의 조사기관을 방문했던 오카마쓰 산타로에 의해 스카우트되었다. 동아경제조사국은 정보 수집과 동시에 발신 역할도 담당했다.「동아경제조사국 설치 취지」라는 글을 일본어 외에 영어와 프랑스어로도 발표한 사실에서 알 수 있듯이, 동아경제조사국은 처음부터 정보 발신의 대상으로 구미를 의식하고 있었다.

마지막으로 만선역사지리조사부도 동아경제조사국과 마찬가지로 도쿄지사 내에 설치되었다. 책임자는 도쿄제국대학 문과대학 교수인 시라토리 구라키치였다. 설립 초기에는 시라토리의 주재 아래 야나이 와타리(箭內亙, 1875~1926), 마쓰이 히토시(松井等, 1877~1937), 이나바 이와키치(稲葉岩吉, 1876~1940) 등이 소속되어 있었다. 얼마 후 이케우치 히로시(池內宏, 1878~1952)와 쓰다 소우키치(津田左右吉, 1873~1961)가 가담하여 총인원은 6명이 되었다. 뒷날 야나이와 이케우치는 도쿄제국대학 교수, 쓰다는 와세다대학 교수, 마쓰이는 고쿠가쿠인(國學院)대학 교수, 이나바는 조선총독부 조선사편수회 편수관이 되었다. 이런 까닭에 만선역사지리조사부는 일본 동양사학의 인재 양성소라 일컬어지곤 한다.

만선역사지리조사부의 활동은 구성원을 봐서 알 수 있듯이 학문 연구, 특히 고 · 중세사 연구에 치중해 있었다. 바로 이런 이유로 만선 역사지리조사부의 만철 내 조사부로서의 명맥은 그리 길지 못했다. 만선역사지리조사부의 설립을 뒷받침해주었던 고토 신페이와 그의 방침을 계승한 나카무라 고레키미 총재 재임 시까지는 막대한 예산 지원 속에 호화로운 연구 생활이 가능했다. 그러나 1913년 노무라 류타로(野村龍太郎, 1859~1943)와 이토 다이하치(伊藤大八, 1858~1927)가 각각 총재와 부총재에 취임한 후로는 '합리화'의 대상이 되어, 1914년 말부터는 도쿄제국대학 문과대학에 연간 3,000엔을 기부하는 형태로 사업을 인계했다.[13] 이 당시 상황을 시라토리는 이렇게 회고했다.

연구 착수 후 얼마 지나지 않아 고토 만철 총재는 대신이 되었고, 그 후에 소위 고토계 사람들이 만철 총재에 취임하고 있는 사이에는 그 래도 아직 괜찮았지만, 그 후 고토계가 아닌 완전히 다른 사람이 만 철 총재가 되기에 이르자 모처럼의 조사부도 어쩔 수 없이 폐쇄되었 다. 부총재인 이토 다이하치 씨 등은 "이익을 목적으로 하는 회사에 이와 같은 연구소는 필요 없기 때문에 폐지하라"고 했고, 결국 연구 소는 만철의 손을 떠나게 되었다. 그러나 연구도 지리 쪽이 드디어 마무리되어 일단락이 되었을 뿐, 이제 앞으로 역사 쪽에 착수하려던 때였기 때문에, 그대로 연구를 중지할 수도 없었다. 다행히도 만철이 이후 연구에 드는 비용을 조금 내주었기 때문에, 연구실을 도쿄제국 대학 내로 옮겨 연구를 계속하게 되었으며, 그것이 계속해서 금일까

지 이어지고 있는 것이다.[14]

이처럼 만선역사지리조사부는 앞서 열거한 만철조사부의 다른 조사기구들과는 그 성격을 달리했다. 그렇다면 대체 어떤 경위로 만선역사지리조사부가 만철 내에 설립되었으며, 그 구성원들은 어떤 이력과 경위로 만선역사지리조사부에 모이게 된 것일까?

2. 만선역사지리조사부의 설립과 구성원들

1) '학술과 실제의 겸비'

1939년 8월 만철의 철도총국 홍보과에서는 『고토 신페이 백작과 만주역사조사부(後藤新平伯と滿洲歷史調査部)』라는 소책자를 간행했다. 이 소책자 머리말에서는 간행의 경위를 이렇게 밝혔다.

고토 백작은 초대 만철 총재로서 그 자리에 임하게 되자 과거의 경험에 비추어 이 대륙에 학술과 실제를 겸비한 조사기관을 설치했는데, 여기에 서술된 '만주역사조사부'의 특설도 또한 백작이 처음으로 기도하신 조사기관 중 일부였다. 당시 백작의 뜻을 체득하여 만몽의 역사 조사를 담당했던 사학자들은 이 기관에 자리 잡은 후 유익한 다수의 조사를 수행했다. 이제 이 기관에서 일했던 대부분은 이미 세상을 떠서, 겨우 건국대학 교수 이나바 박사 등이 그간의 소식을 전하는 사람이 되어 있다. 회사는 당시 사정에 대해 정확한 기록을 남기기 위해 박사에게 일장의 강화(講話)를 청했고 그 결과가 본 편이다. 이나바 박사의 이 회상록을 통해 고토 백작의 조사기관 설치 의도가 어디에 있는지를 알 수 있으며, 또한 금일 만철이 신동아의 사태에 처해 대조사부를 설치하여 그에 기여하려 하고 있는 것도 초대 총재가 뿌려놓은 씨앗의 소산이다. 백작의 위대한 의도는 이와 같으며, 현재 새로운 시대 속에서 살아가고 있음을 본다.[15]

이 시기 만철은 1932년 만주국 건국 이래 1937년 치외법권 철폐, 1938년 산업부 폐지 등으로 만주에서의 지위가 변하고 있었다. 기획 입안은 만주국 총무청으로 이관되었고, 대륙정책도 흥아원(興亞院)이 관할하게 되는 등 종래 국책회사로서 만철이 누려온 특권들은 점차 사라져갔다. 이러한 회사 전체의 붕괴 위기에 직면하여, 당시 만철 총재였던 마쓰오카 요스케(松岡洋右, 1880~1946)는 철도업과 푸순탄광 이외의 새로운 활로를 조사부의 충실화에서 구했다. 그 결과 1939년 4월 '대조사부'가 발족되어 국책 입안을 위한 조사활동을 전개해가게 되는데,[16] 인용문에서 "금일 만철이 신동아의 사태에 처해 대조사부를 설치하여 그에 기여하려 하고 있는 것"이란 바로 그러한 태세 전환의 상황을 말한다.

앞의 소책자는 이처럼 조사부 활동에 중점을 둔 만철의 대전환을 계기로 만철조사부의 지난 성과들을 재발굴하는 작업의 일환으로 간행되었던 것으로 보인다. 그를 위해 만철조사부 창설의 아버지로 고토 신페이를 소환하고, 그때 설치된 조사기관을 "학술과 실제를 겸비"한 것으로 평가했다. 그리고 '만주역사조사부'[17]를 그러한 기관들 중 하나로 자리매김하면서 "당시 사정에 대해 정확한 기록을 남

그림 3-2. 『고토 신페이 백작과 만주역사조사부』의 표지(왼쪽)와 책에 수록된 고토 신페이 사진(오른쪽)

기기 위해" 그 활동에 참여했던 만주건국대학 교수 이나바 이와키치에게 회고를 요청하게 되었다고 밝혔다. 또한 이나바의 회상을 통해서는 "고토 백작의 조사기관 설치 의도가 어디에 있는지를 알 수 있"다고 하므로, 이하에서는 이 소책자에 기록된 이나바의 회상에 기대어 만선역사지리조사부(이하 '역사조사부')의 설립 경위를 살펴보도록 하자.

이나바의 회상은 고토에 대한 인물평으로 시작된다. 한마디로 말하면, 고토가 이른바 '지나문제(支那問題)'와 '대로문제(對露問題)'에 남다른 관심을 기울였다는 것이다. 그리고 결론적으로는 "백작은 '지나문제'든 '대로문제'든 열심히 연구 조사하여, 그 결과를 정치상에 응용하고자 생각했던 제1인자로서 전혀 기회주의적인 인간은 아니었다. 어디까지나 조사에 중점을 두고 그 후 판단을 한다는 태도는 대외문제에서만이 아니라 백작의 일생을 통해 보아 알 수 있는 것"[18]이라고 평했다. 요컨대 이나바는 ① 조사 중시와 그 결과의 ② 정치적 응용을 고토 신페이라는 인물 평가에서 핵심적인 부분으로 언급했는데, 이는 고토만이 아니라 만철과 더 나아가서는 역사조사부의 성격을 규정하는 말이기도 하다는 점에서 주목할 만하다.

이나바는 역사조사부 탄생의 기원을 1908년 고토가 시라토리를 불러 만주에 관한 역사조사부 창설을 상담한 일로부터 구했다. 다만 이노우에 나오키(井上直樹)가 관련 사료들을 비교 분석한 결과에 따르면, 시라토리가 고토를 방문한 시기는 1907년 12월이므로,[19] 그 이듬해 방문이 이루어졌다는 이나바의 회고는 아마도 착각일 것이다. 어쨌든 이나바는 "대체로는 시라토리 박사의 의견, 즉 박사가 이전부터 만한(滿韓)의 역사에 대해 가지고 계셨던 그 의견을 청취하시고 그를 채용하게 되었다"고 말하면서, 당시 시라토리가 피력했을 의견 내용에 대해서는 역사조사부에서 간행한 『만주역사지리』(1913)의 서문(시라토리 작성)을 인용하여 설명했다.[20] 본래 이나바의 인용은 개요에 지나지 않지만, 역사조사부 설립 의도와 관련된 중요한 내용이므로 해당 부분의 원문을 그대로 번역해서 인용한다.

돌이켜보면, 이미 6, 7년 전의 일이 되었다. 로서아전역(露西亞戰役, 러일전쟁: 인용자)의 국면이 수습되어 남만주의 경제적 경영이 우리 국민에 의해 착수되고, 조선에 대한 보호와 개발의 임무가 또 우리 국민의 머리 위에 낙하해왔던 때, 나는 학술상으로부터 만한 지방에 관한 근본적 연구를 행하는 것이 급무임을 주장했다. 그 뜻은 대략

두 가지이다. 하나는 만한 경영(滿韓經營)에 관한 실제적 필요로부터 나온 것이고, 다른 하나는 순연한 학술적 견지로부터 나온 것이다.

현대에 제반 사업이 확실한 학술적 기초 위에 서는 것임은 말할 필요도 없으며, 만한의 경영 또한 본래부터 그러하지 않을 수 없다. 그렇지만 우리 국민의 이 지방에 대한 학술적 연구는 여전히 유치한 경역에 있어 실제적 사업에 지침이 될 만한 것이 아직은 많지 않다. 이를 내가 전공한 사학상에서 보더라도, 그 정치사, 그 민족적 경쟁의 사적조차 아직 천명되지 않은 부분이 매우 많고, 수많은 민족이 그 성쇠흥망의 흔적을 남긴 백산흑수(白山黑水, 백두산과 흑룡강: 인용자)는 암운이 깊어 이를 가두어놓은 감이 있다. 반도국이 우리나라와 밀접한 관계에 있음은 예나 지금이나 다름이 없고, 그리고 반도에서의 풍운의 동요가 항상 만주의 광야로부터 일어난다. 따라서 만주도 또한 직접적으로 우리 국운의 소장에 관계가 있음은 과거에도 지금과 마찬가지였음을 생각한다면, 그사이의 민족적 경쟁의 진상을 구명하여 현시의 형세가 유래하는 바를 완전히 아는 것은 경세가가 결코 등한시할 수 없는 것임에도 불구하고, 사학의 상태가 이와 같음은 실로 유감이라 할 것이다. 생각건대 일반의 학술계 또한 이와 유사한 점이 없지 않을 것이다. 이것이 내가 만한에 관한 학술적 연구의 급무를 외친 이유 중 첫 번째이다.

다음으로 이를 학술상으로부터 보더라도, 종래 비밀의 막에 감추어져온 만한의 땅이 새롭게 우리 국민 앞에 개방되었음은 학계가 풍부한 연구 재료를 공급받게 된 것으로, 학술에 뜻이 있는 자는 여기에 그 신연구를 시도할 절호의 기회가 도래했음을 느끼지 않을 수 없을 것이다. 그리고 그 땅의 사물이 우리 국민 생활과 밀접한 관계를 가져, 현재 우리 국민의 경영에 맡겨지거나, 과거에 우리 국민 문화의 요소가 되었음을 생각한다면, 이 연구에 종사하는 것은 우리나라 학자들이 부담해야 할 임무일 뿐만 아니라, 더 나아가 생각한다면 이는 또한 머지않아 우리 국민이 세계 학술에 공헌할 방도라고 해야 할 것이다. 서구의 학자가 동방의 연찬에 노력한 것이 다년, 자연계 현상에서부터 인종, 언어, 종교, 학술, 문예 등 제반의 인사(人事)에 이르기까지, 저들에 의해 그 어둠이 밝혀지고 그 희미함이 분명해진 것이 매우 많으며, 그 지역은 페르시아, 인도 같은 곳은 말할 것도 없고, 중앙아세아로부터 지나의 오랜 문명에 이르고, 시베리아의 광야에서 안남의 반도에 미치니, 아세아의 각지를 통해 저들이 시도한 학술적 연구의 공적은 실로 경탄할 만하다. 우리나라 학자 또한 실제로 그에 의존하고 있어 동양의 것을 서양의 가르침을 기다려 비로소 알 수 있는 상황이다. 우리는 서구 학자에 대해 심심한 존경과 감사의 뜻을 품는 동시에, 우리 동양의 국민이 세계 학술에 대해 할 수 있는 바가 적음을 생각함에 부끄럽기 짝이 없다. 다만 만주 및 조선의 경우에는 그 땅이 벽원(僻遠)한 까닭에 서양인의 연구가 아직 미치지 못한 바가 많은 듯하다. 그런데 이제 그 땅이 다행히도 우리 학계 앞에 개방되었고, 그리고 이에 대한 우리 국민의 지리상 및 문화상의 관계는 그 연구에 특수한 편의를 제공한다. 우리나라 학자는 이 기회를 놓치지 말고 이 지방의 모든 사물의 연구에 힘을 다하여 그 성적을 들어 세계 학술에 공헌해야만 하지 않겠는가. 이것이 내가 만한 연구의 급무를 외친 두 번째 이유이다.[21] (밑줄은 인용자)

즉, 시라토리는 두 가지 이유에서 만한 지방에 대한 조사연구를 강조했다. 하나는 "만한 경영에 관한 실제적 필요"에서이고, 다른 하나는 "순연한 학술적 견지"에서이다. 전자에 대한 설명을 간단히 요약하자면, 무릇 제반 사업이란 확실한 학술적 기초 위에서만 추진될 수 있는 법인데, 러일전쟁의 결과 일본이 '만한 경영'을 담임하게 되었음에도 불구하고 아직 그를 뒷받침할 만한 학술적 기초가 마련되어 있지 않다는 것이다. 그리고 후자는 남만주의 권익 계승과 한국의 보호국화로 일본 학자들이 해당 지역을 연구하기에 좋은 환경이 조성되었고, 게다가 해당 지역은 서구 학자들의 관심 밖에 있던 곳이므로, 일본 학자들이 "세계 학술"에 기여할 바도 크다는 설명이다. 앞서 이나바가 고토의 조사기관의 성격을 "학술과 실제의 겸비"로 특징지은 것은 시라토리의 이 글에서 유래한 것이라고 말해도 좋을 것이다. 이는 고토가 평생 가지고 있었다는 태도, 곧 ① 조사 중시와 그것의 ② 정치적 응용과도 일맥상통하는 바로서, 바로 이러한 점에서 이나바는 고토가 시라토리의 의견을 용이하게 받아들일 수 있었다고 덧붙였다.[22]

그렇다면 조사연구를 통한 학술적 성과가 지배의 실현을 위한 사업에는 어떤 방식으로 기여할 수 있었을까? 이에 대해서는 소책자에서 이나바가 소개한 에피소드를 잠깐 살펴보자. 1910년 '한국병합'에 즈음하여 고토는 역사조사부를 찾았다. 방문 이유는 역사적 관점에서 봤을 때 조선의 어느 곳에 총독부를 두는 것이 적당한가를 묻기 위해서였다. 시라토리를 제외한 나머지 조사부원들은 논의 끝에 이렇게 답했다. 즉, "총독부는 반드시 평양에 두시길 바란다. 경성에는 안 된다. 또 하나는 조선이라는 명칭은 적당하지 않다. 오히려 '고려총독부'로 하시길 바란다. 조선이라는 명칭은 이미 패퇴하고 있는 곳의 구명칭이므로, 지금 신총독부가 그 구칭을 따르는 것은 적당하지 않다. 신부(新附)의 인민에 대해서도 좋은 감정을 갖게 할 수 없다. 그보다는 조선인이 예로부터 만족해하는 고려, 세계적으로 통용되는 코리아라는 명칭을 사용하는 것이 적당하다. 그 위치로 평양을 주장한 것은 여러 의미가 있는데, 앞서 말씀드린 만선일여(滿鮮一如)이다. 만주의 영향은 곧바로 조선에 반영되며 조선의 움직임은 곧바로 만주에 반영된다. 그렇다면 양자의 관계를 가장 잘 포착할 수 있는 곳으로 경성의 경우 너무 남쪽에 치우쳐 있기 때문에 오히려 평양에 두는 쪽이 좋다"고 말했다는 것이다. 이 답변에 고토는 매우 만족해서 돌아갔다. 그리고 며칠 후 열린 각의에서 그 안을 제출했으나 결국에는 채용되지 못했다. 제3대 통감이자 초대 조선총독이 되는 데라우치 마사타케가 이미 경성으로 결정을 내린 상태였기 때문이라는 것이다. 고토는 이후에도 이 일에 대해 얘기할 때마다 매우 유감스러워했다고 한다.[23]

사실 총독부를 경성이 아닌 평양에 두자는 의견은 같은 시기 다른 글에서도 확인할 수 있다. 예컨대 1914년 평양거류민단에 의해 간행된 『평양발전사』에는 아카키 가쿠도(赤木格堂, 1879~1948)의 「평양천도론」이라는 글이 실려 있다.[24] "무릇 식민지 중앙도부(中央都府)는 쉽게 정할 수 있는 것이 아니다"라는 문장으로 시작하는 이 글은 식민지 모국과의 지리적 관계, 토민의 정치적 상태, 과거의 변천 및 장래의 방비, 그리고 교통, 경제, 풍경 등에 이르는 모든 사항을 깊이 고려하고 영구적인 이해를 따져본 후에야 그 위치를 결정할 수 있는 법인데도, 식민지 조선의 현 중앙도부인 경성은 충분한 검토를 거치지 못했다고 비판했다.

경성이 식민지 중앙도부로 적합하지 않은 이유로 아카키가 가장 먼저 지적한 것은 경성의 오랜 풍토였다. 경성은 지난 300년 동안 항상 "정치적 음모의 양성소"였고, 특히 지난 30년 동안은 "복마전" 같은 상태에 있었다고 말했다. 더구나 이러한 "음모열(陰謀熱)"은 경성의 자연에까지 스며든 까닭에, 하루라도 빨리 경성에서 벗어나지 않으면 일본인도 그에 감염되고 말 것이라고 주장했다. 두 번째 이유로는 역사조사부 사람들과 마찬가지로 경성의 위치를 들었다. 경성은 비교적 남쪽에 치우쳐 있어, 장래 대륙으로 웅비하고자 할 때 후방 기지로서 적합하지 않다는 것이다. 그리고 경제적 측면에서 봤을 때에도 경성은 조선의 중추로서 역할을 다할 수 없다고 단언했으며, 또 경성의 경우 일본인 구역과 조선인 구역이 섞여 있어 시정상의 편의를 위해서라도 피해야 한다고 강조했다.

이에 반해 평양은 위의 내용들과는 정반대의 이유로 적합하다는 결론에 도달했다. 즉, ① 지리상 만주 진출에 용이하고, ② 경제상 자원이 풍부하고 교통이 편리하며, ③ 전략상 북방 세력과 남방 세력이 충돌하는 요충의 땅이라는 것이다. 나아가 ④ 정치상 민심의 일신을 통해 제국의 포부와 위력을 깨닫게 할 수 있고, ⑤ 풍경상으로도 한반도에서 보기 드문 경승지라는 점을 꼽았다. 그리하여 "만약 이 땅에 황실(일본 천황가: 인용자)의 이궁을 조영하여 좋은 계절에 때때로 황족이 임행(臨幸)한다면 우리 천황의 덕화가 대륙에 미칠지도 모르는 일"이라면서, 결론적으로 "신영토의 중앙정청은 반드시 이 미성장의 웅도(雄都)로 옮기지 않으면 안 된다"고 주장했다.

이처럼 역사조사부나 아카키가 같은 결론에 이르게 한 것은 해박한 지식이나 역사적 혜안보다도 대륙을 향한 진출 욕망이었다. 실제

로 시라토리는 물론 이나바 또한 역사조사부 설립 이전부터 '만한 경영'에 적극적으로 개입을 시도해왔음이 주목된다. 먼저 시라토리의 경우 러일전쟁 발발 이후 시국에 관한 발언들을 서슴지 않았다. 일례로 1904년 8월에 발표한 「우리 나라가 강성하게 된 역사적 원인에 대해(我が國の強盛となりし史的原因に就て)」에서는 역사적으로 봤을 때 만주와 조선은 일본을 향한 대륙의 파도를 막아내는 견고한 제방이었다는 전제 위에, 러일전쟁의 목적 또한 러시아가 만주를 점령하게 되면 조선의 명맥을 쥐어 일본의 급소를 누르고 청에 대한 압력을 강화해나가게 될 것을 막는 데 있다고 설파하면서, 장래에 만주를 중립지로 만들어야 일본은 영구히 외환에서 벗어나 조선 지배를 유지할 수 있을 것이라고 제언했다. 또한 러일전쟁 종결 이후인 1907년 4월에 발표한 논문 「역사상의 만주의 지위(歷史上に於ける滿州の地位)」에서는 조선에서 일본의 위력을 확고히 하기 위해서는 그와 맞닿은 만주에서도 한반도를 보장할 수 있는 땅, 곧 랴오둥반도를 점령해야 한다고 주장했다. 그는 고구려가 랴오둥반도를 장벽으로 삼고 있었기에 수·당의 원정군을 격파할 수 있었다면서 자신의 주장을 '역사적 사실'로 뒷받침하고자 했다. 나아가 일본이 러시아로부터 창춘 이하 철도만을 획득한 것에 대해서도 고구려의 영토가 그 이상으로 미치지 못했음을 들어 추인했다.[25]

한편, 2개월 뒤 이나바는 「한반도의 보장과 랴오둥반도(韓半島の保障と遼東半島)」라는 제목의 논문 상·하편을 차례로 발표했다. 그 또한 자신의 "만선관을 보여주는 원점"이라는 이 논문에서 조선과 만주의 국경인 압록강과 두만강의 수비 강화는 한반도 독립을 보장할 수는 있지만, 진정으로 한반도의 발전을 도와 독립의 빛을 떨치게 하

려면 랴오둥반도를 지켜야 한다고 주장했다. 다시 말해 이나바는 랴오둥반도와 한반도를 동시에 지배하는 '만한일통(滿韓一統)의 경영' 이야말로 한반도 지배를 위해 필요하다고 강조했던 것이며, 이때 고구려의 역사는 시라토리가 그랬던 것처럼 하나의 지표로서 제시되었다. 특히 그는 고구려가 지안(集安)에서 평양으로 천도한 사실을 들어 '반도 경영'의 거점은 경성이 아니라 평양이어야 한다고 주장했는데, 이처럼 '평양 거점설'은 고토의 문의에 앞서 '만한 경영'을 위한 방책으로 일찍부터 제안되고 있던 것이다.[26]

그러나 이나바는 역사조사부의 사업이 만철에서 도쿄제국대학으로 이관된 뒤로는 '학술과 실제의 겸비'가 아니라 오로지 학술적인 부분만 견지하게 되었다고 말했다.

> 도쿄제대 이관 후에는 당초 고토 백작이 들었던 취지, 즉 실제적·학술적 병행의 견지 중 오로지 학술적인 것만이 움직이게 되었는데, 만약 이 실제적·학술적 양 방면이 완전히 계속되고 있었더라면 금일의 만주 건국의 정치, 경제 등에 비익(裨益)하는 바가 막대하지는 않았을까? 실제적이라고 하는 것은 이후 만철에서 구관조사의 형태로 일부 행해졌지만, 또 얼마 지나지 않아 중단되고 맙니다. 만철의 이러한 단속(斷續)된 태도에 대해 백작이 반드시 만족했다고는 생각할 수 없을 것입니다.[27] (밑줄은 인용자)

공교롭게도 이나바는 바로 그 시점에 만철을 떠났다. 이후 그의 행보는 '순연한 학술적 견지'라고 말하기는 어려운 것이었다. 하지만 '만한 경영'으로부터 멀어진 역사조사부의 연구활동 또한 과연 '순연한 학술적 견지'를 유지하고 있었다고 말할 수 있을까?

2) '만선사'의 창시자들

역사조사부에 참여했던 인물들의 면면을 차례대로 살펴보자. 먼저 조사부 주임을 맡았던 시라토리 구라키치는 1865년에 오늘날의 지바현(千葉縣)에 해당하는 가즈사국(上總國)에서 태어났다. 1879년에 지바중학교에 입학한 그는 후에 외무대신이 되는 이시이 기쿠지로(石井菊次郎, 1866~1945), 그리고 미쓰비시(三菱)사의 이와사키 야타로(岩崎彌太郎, 1835~1885)의 사위로서 교토부 지사까지 되는 기우치 주시로(木內重四郎, 1866~1925) 등과 친교를 두터이 했다. 흥미로운 점은 당시 지바중학교 교장이 '동양사학의 개창자'라고 불리는 나카 미치요(那珂通世, 1851~1908)였으며, 게다가 교사 중에는 역사학자이자 고고학자로서 활약하게 되는 미야케 요네키치(三宅米吉, 1860~1929)가 있었다는 사실이다. 훗날 동양사학자의 길을 걷게 될 시라토리에게 있어서 이보다 더 좋은 교육 환경은 없었다. 지바중학교를 수석으로 졸업한 시라토리는 1884년에 대학예비문(大學豫備門, 후에 제1고등학교가 됨)에 입학했다. 이때 그는 동향 친구인 이시이, 기우치와 함께 당시 도쿄고등사범학교에 재직 중이던 미야케 집에 하숙하며 지바중학교 시절의 인연을 이어갔다.

1887년에 도쿄제국대학 문과대학에 신설된 사학과에 입학하여, 독일인 교수인 루드비히 리스(Ludwig Riess, 1861~1928)의 지도를 받았다. 대학 시절 3년 동안 서양사, 그중에서도 프랑스 혁명까지 배운 것이 전부라는 그의 회고처럼, 그가 동양사학자의 길을 걷기 시작한 것은 대학 졸업 후 가쿠슈인(學習院) 교수로 부임한 뒤의 일이었다. 가쿠슈인에는 한학계 동양사학자인 이치무라 산지로(市村瓚次郎, 1864~1947)가 있었으며, 이치무라와 시라토리 두 사람은 각각 중국사와 그 외 동양사로 강의를 분담했다. 이를 계기로 시라토리는 일본과 가까운 조선과 만주부터 시작해 몽골과 서역 등지까지 연구 범위를 넓혀갔다.[28]

근무처인 가쿠슈인의 명에 따라 1901년에 유럽으로 유학을 떠났다가 1903년에 돌아온 시라토리가 가장 먼저 이루고자 한 일은 동양사 연구를 위한 학회 창립이었다. 1905년에 '아세아학회'의 창립을 제안했지만, 일본 학계의 서양 숭배 분위기로 인해 몇 차례의 회합에 그쳤다. 이에 그는 학회가 아니라 소수의 독지가를 모아 연구소를 설립하는 쪽으로 방향을 바꾸었다. 그리고 전술한 바와 같이 1907년 말 당시 문부차관이던 사와야나기 마사타로(澤柳政太郎, 1865~1927)의 소개로 만철 총재 고토 신페이를 만나 후원을 약속 받은 끝에, 이듬해 1월 만철의 도쿄지사 임시사무소에 역사조사부의 개설을 보기에 이른다.[29]

다음으로 야나이 와타리는 1875년에 후쿠시마현(福島縣)에서 태어났다. 후쿠시마현심상중학교와 제2고등학교를 거쳐 시라토리보다 10여 년 늦은 1898년에 도쿄제국대학 사학과에 입학했다. 야나이가 조사부에 합류하게 된 것은 시라토리의 요청에 의한 것이었다. 당시 제1고등학교의 역사수업 촉탁으로 있던 그는 1908년 1월부터는 만철 촉탁을 겸임했다. 조사부 사업이 도쿄제국대학으로 이관되면서 만철에서 해촉된 야나이는 1915년 2월 도쿄제국대학에 다시 촉탁으로 임명되었다. 그사이 그는 제1고등학교 교수가 되어 1918년 9월부터는 도쿄제국대학 조교수를 겸하게 되었는데, 같은 해 조사부 촉탁 자리는 해촉되어 조사부를 떠나게 된다. 1919년 10월 도쿄제국대학 조교수를 전임하게 된 야나이는 1925년 3월 이치무라가 퇴임하자 그가 담당하던 제1강좌를 이어받았다. 야나이의 몽골사 연구는 나카 미치요의 영향을 받아 시작되었으며, 특히 원대(元代)에 대한 관심은 다른 정사(正史)에 비해 불완전한 원사(元史)의 부족함을 채우기 위함이었다고 한다.[30]

이처럼 시라토리와 야나이는 도쿄제국대학 사학과를 졸업한 뒤에 대학에서 교편을 잡았지만, 이나바 이와키치는 이들과는 전혀 다른 경력을 쌓았다. 일단 그는 도쿄제국대학 출신이 아닐뿐더러 사학을 전공하지도 않았다. 그는 도쿄고등상업학교 내 부속외국어학교에서 중국어를 습득한 후 중국 유학을 떠났다가, 귀국 후 오사카(大阪)상선회사의 한커우(漢口) 지점에서 일했다. 이후 러일전쟁이 발발하자 육군 통역에 지원했다. 이 같은 경력은 순수학문을 추구하는 아카데미즘을 넘어 현실문제에 적극 개입했던 그의 연구 행로를 예고하는 것이기도 했다. 그는 1906년 나이토 고난이 외무성으로부터 간도문제 조사의 촉탁을 받아 관련 자료 수집을 위해 한성과 펑톈을 방문했을 때 동행했다. 이때 한성에서는 나이토와 이나바에 시라토리까지 함께 자리한 '경성회담'이 이루어졌다. 이 자리에서 세 명은 만선사 연구가 급무라는 인식을 공유했다. 훗날 이나바의 조사부 참여는 이 회담과 무관하지 않았을 것으로 추측된다.[31]

마쓰이 히토시는 도쿄제국대학 출신이지만 성향적으로는 야나이보다는 오히려 이나바 쪽에 가까운 인물이었다. 육군 중장 오쿠라 헤이조(大藏平三, 1853~1911)의 장남으로 태어나 어머니 쪽인 마쓰이가(松井家)를 잇게 된 그는 본래 1897년에 도쿄제국대학 프랑스문학과에 입학했다가 삼국간섭 같은 현실문제에 관심을 갖게 되면서 사학과로 전과했다. 1901년 사학과를 졸업한 후 근위보병 제1연대에 지원병으로 입대했으며, 러일전쟁이 발발하자 보병 소위로서 펑톈회전(奉天會戰) 등에 참전했다. 마쓰이는 참전 경험이 자신에게 새로운 길을 열어주었다고 말했는데, 그 새로운 길이란 다름 아닌 역사 연구자로서의 길이었다. 1906년 정월에 도쿄로 돌아온 그는 그해 9월 도쿄제국대학의 사료편찬괘(史料編纂掛)가 되었다. 이때부터 그는 학자로서의 이력을 시작했다.[32]

1873년에 기후현에서 태어난 쓰다 소우키치도 우여곡절을 겪었다. 1889년에 도쿄전문학교 교외생으로서 강의록을 가지고 독학으로 공부를 시작한 쓰다는 이듬해 같은 학교 정치과 2학년으로 편입했다. 정치과를 졸업한 후에는 사와야나기 마사타로의 집에서 기거하다가 그의 소개로 시라토리의 지도를 받게 되었다. 1897년 쓰다는 시라토리의 모교인 지바중학교에 부임했다가, 1908년 역사조사부 설립과 함께 조사부 일원이 되었다. 그는 1918년 와세다대학 강사를 거쳐 1920년 같은 대학 문학부 교수로 임명되었다.[33]

초창기 멤버는 아니지만, 1914년 역사조사부 폐지와 함께 이나바, 마쓰이 등이 사임을 하고 또 야나이가 1926년에 사망한 뒤 새롭게 사업에 참여하게 된 와다 세이(和田淸, 1890~1963)도 빼놓을 수 없다.[34] 와다는 다른 멤버들에 비해 한 세대 뒤의 인물로, 1890년에 태어났다. 가나가와현립(神奈川縣立) 제1중학교를 거쳐 1909년에 제1고등학교에 입학했는데, 당시 교장은 니토베 이나조(新渡戸稻造, 1862~1933), 동양사 담당은 다름 아닌 야나이 와타리였다. 그리고 1912

년 도쿄제국대학 사학과에 입학했을 때 교수진은 시라토리 구라키치와 이치무라 산지로였다.[35] 와다는 재학 3년 동안 이치무라의 수업은 한 번도 듣지 않은 대신, 2학년 때 새로 강사로 임명된 야나이 와타리와 이케우치 히로시의 수업을 열심히 들었다고 한다. 대학원에 진학해서는 이치무라의 지도 아래 청조사를 연구하게 되었는데, 당시 도쿄제국대학에는 청조사 강의가 없었던 까닭에 나이토의 강의를 듣고자 교토제국대학으로 유학을 갔으나, 나이토의 부재로 하마다 고사쿠(濱田耕作, 1881~1938), 하네다 도루(羽田亨, 1882~1955) 등의 강의를 듣게 되었다. 이후 그는 도쿄제국대학 강사와 조교수를 거쳐 1933년에 교수로 취임했다.[36]

마지막으로 역사조사부를 거쳐 간 인물로서 세노 우마쿠마(瀨野馬熊, 1874~1935)의 이름을 추가할 수 있다. 세노는 1874년에 구마모토현(熊本縣) 아소군(阿蘇郡)에서 태어났다. 1888년에 제5고등학교 예과에 편입했다가 도중에 학업을 중단하고 1892년부터 다시 와세다대학 영문학과에서 수학했다. 1901년에 현립아키타(秋田)중학교의 교유(敎諭)가 되었으며, 이듬해에는 현립아키타세무감독국 촉탁으로 영어와 한문을 가르쳤다. 이후 그는 타이완으로 건너가 타이완총독부 문서편찬사무 촉탁 등으로 근무하다가 1910년에 사직서를 제출했다. 사유는 역사조사부 근무를 위한 것으로 추정된다. 다만 1911년 5월까지는 타이완토비토벌사(臺灣土匪討伐史) 편찬 촉탁으로서 활동을 계속했다. 역사조사부에서는 보조원으로 참여해 자료 수집과 정리를 맡았던 것으로 보인다. 역사조사부 폐지 이후인 1916년에는 조선으로 이주해서 중추원 촉탁으로서『조선인명휘고(朝鮮人名彙考)』와『조선반도사(朝鮮半島史)』등의 편찬에 참여했고, 조선사편찬위원회에 이어 조선사편수회에서 근무하면서 『조선사(朝鮮史)』편찬에도 참여했다. 그러나 1933년 초 신장병이 발병하여 2년 뒤 사망했다.[37]

후에 상술하는 이케우치 히로시를 포함하여 이상의 연구자들이 만철의 역사조사부에 모였다. 이노우에 나오키는 이 멤버들 중 이나바·마쓰이·세노 등은 종군 경험이 있거나 식민지 행정과 관련된 연구에 종사해왔고, 또 역사조사부 발족 당시 멤버인 시라토리·야나이·이나바·마쓰이만 하더라도 이 중 반수가 러일전쟁 종군자였다는 사실에 주목하여, 이는 곧 '학술과 실제의 겸비'라고 하는 시라토리의 역사조사부 설립 목표를 구현한 것이라고 평가했다. 또한 역사조사부가 중점을 두었던 역사지리 고증은 비록 만철로부터는 회사 이익에 이바지하지 못했다는 평가를 받았지만, 실은 군사적·정치적으로도 매우 의미 있는 연구들이었으며, 그 점에서 인원 구성과 연구 내용에서 모두 고토의 '문장적 무비'나 시라토리가 말한 '만한 경영'의 실제적 필요에 즉응할 수 있는 조직이었다고 말했다.[38]

이와 같은 역사조사부에서 만들어낸 역사가 바로 '만선사(滿鮮史)'이다. 다만 조사부 설립 초기에는 만주사 연구에 모든 인력이 동원되었던 것으로 보인다. 연구의 주안점은 만주의 역사지리 규명에 있었다. 당대(唐代) 이전은 연구자들 사이에 견해 차이가 존재하여 별도로 사료를 수집하기로 함에 따라, 연구 대상은 일단 요대(遼代) 이후로 한정되었다.[39] 구체적으로는 마쓰이 히토시가 요와 금을, 야나이 와타리가 원과 명을, 그리고 이나바 이와키치가 명 말부터 청을 담당했다. 당대 이전은 한발 늦게 참여한 이케우치 히로시와 쓰다 소우키치가 담당했다. 이후 연구의 진전과 함께 제2기에 들어서는 시대를 거슬러 올라가 마쓰이가 수와 당을, 야나이가 남북조 및 한·위의 일부를, 이나바가 한대 일부를 담당했으며,[40] 이케우치와 쓰다는 조선사를 담당하되 이케우치가 조선, 쓰다가 고려 이전으로 시기를 분담했다.[41] 이들의 연구 성과는 만철 시대의 업적인 『만주역사지리』와 『조선역사지리』, 그리고 도쿄제국대학으로 사업이 이관된 후 1915년부터 1941년까지 간행된 『만선지리역사연구보고(滿鮮地理歷史硏究報告)』 16책에 수록되어 있다(〈표 3-1〉부터 〈표 3-3〉까지 참고).

그런데 만약 역사서술 방식을 지리를 중심으로 하는 속지주의적 역사와 사람을 중심으로 하는 속인주의적 역사로 구분할 수 있다면, '만선사'는 시라토리가 앞서 언급한 『만주역사지리』 서문에서 "역사의 기초는 지리에 있다"고 천명한 바와 같이[42] 속지주의적 역사의 대표적 사례라고 할 수 있다. 전후 조선사학을 이끈 하타다 다카시는 '만선사'가 학문적으로는 존재할 수 없는 허상에 불과했음에도 불구하고 역사의 한 분과로서 성립할 수 있었던 이유 중 하나로 바로 이와 같은 지리중심적 시점을 들었다. 즉, '만선사'는 주로 지명 고증이나 도성 위치의 비정 등을 연구 대상으로 삼았던 까닭에 역사의 주체에 대한 질문을 피해갈 수 있었다는 것이다.[43] 그리고 이러한 역사서술이 결국 "인간이 없는 역사학"[44]을 만들어냈다고 하타다는 비판했다.

후술하는 바와 같이 하타다가 대안으로 제시했던 역사는 인간이 있는 역사학, 다시 말해 '민족'을 중심으로 하는 속인주의적 역사였다. 이후 하타다의 전전(戰前) 역사학 비판은 현실과 거리를 둔 채 실증에만 천착하는 순수학문의 존립 가능성에 대한 의구심으로까지 이어졌다. '민족'의 기원을 강대한 역사로 그려냄으로써 자기만족적

표 3-1. 『조선역사지리』 제1·2권 총목차

권수	저자	논문명
제1권	쓰다 소우키치	패수고(浿水考)
		삼한강역고(三韓疆域考)
		백제위례성고(百濟慰禮城考)
		호태왕정복지역고(好太王征服地域考)
		장수왕정복지역고(長壽王征服地域考)
		진흥왕정복지역고(眞興王征服地域考)
		임나강역고(任那疆域考)
		신라정토지리고(新羅征討地理考)
		신라·백제경계고(羅濟境界考)
		백제전역지리고(百濟戰役地理考)
		고구려전역신라진군로고(高句麗戰役新羅進軍路考)
		당·신라교전지리고(唐羅交戰地理考)
		신라북경고(新羅北境考)
		후백제강역고(後百濟疆域考)
제2권		고려 서북 경계의 개척(高麗西北境の開拓)
		고려 동북 경계의 개척(高麗東北境の開拓)
		윤관정략지역고(尹瓘政略地域考)
		원대 고려 서북 경계의 혼란(元代に於ける高麗西北境の混亂)
		고려 말 압록강반의 영토(高麗末に於ける鴨綠江畔の領土)
		고려 말 동북 경계의 개척(高麗末に於ける東北境の開拓)
		조선 초 두만강 방면의 경략(鮮初に於ける豆滿江方面の經略)
		조선 초 압록강 상류 지방의 영토(鮮初に於ける鴨綠江上流地方の領土)

표 3-2. 『만주역사지리』 제1·2권 총목차

권수	저자	논문명
제1권	시라토리 구라키치 야나이 와타리	한대의 조선(漢代の朝鮮)
	이나바 이와키치	한대의 만주(漢代の滿州)
	야나이 와타리	삼국시대의 만주(三國時代の滿州)
	야나이 와타리	진대의 만주(晋代の滿州)
	야나이 와타리	남북조시대의 만주(南北朝時代の滿州)
	마쓰이 히토시	수·당 두 왕조의 고구려 원정의 지리(隨唐二朝高句麗遠征の地理)
	마쓰이 히토시	발해국의 강역(渤海國の疆域)
제2권	마쓰이 히토시	만주에서의 요의 강역(滿洲に於ける遼の疆域)
	마쓰이 히토시	허항종의 행정록으로 보는 요·금시대의 만주 교통로(許亢宗の行程錄に見ゆる遼金時代の滿洲交通路)
	마쓰이 히토시	만주에서의 금의 강역(滿洲に於ける金の疆域)
	야나이 와타리	동진국의 강역(東眞國の疆域)
	야나이 와타리	만주에서의 원의 강역(滿洲に於ける元の疆域)
	야나이 와타리	원·명시대의 만주 교통로(元明時代の滿洲交通路)
	이나바 이와키치	명대 요동의 변장(明代遼東の邊牆)
	이나바 이와키치	건주여진의 발상지 및 이주지(建州女眞の原地及び遷住地)
	이나바 이와키치	청 초의 강역(淸初の疆域)

표 3-3. 『만선지리역사연구보고』 제1책~제16책 총목차

권수	저자명	논문명
제1책	쓰다 소우키치	물길고(勿吉考)
	쓰다 소우키치	실위고(室韋考)
	쓰다 소우키치	안동도호부고(安東都護府考)
	쓰다 소우키치	발해고(渤海考)
	마쓰이 히토시	거란발흥사(契丹勃興史)
	마쓰이 히토시	거란가돈성고 부: 조복고(契丹可敦城考 附阻卜考)
제2책	쓰다 소우키치	요대 오고·적열고(遼代烏古敵烈考)
	쓰다 소우키치	달로고고(達盧古考)
	야나이 와타리	금 병제에 관한 연구(金の兵制に關する研究)
	이케우치 히로시	조선 초 동북 경계와 여진과의 관계(1)〔鮮初の東北境と女眞との關係(一)〕
제3책	이케우치 히로시	철리고(鐵利考)
	쓰다 소우키치	요의 요동 경략(遼の遼東經略)
	마쓰이 히토시	5대 시대의 거란(상)〔五代の世に於ける契丹(上)〕
	마쓰이 히토시	요대기년고(遼代紀年考)
	야나이 와타리	원대 사회의 3계급(元代社會の三階級)
제4책	마쓰이 히토시	거란의 국군 편제 및 전술(契丹の國軍編制及び戰術)
	마쓰이 히토시	송의 대거란 전략지리(宋對契丹の戰略地理)
	쓰다 소우키치	금대북변고(金代北邊考)
	야나이 와타리	몽고의 고려 경략(蒙古の高麗經略)
	이케우치 히로시	조선 초 동북 경계와 여진과의 관계(2)〔鮮初の東北境と女眞との關係(二)〕

권수	저자명	논문명
제5책	이케우치 히로시	고려 성종조 여진 및 거란과의 관계 (高麗成宗朝に於ける女眞及び契丹との關係)
	야나이 와타리	달단고(韃靼考)
	마쓰이 히토시	북송의 대거란 방비와 차의 이용(北宋の對契丹防備と茶の利用)
	쓰다 소우키치	요 제도의 이중체계(遼の制度の二重體系)
	이케우치 히로시	조선 초 동북 경계와 여진과의 관계(3) 〔鮮初の東北境と女眞との關係(三)〕
제6책	쓰다 소우키치	상대 지나인의 종교사상(上代支那人の宗敎思想)
	야나이 와타리	원대의 동몽고(元代の東蒙古)
제7책	이케우치 히로시	고려 태조의 경략(高麗太祖の經略)
	마쓰이 히토시	거란에 대한 북송의 군사 배치 요령 (契丹に對する北宋の配兵要領)
	이케우치 히로시	고려 현종조 거란의 침입(高麗顯宗朝に於ける契丹の侵入)
	이케우치 히로시	조선 초 동북 경계와 여진과의 관계(4) 〔鮮初の東北境と女眞との關係(四)〕
제8책	쓰다 소우키치	백제에 관한 일본서기 기재(百濟に關する日本書紀の記載)
	마쓰이 히토시	거란인의 신앙(契丹人の信仰)
	이케우치 히로시	조선·고려조 여진의 해구(朝鮮高麗朝に於ける女眞の海寇)
	야나이 와타리	원대 관제와 병제(元代の官制と兵制)
제9책	쓰다 소우키치	삼국사기 고구려기 비판(三國史記高句麗紀の批判)
	마쓰이 히토시	거란인의 의식주(契丹人の衣食住)
	이케우치 히로시	완안부의 갈라전 경략과 윤관의 9성 정벌 부: 포로모타부에 대해(完顔氏の曷懶甸經略と尹瓘の九城の役 附蒲盧毛朶部に就いて)
	야나이 와타리	원조패부고(元朝牌符考)

권수	저자명	논문명
제10책	이케우치 히로시	금말의 만주(金末の滿洲)
	이케우치 히로시	몽고의 고려 정벌(蒙古の高麗征伐)
	쓰다 소우키치	신선사상에 관한 두세 가지 고찰(神僊思想に關する二三の考察)
제11책	쓰다 소우키치	한대정치사상의 일면(漢代政治思想の一面)
	이케우치 히로시	금사 세기 연구(金史世紀の研究)
제12책	이케우치 히로시	조·위의 동방 경략 부: 모구검의 고구려 정벌에 관한 삼국사기 기사(曹魏の東方經略 附: 母丘儉の高句麗征伐に關する三國史記の記事)
	이케우치 히로시	고구려 멸망 후 유민의 반란 및 당과 신라의 관계(高句麗滅亡後の遺民の叛亂及び唐と新羅との關係)
	와다 세이	올량합삼위에 관한 연구(1)〔兀良哈三衛に關する研究(一)〕
	쓰다 소우키치	전한의 유교와 음양설(前漢の儒教と陰陽說)
제13책	이케우치 히로시	숙신고(肅愼考)
	이케우치 히로시	부여고(扶餘考)
	와다 세이	명초의 몽고 경략, 특히 그 지리적 연구(明初の蒙古經略 特にその地理的研究)
	와다 세이	올량합삼위에 관한 연구(2)〔兀良哈三衛に關する研究(二)〕
	쓰다 소우키치	유교의 실천도덕(儒教の實踐道德)
제14책	이케우치 히로시	백제 멸망 후 동란 및 당·신라·일본 삼국의 관계(百濟滅亡後の動亂及び唐·羅·日三國の關係)
	와다 세이	명초의 만주 경략(상)〔明初の滿洲經略(上)〕
제15책	이케우치 히로시	물길고(勿吉考)
	와다 세이	명초의 만주 경략(하)〔明初の滿洲經略(下)〕
	쓰다 소우키치	'주궁' 연구('周宮'の研究)
제16책	이케우치 히로시	낙랑군고 부: 요동의 현토군과 그 속현(樂浪郡考 附: 遼東の玄菟郡とその屬縣)
	이케우치 히로시	고구려 토멸 전쟁에서의 당군의 행동(高句麗討滅の役に於ける唐軍の行動)

욕망을 분출해내는 한국 재야 사학계 일부에서는 하타다의 아카데미즘 비판을 비틀어놓은 듯한 형태로 이른바 강단 사학에 대한 비판을 이어오고 있다. 최근 역사학계에서는 실증주의적 입장에서, 특히 고대사를 전공하는 소장 역사학자들을 중심으로 재야 사학계의 주장을 합리성을 결여한 '사이비 역사학'으로 규정하는 논의를 적극 전개하고 있다.[45] 그러나 이에 앞서 이성시는 "실증주의는 역사학 고유의 방법론으로서 실증주의를 단순하게 식민지주의의 속성으로 간주할 수는 없다"고 지적하면서, '실증주의=식민사학'으로 간주하는 연구자들의 태도를 한국의 재야 사학계 일부가 아니라 해방 후 한국 사학계의 전반적인 문제로 제기한 바 있다.[46] 다른 한편 일본 역사학계에서는 다시금 실증주의를 소환하여 하타다의 '만선사' 비판에 대한 검증을 진행하고 있는 상황이다.[47]

속지주의적 역사는 그 속성상 다민족적 제국에 보다 적합한 서술 형태이다. 따라서 1945년 8월 제국 일본의 해체 이후 '만선사'는 그 자취를 감추게 된다. 동아시아에는 그를 대신하여 국민국가체제가 들어섰다. 그리고 각국에서는 '민족'을 주체로 한 속인주의적 역사가 주를 이루게 되었다. 이와 같은 대전환의 흐름 속에서 옛 제국의 다민족적 흔적들은 애당초 존재하지 않았고 또 존재해서도 안 되는 대상인 양 점차 지워져갔다. 그러나 '민족'의 역사적 분포와 국민국가의 경계 사이에서 발생하는 불일치는 국민국가체제에 항시적인 불안 요소로 남아 있다. 이러한 속인주의적 역사의 불안정성은 실증주의의 주변을 배회하고 있는 것처럼 보인다. 왜냐하면 실증주의는 어느 한쪽의 최종적인 승리를 선포하기보다는, 다양한 설들이 제기되는 속에서 불안정성을 끊임없이 재생산하게 될 것이기 때문이다.

일찍이 헤이든 화이트(Hayden White)는 『메타히스토리: 19세기 유럽의 역사적 상상력』(1973)에서 1830년부터 1870년에 이르는 시기에 나타난 유럽에서의 역사서술의 특징을 이렇게 설명했다. 즉, 랑케(Leopold von Ranke)를 비롯해 미슐레(Jules Michelet), 토크빌(Alexis de Tocqueville), 부르크하르트(Jacob Burckhardt) 같은 이 시기 대표적 역사가들은 앞선 시기의 계몽주의자나 낭만주의자가 빠져 있던 추상적 표현과 환상에서 벗어나 객관적이고 사실적인 역사상을 만들어내기 위해 부심했으며, 그런 까닭에 대체로 당시 논쟁은 '사실적'인 것의 판단 기준은 무엇인가라는 점으로 수렴되었다고 한다. 그러나 역사가는 "역사가의 수만큼이나 다양한 종류의 '사실주의'를 만들어낼 뿐"이었으며, 결과적으로 같은 사건에 대해 서로 다른 이해들이 병존하게 됨에 따라, 다음 시기에는 역사학이 주장하는 객관성이나 사실주의에 대한 신뢰가 무너져 역사주의의 위기가 찾아왔다고 설명했다.[48]

이는 실증주의와 그것이 만들어내는 불안정성을 어떻게 이해하면 좋을 것인가에 대한 한 가지 해결 방안을 제시해준다. 즉, 실증주의는 역사학 고유의 방법론으로 본래부터 하나의 형태만 존재하는 것이 아니라, 서로 다른 개념에 근거한 다양한 형태들이 존재한다고 볼 수도 있다. 만약 그것이 가능하다면, 누군가의 역사서술이 실증주의인가 아닌가를 따지기보다는 '어떤' 실증주의인가를 묻고 또 그 안에서의 계보를 확인해야 할 것이다.

하타다는 '만선사'의 대표적 사례로 이나바 이와키치를 들었다. 그러나 사론을 통해 현실문제에 적극 개입하고자 했던 이나바는 실증주의에 천착한 동양사학의 전통에서는 오히려 예외적인 인물이라고 할 수 있다. 그렇다면 사쿠라자와 아이(櫻澤亞伊)가 이미 문제 제기한 바와 같이[49] '만선사'의 계보는 다시 그려질 필요가 있다. 그 점에서 다음 4장에서는 하타다의 스승이자 시라토리의 제자로서 사료 비판에 엄격했던 이케우치 히로시를 주된 검토 대상으로 삼고자 한다.

이케우치에 대한 학계의 평가는 다양하다. 먼저 일본에서 간행된 평전류 글들에서는 이렇게 평가하고 있다. 즉, 한국고대사 연구자인 다케다 유키오(武田幸男, 1934~현재)는 이케우치를 "근대 일본의 아카데믹한 역사학을 진전시켜 독자적인 '만선사' 연구를 구축한 대표적인 동양사학자"라고 평했으며,[50] 이케우치의 제자인 미카미 쓰기오(三上次男, 1907~1987)는 "탁월한 실증주의 사관과 날카로운 합리정신에 투철했던 뛰어난 동양사가"라고 회고했다.[51] 또한 이케우치의 조카이자 종교민속학자인 구보 노리타다(窪德忠, 1913~2010)는 "일본의 조선사학의 기초를 닦았다고 평가되는 이마니시 류와 함께, 중국 동북부와 조선반도의 고대 · 중세사 연구에 새로운 길을 개척한" 인물로서 자리매김했다.[52]

그에 반해 한국의 고대사 관련 논문들에서는 비교적 비판적인 시각들이 많다. 대표적으로 최재석은 이케우치의 『일본 상대사의 일 연구(日本上代史の一硏究)』(1947)를 분석한 글에서 사료 비판에서의 자의성을 드러내고자 했다. 이 책에서 이케우치는 『일본서기』 기사 중 상당 부분을 조작이나 전설로 간주했다. 이것이 다른 일본인 학자들과 이케우치가 구분되는 지점임을 최재석 또한 인정했으나, 이케우치가 『삼국사기』 초기 기록은 전면 부정하면서도 『일본서기』 기사에서는 감춰진 진실을 구하려 했다고 지적했다. 나아가 이러한 이케우치의 태도를 "교묘한 주장"이나 "숨겨진 전략"으로 평가절하함으

로써, 결과적으로는 이케우치와 다른 일본인 학자들 사이의 차이점 마저 지워버리고 말았다.[53] 박찬홍 · 김영하 · 위가야 등의 연구에서도 각각 비판의 정도는 달리하고 있지만 이케우치의 실증주의의 허위성을 폭로하고, 그를 타율성론이나 정체성론 같은 식민주의 역사학의 제 요소들로 환원하고 있다는 점에서는 대동소이하다고 말할 수 있다.[54]

이처럼 이케우치에 대한 평가는 그의 실증주의에 초점이 맞추어져 있으며, 그것의 진정성 여부에 따라 호평과 혹평으로 나뉘었다. 결국 실증주의인가 아닌가라는 질문은 이케우치에 대해서도 반복되고 있던 셈인데, 다시 한번 말하지만 여기에서 주목하고자 하는 것은 실증주의의 내용이 아니라 그것의 형식과 세보이다.

'동양사학'의 계보와 '실증주의': 이케우치 히로시의 '만선사'를 중심으로

1. '실증주의'의 기원과 전유: 랑케, 시라토리, 이케우치

이케우치 히로시는 1878년 도쿄에서 태어났다. 만 20세가 되던 1898년에 도쿄부심상중학교(후에 도쿄부립제1중학교가 됨)를 졸업하고 제1고등학교 문과에 입학했다. 1901년 도쿄제국대학 문과대학 사학과[1]에 입학한 이케우치는 3년 뒤 졸업 후 만 30세가 되던 1908년부터 1914년까지 만철에 설치된 역사조사부에서 시라토리의 지휘 아래 조선시대에 관한 연구를 수행했다. 1913년 도쿄제국대학 문과대학에서 강사를 시작한 이래로, 이케우치의 이력은 '도쿄대 바보'[2]라는 별명이 붙을 정도로 도쿄제국대학 한 곳에서만 추가되었다. 1916년에 조교수, 1925년에는 교수로 승진했으며, 1939년에는 정년퇴직했다. 퇴직 후에는 동방문화학원(東方文化學院) 도쿄연구소(현재

의 도쿄대학 동양문화연구소의 전신), 동양문고, 일만문화협회 등의 기관에 관여했다.[3]

다케다 유키오는 이케우치를 일본 동양사학의 2세대로 규정했다. 그에 따르면, 2세대는 1세대로부터 한발 더 나아가 학문의 개별화 및 전문화가 이루어진 시기로, 실증적 방법을 세부까지 관철하는 수법이 특징이었다고 한다. 다케다는 이러한 수법이야말로 이케우치에게 어울리는 바였다고 말했는데,[4] 이케우치를 이처럼 길러낸 인물이 바로 1세대 대표 주자인 시라토리 구라키치였다.

시라토리는 나카 미치요가 교장으로 있던 지바중학교와 대학예비문을 거쳐, 1887년에 도쿄제국대학 사학과에 입학했다. 말하자면 시라토리는 이케우치의 10여 년 선배인 셈이다. 1890년에 그는 가쿠슈인 교수가 되었다. 그리고 이케우치가 사학과에 입학할 즈음에는 가쿠슈인의 명에 따라 유럽으로 유학을 갔다가, 1903년에 2년 반 동안의 유학생활을 마치고 개통 직후의 시베리아철도를 통해 귀국했다. 이듬해인 1904년부터는 도쿄제국대학 사학과 교수를 겸임했다 (1921년 도쿄제국대학 전임. 1925년 정년퇴직). 같은 해 사학과를 졸업한 이케우치는 대학원에 재학하는 한편으로, 시라토리가 주재하는 만철조사부에 합류하게 된다.[5] 미카미는 이를 가리켜 이케우치의 이후 향방을 결정하는 중대한 사건이었다고 평가했다.[6]

이케우치의 실증주의가 시라토리의 훈도하에서 탄생한 것이라면, 시라토리의 실증주의가 형성되는 과정에서는 시라토리의 입학과 때를 맞춰 사학과에서 교편을 잡은 루드비히 리스의 지도가 매개 역할을 했다. 리스는 1887년부터 1902년까지 일본에 체재하면서 사학과의 강의 및 연습을 담당했는데, 이때 그가 매개한 것은 다름 아닌 랑케의 실증주의였다. 리스가 베를린대학 사학과에서 수학하던 시기(1880~1884)는 이미 랑케가 은퇴한 뒤였기 때문에, 리스와 랑케 사이의 학문적 계승관계는 불분명한 채로 남아 있지만, 리스의 일본인 제자들은 그를 랑케 학풍의 계승자로 간주했다.[7] 리스는 자료 수집과 기록보관소 설립, 사료 비판과 논문 작성, 학회 설립 등에 기여하고자 했다. 그리고 그는 일본에 온 지 4년째 되던 해『사학회잡지(史學會雜誌)』창간호에 이런 평을 실었다. 즉, 일본 학자들은 "자신들의 이전 방식을 쇄신하고 역사학 연구의 수준을 제고하며 역사를 진정한 과학으로 만들기 위해 노력하고 있다"는 것이다.[8]

랑케의 실증주의를 자신의 모델로 삼은 시라토리는 바로 그러한 근대 '과학'을 무기로 '비과학'과의 전선에 뛰어들었다. 하타다가 "한학과의 전쟁"[9]이라고 이름 붙인 이 전쟁에서 희생이 된 것은 요·순·우 등의 중국 고대 성인들이었다. 시라토리에 의해 이들은 실재했던 인물이 아니라 후세에 만들어진 가공물로 의미가 축소되었다. 하타다는 당시 '요순우 말살론'이라고 불린 이러한 형태의 우상 파괴가 결국에는 우상을 만들어낸 중국인 및 중국에 대한 멸시감을 불러일으키는 동시에, 일본인의 우월감을 충족해주는 역할을 했다고 지적했다. 그리고 그 저변에는 유럽 역사학의 계보를 잇고 있던 일본 동양사학의 '근대주의'가 자리 잡고 있었다고 말했다.[10] 그러나 스테판 다나카(Stefan Tanaka)는 시라토리가 근대의 과학적 방법론을 통해 전설로부터 역사를 구분해낸 것은 사실이지만, 그것이 유교 자체의 말살을 목적으로 했던 것은 아니라고 강조했다. 시라토리가 볼 때, 의례화된 중국 유교는 정신을 역사로부터 소멸시키고 말았지만, 일본에서는 전설 속에 살아 있던 유교의 정신이 진보적 이상으로 발

전했고, 이는 살아 있는 신적 존재인 천황에 의해 증명되는 바였다.[11]

카(E. H. Carr)는 『역사란 무엇인가』(1961)에서 역사가의 임무란 "그것이 진정 어떠했는가를 보여주는 데 있을 따름(wie es eigentlich gewesen)"이라고 정의한 랑케의 말을 들어 실증주의자로서의 그의 지속적인 영향력을 토로한 바 있다.[12] 이처럼 랑케의 이름은 주로 유럽에서의 실증사학의 성립과 결부되어 거론되어왔으나, 사실 시라토리가 랑케를 모델로 삼은 것은 엄격한 실증주의만이 아니라, 수많은 증거와 지배적 경향을 종합적으로 사고할 수 있는 틀을 제공했기 때문이기도 했다.[13]

다시 화이트의 논의를 빌려 말하자면, 랑케는 하나의 사상이나 개념으로 환원되지 않는 개체성에 주목할 것을 요구했으나, 동시에 역사 속에서 개체들은 결국 전체의 일부로서 다른 무수한 존재들과의 일체성을 발견하게 될 것인 까닭에, 이러한 부분과 전체의 관계를 파악하기 위해서는 종교 같은 고차원의 형식이 필요하다고 보았다. 다시 말해 개체성과 일체성을 동시에 파악하는 것이 랑케 역사학의 목표였으며, 그것을 가능케 하는 것이 바로 '국민의 이념'이었다. 랑케는 '국민의 이념'을 영원히 변하지 않는 신의 사상 같은 것이라고 표현했다. 그 점에서 그의 작업은 역사에서 신의 의도를 파악하고자 하는 철학적 야심을 내포한 것이라고도 할 수 있었다. 그런데 그가 파악한 신의 의도의 최종 도달점은 각기 고유의 사명을 지닌 민족들이 통일성 위에서 다양성을 이루는 국민국가체제의 성립이었다. 랑케에게 역사 과정은 무질서에서 조화로운 상태로 나아가는 것이었다. 따라서 자기제어적인 국민국가체제의 성립은 역사가 이제 종언을 고했음을 의미했다. 19세기 중반에 랑케는 바로 자신의 눈앞에서

역사의 완결을 목격하고 있던 것이다.[14]

랑케와 마찬가지로 시라토리 또한 일본을 구체적인 역사적 존재로 자리매김하고 천황제에서 '국민의 이념'의 근거를 구했다. 그러나 랑케에게 '국민의 이념'이란 어떤 민족이 특정의 국민이 되기에 성공하는 한에서만 인식될 수 있는 것이었다. 따라서 국민국가를 실현하는 단계에 이르지 못한 민족은 역사 이전의 암흑 속에 머물 수밖에 없었다.[15] 이는 곧 랑케가 목격한 역사의 종언이 유럽이라는 경계를 갖고 있었음을 의미한다.

20세기 전환기에 시라토리가 목격한 세계는 랑케의 그것과 달랐다. 이 시기는 동아시아 지식인들에 의해 약육강식의 자연 상태, 혹은 춘추전국시대의 혼란기에 비유되곤 했던 제국주의의 시대였다. 이러한 차이로 인해 시라토리가 그려낸 역사 과정은 무질서에서 조화로의 낙관적인 이행을 담보하지 못했다. 국제관계를 남과 북의 항시적인 투쟁 상태로 상정한 그의 남북이원론은 바로 이러한 시대의 산물이었다. 이와 관련하여 스테판 다나카는 다음과 같이 설명했다.

팽창과 분쟁, 그리고 전쟁이 '적자생존'이라는 슬로건을 입증하고 강화하는 것처럼 보이는 세상에서 시라토리는 스펜서의 낙관론을 제거하고, 생존은 (그리고 20세기에는 문명조차도 암시적으로는) 이러한 분쟁관계에 적절히 대응하는 국가의 능력에 달려 있다고 가정했다. (…) 버클이 지리학을 '조건', 즉 유럽의 진보정신과 비유럽 문화가 보여주는 다양한 단계의 불완전성을 결정짓는 사실로 이용한 데 비해, 시라토리는 이렇게 지리적으로 결정된 유형을 상호작용과 투쟁을 통해 사회를 창조하고 파괴하는 (남과 북이라는) 두 개의 극단으

로 이용했다. 그것은 문화적 특징이 아니라 역사 변용의 핵심 그 자체였다.[16]

시라토리는 이와 같은 남북이원론을 통해 랑케가 설정한 유럽의 안과 밖이라는 경계를 허물 수 있었다. 그러나 그와 함께 국민국가들 간의 조화가 실현된 국제체제 또한 그의 사고 속에서는 들어설 자리를 잃게 된다. 그 점에서 민족의 생존 책임을 오직 국가의 능력에 묻는 시라토리 이론의 대략적인 외형이 러일전쟁 시기에 완성되었다는 점은 시사하는 바가 크다.

이상과 같이 랑케에서 시라토리로 이어지는 역사학의 계보는 실증주의를 채우고 넘쳐나는 순간 전유의 과정을 야기함으로써 역사 서술의 새로운 여지들을 만들어냈다. 그렇다면 시라토리의 역사학은 이케우치를 포함한 일본 동양사학의 2세대에게 무엇을 남기고 또 어떤 변주를 야기했을까?

2. '실증주의'의 스펙트럼: 이케우치와 이나바

시라토리는 전술한 바와 같이 『만주역사지리』 서문에서 "만한 지방에 관한 근본적 연구"의 의의를 다음 두 가지, 곧 ① "만한 경영에 관한 실제적 필요"와 ② "순연한 학술적 견지"로 설명했다.[17] 여기에서 주목할 것은 시라토리의 학문관이다. 시라토리는 학문의 의의를 국가적 필요에 대한 봉사(①)와 학문을 위한 학문(②)으로 구분했다. 다만 ①이 학문의 실증주의를 부정하는 것이 아니고, 또 ②의 기초 위에서야 사업 또한 성립 가능하다는 점을 고려할 때 애당초 양자 사이에 분명한 경계가 그어질 수 있는지는 의문이지만, 시라토리는 엄격한 실증주의를 강조하는 동시에, 국가 시책과 관련한 자신의 생각도 적극 개진함으로써 양자를 모두 실천에 옮기고자 했다. 그런데 학문에 대한 시라토리의 이와 같은 이중적 태도는 다음 세대로 전달되는 과정에서 단일한 계보보다는 폭넓은 스펙트럼을 형성했던 것으로 보인다. 그중에서도 이나바 이와키치와 이케우치 히로시는 각각 ①과 ②의 학문적 경향을 계승한 대표적 인물로 들 수 있다. 효과적인 비교를 위해 아래에서는 '조선의 문화'라는 동일 주제로 작성된 두 편의 글을 주된 검토 대상으로 삼기로 한다.

먼저 이나바의 「조선의 문화문제(朝鮮の文化問題)」는 1922년에 간행된 『지나사회사연구(支那社會史研究)』라는 자신의 저서에 수록되었다. 이 책에 수록된 글들은 학교 강단에서 강의한 내용과 여러 잡지에 게재했던 것을 모은 것으로, 책 제목처럼 중국의 '사회문화'에 대한 이해가 중심 테마를 이루고 있다. 다만 조선 관련 글도 두 편 포함되어 있는데, 그중 하나가 「만선불가분의 사적 고찰(滿鮮不可分の史的考察)」이고, 다른 하나가 바로 「조선의 문화문제」였다. 책 제목과 달리 조선 관련 글을 싣게 된 것은 조선 문화의 과반은 중국에 빚을 지고 있는 까닭에 "지나나 만주에 대한 이해 없이 조선을 알고자 하는 것은 실패할 수밖에 없다"는 인식에서였다.[18]

이처럼 중국 혹은 만주를 전제로만 조선에 대한 서술이 성립할 수 있다는 의식은 사실 이나바의 글을 관통하는 핵심이기도 했다. 특히 「만선불가분의 사적 고찰」은 압록강과 두만강이 만선의 경계 역할을 하게 된 것은 자연적 결정이 아니라 역사적 경위에 의한 것임을 폭로함으로써, 만주와 한반도의 일체성, 좀 더 정확히는 만주에 대한 한반도의 부속적 성격을 강조하는 글이었다. 이에 따르면 고구려·백제·신라의 삼국부터 고려를 거쳐 조선에 이르기까지 어느 하나 만주 방면 이주민에 의해 세워지지 않은 나라가 없었다. 이들은 '대륙의 실패자'였으며, 이들에 의한 건국은 '콜로니'의 건설이었다.[19] 그러나 이 글의 취지는 그렇기 때문에 조선인들은 식민지 조선에서 순종적 삶을 계속하라는 것이 아니라, 오히려 조선인의 대륙 진출을 적극 지지한다는 데 있었다. 왜냐하면 그것은 "선조의 옛 땅으로 환원"하려는 "민족의 일대 사명"과도 같은 것이었기 때문이다.[20]

「조선의 문화문제」에서도 이와 유사한 주장이 반복되었다. "조선의 역사는 지나의 정치적 실패자가 반도로 도망쳐 와 콜로니를 건설한 것에서 단서를 열며, 그 콜로니가 난숙할 즈음을 기다려 만주 방면의 부여 종족이나 그에 근사한 민족이 남하하여 각기 분할했다"는 것이다.[21] 그런데 「만선불가분의 사적 고찰」이 조선인의 만주 이주가 매년 증가하고, 또 그 이유가 총독정치의 불비에서 구해지고 있던 현실에서 발화된 것과 마찬가지로,[22] 「조선의 문화문제」는 3·1운동 이후 조선인의 독립정신이 고양되고 있던 상황을 배경으로 했다. 이 글에서 이나바는 3·1운동의 '실패' 이후 조선인의 정치적 욕구가 민족 방면으로 수렴되면서 단군 전설이 부상하게 되었다고 진단한 위에, 단군 전설을 통한 민족적 결속이 병합의 정신을 훼손할 것이라는 우려에서 결국 단군 전설의 역사화에 나섰다.

그 내용을 간단히 정리하면 다음과 같다. 본래 고구려, 백제, 신라 등은 각각 독립된 민족 신앙을 가지고 있었다. 그러나 고려 성립 이후 국가 유지를 위해 중국에 '부용(附庸)'하려던 지배층에서 기자(箕

子) 전설이 등장했다. 조선시대에 이르러 기자묘(箕子墓)가 등장하고 기자정전(箕子井田)을 말하게 된 것 또한 그러한 부용의 뜻을 확실히 하기 위함이었다. 이와 달리 민족적 신앙을 희구하던 일반 조선인층에서는 단군 전설이 탄생했다. 단군 전설은 지배층의 눈을 피해 면면히 계승되어왔는데, 중국의 권위 추락과 '병합'에 의한 지배층의 몰락을 배경으로 기자 전설에 대한 최종적인 승리를 예비할 수 있게 되었다는 것이다. 그러나 이나바가 강조하려 했던 것은 "전설은 어디까지나 전설일 뿐 역사가 아니라고 하는 것"[23]이었다. "반도는 지리상의 관계도 있어 일개 독립국으로서 존재할 수 없다는 사실을 수천 년의 오랜 시간에 걸쳐 입증해왔"으며, 과거의 '부용관계'를 지워버리는 행위, 곧 '역사개삭(歷史改削)'만으로는 정치의 진보를 가져올 수 없다는 주장이다.[24] 이 글의 제목이 '조선의 문화'가 아니라 그것의 '문제'였던 이유는 이러한 문제의식, 곧 허위 사실에 근거한 조선인의 독립정신 고양을 타파해야 한다는 목적이 있었기 때문이다.

한편, 이케우치의 『조선의 문화』는 1936년에 이와나미쇼텐(岩波書店)의 『이와나미강좌 동양사조(岩波講座東洋思潮)』 제7권으로 간행되었다.[25] 이 책에 대해 제자 미카미는 "고려 문화에 관한 일반 논술로서는 현재까지도 여전히 최고의 지위에 있"다고 평했다.[26] 그뿐만 아니라 평소에 교과서는 거짓말을 쓰지 않으면 안 된다며 교과서 집필을 거부했던 이케우치의 유일한 통사라는 점에서도 이 책은 주목할 만하다.[27]

이 책은 '상편(上篇) 조선 상세의 문화(朝鮮上世の文化)'와 '하편(下篇) 고려조의 학예(高麗朝の學藝)'로 구성되어 있다. 전자는 고조선부터 통일신라시대까지, 하편은 고려시대만을 다루었다. 권두에서 '조

선의 문화'를 "동아시아 역사상 조선반도를 무대로 하여 발전소장한 특수 문화"[28]라고 정의한 사실에서도 알 수 있듯이, 이케우치 역시 역사서술의 첫 번째 기준은 민족이 아니라 지리였다. 따라서 '조선의 문화'라는 제목에도 불구하고, 첫 장을 "지나 이주민이 결성한"[29] 기자 · 위만조선과 "해동의 작은 지나"[30]인 낙랑군에 대한 서술로 시작했다. 이처럼 조선의 초기 역사에서 중국 문명의 전파를 강조한다는 점에서는 이나바의 논의와 큰 차이가 없어 보이지만, 이케우치는 만주 방면의 민족들과는 그 기원을 달리하는 '한족(韓族)'[31]의 존재를 부각했다. 이러한 역사인식은 도쿄제국대학 재직 당시의 강의안을 모아 출판한 『일본 상대사의 일연구』(1947)에 보다 구체적인 형태로 서술되어 있다. 즉, 상세(신라 멸망 이전 시기까지)를 제1기 한민족(漢民族) 통치 시대, 제2기 맥족(=만주족)과 한족(漢族)의 대항 시대, 제3기 한족(韓族) 통치 시대로 구분하여 한반도에서 중국과 다른 역사의 계보를 인정한 것이다.[32]

이케우치가 이나바와 비교해서 또 한 가지 주목되는 차이는 중국 문명의 전파와 함께 한족(韓族)의 독자적인 문화 발달에 대해서도 비교적 비중 있게 서술하고 있다는 점이다. 백제의 마한 통일 및 대방군 병합과 관련해서는 "한족 전반의 국민적 발달 과정에서 보자면, 이 정치상의 변동도 단순히 타력적 현상이 아니라 오랜 시간 동안 지나의 외래문화의 영향 아래에서 서서히 양성되어온 내부 저력이 나타난 것"이라고 평했다.[33] 고구려 고분의 유품에 대해서도 "대륙 문화의 현저한 영향 아래에서 이토록 경이로운 진보 발달을 이루어낸 예술"이라는 감상을 적고 있다.[34] 특히 신라를 언급함에 이르러서는 "다른 두 나라(백제와 고구려: 인용자), 특히 백제와 다른 이 나라의 특색은 헛되이 외래문화에 도취되지 않고 한족 고유의 문화를 보유하면서 그로부터 독자의 입장을 구하여 강력하게 향상 발전의 길로 나아갔다"는 데 있다고 설명했다.[35]

요컨대 이나바와 이케우치는 1세대의 시라토리와 마찬가지로 지리 중심적 시각을 공유하면서 한반도에 대한 중국 및 만주의 영향을 크게 강조했다. 그러나 이나바는 만선불가분론의 입장에서 한반도 제 민족을 중국 및 만주계로 전제한 뒤 현 시점에서 조선인의 만주 진출을 촉구하는 사회적 발언까지 이어갔으나, 이케우치는 중국 및 만주와 구별되는 한족(韓族)의 독자성을 인정하면서도 실증주의적 입장에서 그 영역을 북쪽으로 확대 해석하는 것에는 소극적인 입장을 취했다.

이러한 차이는 어디에서 비롯되는 것일까? 이나바는 "나는 다른 동료와 발신(發身)을 달리하여, 학문을 위해 학문을 한 것이 아니라 당시의 지나문제에 자극을 받아 그 필요로부터 청조사를 연구했던 것"이라고 밝힌 바 있는데,[36] 학문의 순수성보다는 실효성을 앞세운 그의 학문관에서 그 차이에 대한 답을 구해야 할 것이다. 이와 같은 태도는 그의 경력에 의해서도 증명된다. 1876년에 니가타현(新潟縣)에서 태어난 이나바는 1897년부터 도쿄고등상업학교 내 부속외국어학교에서 중국어를 습득한 후, 1900년 봄 구가 가쓰난(陸羯南, 1857~1907)의 추천으로 중국 유학길에 올랐다. 이때 그는 의화단 사건을 직접 목격하게 된다. 1902년부터는 오사카상선회사의 한커우 지점에서 근무하다가 러일전쟁이 발발하자 육군 통역에 지원했다. 1908년부터 1914년까지는 조사부에서 만주사를 담당했으며, 1922년부터는 조선총독부의 조선사편찬사업에 참여했다. 만주국이 건립되던 해인 1932년에 교토제국대학에서 박사학위를 취득했고, 중일전쟁이 발발하는 1937년에는 만주국의 건국대학 교수가 되었다. 이처럼 그는 항상 역사적인 사건이 발생하는 현장에 있었다. 어쩌면 이러한 경력 자체가 도쿄제국대학에서 한길을 걸어온 이케우치와의 차이를 만들어냈는지도 모른다.

그러나 이케우치가 처음부터 학문의 순수성만을 고수했던 것은 아니라고 생각된다. 역사조사부에서 그가 맡은 최초의 과제는 '문록(文祿)·경장(慶長)의 역(役)', 곧 임진왜란과 정유재란이었다. 그리고 그 성과물은 1914년에 『문록·경장의 역: 정편 제1(文祿·慶長の役: 正編 第一)』로 간행되었는데, 이 책의 서문에서 시라토리는 이렇게 말했다.

문록·경장의 역이 동아사상(東亞史上) 중요한 사변이었음은 지금 다시 말할 필요가 없다. (…) 그렇지만 일은 단순히 우리나라와 조선과의 교섭 사항에 그치지 않고, 대륙의 풍운 또한 이로 인해 다소의 동요를 낳았으며, 그 후대에 미친 영향 또한 적지 않다. 그 진상을 탐구하여 실패가 유래하는 바를 천명하는 것은 단지 사학상의 흥미 있는 문제일 뿐만 아니라, 또한 동아 열국의 국제관계와 조선인의 국민성을 이해하는 데 있어서도 절호의 자료를 공급하게 될 것이다. 특히 반도가 우리 제국 영토에 들어온 금일에 이르러서는 신부(新附)의 백성에 대한 수무(綏撫)의 정책, 이 땅에 있어서의 실제적 경영, 그리고 대륙에 대한 제반의 교섭 또한 모두 저 흔적에 비추어볼 바가 없지 않을 것이다.[37]

시라토리는 '문록·경장의 역' 또한 학문상의 순수 연구 대상으로서만이 아니라, 식민지 경영과 대륙과의 교섭에 학문적 기초를 제공해줄 수 있는 하나의 재료로 자리매김했다. 이는 역사조사부 내에서 이케우치에게 부여된 임무가 무엇이었는가를 잘 보여준다. 다시 말해 그는 학문을 위한 학문만이 아니라 국가에 대한 봉사 또한 요구받고 있었으며, 1936년에 간행된 『문록·경장의 역: 별편(文祿·慶長の役: 別編)』의 자서(自序)에서도 이 서문을 들어 연구의 유래를 설명한 것으로 볼 때,[38] 당시 자신의 임무에 대해서 충분히 인지하고 있었을 것으로 생각된다.

그러나 '정벌'의 실패라는 비극적 결말을 통해 이케우치가 얻은 교훈은 국가의 정책 방향과는 상반된 것이었다. 미카미의 회고에 따르면, 이케우치는 1945년 초 언동이 불온하다는 이유로 헌병대에 끌려간 적이 있었다고 한다. 여기에서 불온한 언동이란 "이 전쟁(아시아·태평양전쟁: 인용자)은 히데요시의 조선 출병과 같이 명분도 없는 전쟁이기 때문에 반드시 패배할 것"이라는 발언을 지칭하는 것인데,[39] 이처럼 이케우치에게 '문록·경장의 역'은 패배를 반복하지 않도록 일깨워주는 반면교사가 아니라 반복된 결론을 예견하는 역사적 증거였다.

반대로 일제 패망 이후에는 연합국최고사령부(GHQ: General Headquarters)에서 이케우치의 일본사 관련 저서들, 즉 『문록·경장의 역』이나 『원구의 신연구(元寇の新研究)』 등에 대해 황국사관(皇國史觀)을 선동하고 군국주의를 고취한 혐의를 가지고 살펴보았으나 결국 무혐의 처리됐다. 다케다는 그 이유를 다시금 "이케우치류의 실증적 방법과 태도"에서 구했다.[40] 그러나 전후 일본 사회에서 이케우치의 실증주의는 황국사관이나 군국주의가 아닌 또 다른 실증주의에 의해 비판을 받게 되는데, 그에 가장 앞장섰던 인물이 바로 그의 제자인 하타다 다카시였다.

3. '실증주의'를 넘어: 이케우치와 하타다

이케우치는 시라토리가 학문에 부여한 두 가지 의의, 즉 학문의 실효성과 순수성 중 전자를 자신의 학문체계에서 제거하는 한편, 후자를 실증주의적 방법론을 통해 추구해나갔다. 그러나 그는 실효성의 빈자리를 '합리주의'로 대체함으로써 새로운 실증주의의 영역을 개척했다. 이케우치의 '합리주의'란 하나의 가설을 세워 만약 그것이 합당한 자료들에 모두 부합하는 경우 그 가설은 진리로 인정받을 수 있다는 논리적 사고법이었다. 가설을 세우는 데 있어서는 '직감'이 중시되었다. 그런 까닭에 이케우치의 '합리주의'는 논리적이기는 하지만 선문답 같은 부분이 존재했다.[41] 또 그런 점 때문에 시라토리의 실증주의를 계승한 다른 제자들에게는 반역적 경향으로 보이기도 했다.[42]

그런데 이와 같은 방법으로 수립된 논리는 새로운 자료가 등장할 경우 논리 구조 전체가 단번에 무너질 수도 있다는 취약점을 가지고 있었다. 일례로 이케우치는 함흥평야에서 발견된 진흥왕순수비(황초령비)와 관련하여 다음과 같은 방법으로 결론을 도출했다. 즉, ①『삼국사기』에 따르면 6세기 신라의 동북 국경은 함흥평야까지 이르지 못했으므로 황초령비는 신라 당대에 세워진 것이 아니라는 가설을

세운 후, 이를 ② 함흥군 일대 고려시대 옛 성터는 윤관의 9성에 해당한다고 단정한 자신의 또 다른 논리와 결합해, 결국 황초령비는 12세기 초 고려의 여진 토벌 때 남쪽에 있던 비를 옮겨온 것이라고 주장했다. 이 내용은 「진흥왕 무자순경비와 신라의 동북경(眞興王の戊子巡境碑と新羅の東北境)」이라는 제목으로 『고적조사특별보고(古蹟調査特別報告)』 제6책(1929)에 수록되었다.

그러나 공교롭게도 이 보고서가 발간된 다음 달에 황초령비보다 훨씬 북쪽에서 또 다른 진흥왕순수비(마운령비)가 발견되었다. 발견자는 최남선이었다. 이는 신라의 동북 국경이 『삼국사기』의 기술보다 더 북쪽까지 미쳤음을 증명해주는 것이었던 까닭에, 이로써 이케우치의 이른바 '이치설(移置說)'은 완전히 설득력을 잃게 되었다. 이에 최남선은 『청구학총(青丘學叢)』 제2호(1930)에 실린 자신의 논문(「신라 진흥왕의 종래 3비와 신출현의 마운령비」)에서 이케우치의 논리가 붕괴되었음을 선언했다.[43]

하타다는 이케우치의 연구 방법을 "일종의 논리학"이라고 평했다. "극단적으로 말하면 논리에 맞는 것이 진실이었고, 설령 사료가 없더라도 논리적으로 증명된 가설은 실재"라는 것이다.[44] 여기에서 잠시 하타다라는 인물에 대해 살펴보자. 일본 동양사학의 3세대로 분류할 수 있는 그는 1908년 마산에서 출생한 재조일본인 2세였다. 그가 1928년 도쿄제국대학 동양사학과에 입학했을 당시, 학과의 교수진은 이케우치 히로시, 가토 시게루(加藤繁, 1880~1946), 와다 세이였다. 학창 시절의 그는 사회문제에 관심이 많았으며, 그런 까닭에 연대 고증과 장소 비정에 중점을 둔 이케우치 역사학에 별 흥미를 느끼지 못했다.[45] 오히려 그는 1932년에 역사학의 새로운 길을 모색하고자 창립된 '역사학연구회'에서 적극적인 활동을 했다. 일본 패전 이후 '전후 조선사학'을 이끌게 된 그는 학문과 권력의 유착관계를 당연시해온 일본 동양사학의 전통으로부터 학문의 순수성에 대한 연구자들의 자기 확신을 발견하고, 그와 같은 허위의식에 대항하는 방법으로 학문과 사상의 통일을 주창하기에 이른다. 그런데 이때 학문과 사상을 분리해냄으로써 학문의 순수성을 지키려 했던 전전의 대표적인 동양사가로서 예시했던 것이 가토 시게루, 그리고 이케우치 히로시였다.

이케우치와 하타다, 이 두 사람의 상이한 학문적 관심은 역사서술에서는 어떤 차이를 야기했을까? 이와 관련하여 '몽고습래(蒙古襲來)', 즉 '원구'라고도 하는 여몽연합군의 일본 정벌에 관한 두 사람의 상이한 서술 방식은 흥미로운 비교 소재를 제공한다.

사실 몽골족은 시라토리가 유럽의 '오리엔트'에 대항하여 '동양'을 창출해내는 데 중요한 역할을 했다. 시라토리는 먼저 흉노·동호·연연 등을 몽골의 지족(支族)으로 재분류함으로써 유라시아 역사에서 몽골의 영향력을 강화하는, 그리고 또 유럽이 아시아의 기원이 아니라 아시아가 유럽의 기원임을 함의하는 새로운 계보를 만들어냈다. 나아가 그 계보를 추적해가는 과정에서 우랄·알타이 민족들의 '하늘'을 뜻하는 말에서 '동양'에 공통되는 종교적 신앙을 발견했다. 이를 통해 '동양'의 정신을 '서양'의 그것과 동일한 지위로 올려놓을 수 있었으며, 그 결과 '서양'의 정신은 여러 정신 중 하나로 상대화되었다.[46]

이케우치가 『원구의 신연구』를 세상에 내놓은 것은 1931년의 일이다. 1세대 시라토리와 달리 기성의 '동양'이라는 지반 위에 서 있던 이케우치의 서술에서 '서양'에 대한 의식은 더 이상 보이지 않는다. 이 책에서도 이케우치의 다른 논저들과 마찬가지로 동아시아의 지리를 단위로 한 각국 간의 정치외교사가 정치하게 서술되어 있을 뿐이다. 이케우치는 '몽고습래'와 관련한 종래의 연구가 대개 일본 측 사료에 근거하고 있음을 비판하면서 "학술 연구에는 국경이 없다"고 말했다. 따라서 책 제목의 '원구'라는 말에 담겨 있는 일본사적 시점에도 불구하고, 이케우치 스스로는 "국사의 일부분으로서 이 문제를 다룬 것도 아니고, 전역 그 자체에만 무게를 둔 것도 아니"라고 밝혔다. 일본을 번속으로 삼으려 했던 원 세조의 욕망이 고려 복속으로 이어졌다는 점에서, 이케우치는 오히려 원과 고려 사이의 관계를 고찰하는 데 힘을 쏟았으며, 그런 이유로 "이를 원과 고려의 역사의 일부로 보는 것도 가능하다"고 말했다.[47]

이케우치의 『원구의 신연구』가 출간된 지 30여 년이 지난 1965년에 하타다의 『원구(元寇)』가 간행되었다. 하타다는 책 말미에 주요 참고문헌들을 짤막하게 소개해두었는데, 이케우치의 책에 대해 "원구를 중국·조선의 역사 움직임 속에서 파악한 것으로, 원구 연구에 획기적인 공헌을 한 저작이다. 이후 연구는 거의 본서에 의존하고 있다"고 높게 평가했다.[48] 하타다 또한 기본적으로는 이케우치의 동아시아적 관점을 계승했다. 이런 점은 두 책의 목차 구성을 통해서도 확인할 수 있는데, 이케우치가 제1장을 '몽고의 고려 정벌'로 시작한 것처럼, 하타다도 제2장에 '몽고의 조선 침략'을 배치했다.(〈표 4-1〉 참고).

그러나 하타다가 '몽고제국'이라는 제목의 제1장을 서두에 둔 것은 다음과 같은 근본적인 인식 변화에 따른 것이었다.

표 4-1. 이케우치 히로시와 하타다 다카시의 저서 목차 비교

『원구의 신연구』(1931)	『원구』(1965)
제1장 몽고의 고려 정벌	제1장 몽고제국
제2장 세조의 고려 회유	제2장 몽고의 조선 침략
제3장 세조의 일본 초유(招諭)	제3장 몽고의 일본 초유
제4장 고려에서의 임연의 폐립과 최탄의	제4장 원군의 고려 진주
몽고로의 반부(叛附)	제5장 원의 일본 습래
제5장 고려의 환도와 삼별초의 난	제6장 아시아 제 민족의 저항
제6장 조양필의 일본 봉사와 고려에서의 원군의	
둔전(屯田)	
제7장 원의 제1차 일본 정벌: 문영(文永)의	
역(役)	
제8장 김방경에 대한 참소와 홍차구의 간책	
제9장 재도(再度)의 일본 정벌이 수행되기까지	
제10장 원의 제2차 일본 정벌: 홍안(弘安)의 역	
제11장 정동군(征東軍) 참패 후의 처치	
제12장 지원(至元) 19년 이후의 일본 정벌 계획	

일본의 피해가 그 정도로 그친 것은 단순히 가마쿠라 무사의 분투나 '가미카제(神風)' 때문만은 아니다. 물론 그것은 간과할 수 없는 커다 란 힘이었다. 그러나 그 외에도 침략을 정면으로 받은 나라들의 민중 에 의한 저항운동이 원의 일본 정복을 가로막은 중요한 조건이었다. 원의 지배는 아시아 전역에 미치고 있었기 때문에, 한 나라·한 지방 의 일도 아시아 전체의 움직임에 깊이 관련되었다.[49]

하타다는 '몽고습래'를 국가 대 국가의 문제가 아니라, 거대한 제 국 대 피지배 민중이라는 대립구도 속에서 파악했다. 제1장 '몽고제 국'은 바로 그러한 거대 제국의 탄생을 서술한 것이며, 이는 제6장 '아시아 제 민족의 저항'과 호응을 이룬다. 이러한 구도에서 '몽고습 래'의 실패는 일본의 효과적인 방어나 신의 가호가 아니라, 제국의

지배 아래에서 고통받고 있던 민중의 저항에 의한 것으로 재해석되었으며, 그를 통해 제국의 지배를 받고 있던 나라들은 "일종의 연대적 관계"로 설정되었다.[50]

결과적으로 하타다는 시라토리가 '동양'의 핵심적 위치로 간주했던 몽골을 침략자이자 지배자라는 이유로 '아시아'에서 제외해버렸다. '아시아'의 주인은 저항의 주체들인 피지배 제 민족, 곧 중국, 한국, 베트남 등이었으며, 해방을 통해 실현되어야 할 것은 '자주적 국가의 재건'[51]이었다. 그러나 아이러니하게도 이 민족들을 '아시아'라는 단위로 묶을 수 있는 이유가 제국에 대한 저항에 있었던 만큼, '아시아'의 범위를 규정하기 위해서는 제국을 다시 호출할 수밖에 없었다.

1944년에 이케우치는 시강(侍講)으로서 천황에게 '원구' 이야기를 꺼냈다고 한다. 간단히 말하자면, 두 번째 일본 원정 때 본래는 강남군과 고려군이 합류하여 일본을 공격하기로 했으나, 서로 앞을 다투는 바람에 통일이 이루어지지 않았고, 또 그로 인해 패배하게 되었다는 것이다. 그런데 이는 당시 일본 육군과 해군 사이의 알력 다툼을 비판하기 위함이었다고 한다.[52] 이케우치는 확실히 군부와 관료를 싫어하고 저널리즘에도 일절 관여하지 않았다.[53] 그는 오로지 "심히 이해할 수 없는 시세와 시정을 상아탑 위에서 바라보고만 있"을 뿐이었다.[54] 그러나 다른 한편으로는 『일본서기』에 대한 근본적 비판에도 불구하고 천황을 마음으로부터 존경했으며, 종3위의 지위에도 자부심을 갖고 있었다. 그에게 "메이지의 애국자"[55]라는 별명이 붙었던 것처럼, 국가주의적 혐의에서 완전히 벗어나기 힘든 것 또한 사실일 것이다.

이에 반해 하타다는 상아탑에서 벗어나 국책조사기관을 택했다.

이케우치의 반대로 기획원 산하 동아연구소에 들어가는 일은 좌절되었지만,[56] 만철북지경제조사소(滿鐵北支經濟調査所)에 들어가 동아연구소와 공동으로 화북농촌관행조사를 실시했다.[57] 그러나 전후에그는 자신을 포함한 일본 동양사학의 학문적 순수성을 비판했다. 그리고 역사서술에서 전전 역사학의 속지주의적 경향 속에 사라진 (조선)민족을 다시 주인공으로 세웠다. 하타다가 이를 통해 궁극적으로이루고자 했던 것은 다름이 아니라 일본의 '아시아'로의 복귀였다고할 것이다.

이상의 논의에 덧붙여 '실증주의'의 바깥에 대한 이야기로 이번장을 마무리하고자 한다. 고야마 사토시(小山哲)는 일본에서 루드비히 리스를 통해 아카데미즘 사학이 수입될 때 실증주의 연구 방법만이 아니라 랑케적인 '세계사' 이념이 함께 들어왔다고 지적했다. 그리고 이 두 가지 측면이 각각 일본사학·동양사학과 서양사학·역사철학에 의해 계승되었다고 말했는데,[58] 전자를 비판한 후자의 입장에 대해 이렇게 평가했다.

그들은 일본 근대사학이 수용했던 랑케 사학의 두 가지 측면 가운데사료 비판을 사상(捨象)하고 세계사적 파악만을 강조했으며, 랑케가「강국론」에서 묘사한 경합하는 국민국가군으로 이루어진 체계인 세계사를 유럽적 세계로부터 세계적 세계로 확대함으로써 역사학에서'근대의 초극'이 가능해진다고 믿었던 것이다. 그러나 실증과의 긴장을 결여한 채 정치적 실천 — 세계사를 창조하기 위한 '사상전' — 으로 돌진한 교토학파의 역사철학은, 스스로 내건 세계사적 사명과 전쟁의 현실 사이에 놓인 간격을 대상화하지 못한 채 공전함으로써 파

탄했다.[59]

　"실증과의 긴장을 결여한 채" 랑케로부터 '세계사' 이념만을 수용한 서양사학과 역사철학은 결국 태평양전쟁의 이데올로그가 되었다는 것이다. 그러나 과연 실증주의는 그러한 전쟁책임, 더 나아가 식민지 지배책임으로부터 완전히 면죄부를 받을 수 있을까? 앞에서 살펴본 바와 같이 실증주의는 학문을 대하는 기본적 태도를 넘어 다양한 역사방법론과 결합해왔으며, 결과적으로 실증주의적 역사서술은 폭넓은 스펙트럼을 만들어냈다. 따라서 실증주의의 안과 밖을 나누는 경계는 언제나 애매모호할 수밖에 없다. 그렇다면 실증주의인지 아닌지 그 경계를 묻는 행위 자체가 사실은 매우 이데올로기적 함의를 품을 수밖에 없으며, 모든 논의는 그에 대한 자각으로부터 시작되어야 할 것이다.

제3부

만철조사부의 변천과
'현지조사'의 확대

5장

제국 판도의 팽창과 '조사 공간'의 확대: '만몽'에서 '화북'으로

1. 전쟁의 확대와 만철조사부의 변천

1) '화북'의 발견

제1차 세계대전은 유럽 전체를 전쟁으로 몰아넣은 일대 사건이었다. 당시 열강에게 전쟁은 국제문제 해결을 위한 정책적 선택지들 중 하나에 지나지 않았지만, 그럼에도 이때 전쟁이란 어디까지나 단기전을 상정한 것이었다. 그러나 실제 전쟁은 물량전·소모전의 형태로 진화했고, 전선에 대한 총후의 동원, 즉 전시경제체제의 구축이 이루어졌다. 이러한 총력전 체제하에서 대량살육이 행해졌고, 전쟁의 참화는 전쟁의 범죄시, 유럽 '문명'에 대한 반성, 그리고 영구적 평화를 위한 국제기구의 건설로 이어졌다.

이에 반해 같은 시기 동아시아는 유럽의 경계 밖에 위치한 덕분에 오히려 전쟁의 참화를 비껴갈 수 있었다. 그 결과 전쟁에 대한 인식에서도 전쟁을 직접 체험한 유럽과는 큰 차이가 있을 수밖에 없었다. 교토대학 철학과를 졸업하고 독일 유학 후 프롤레타리아과학연구소를 설립한 바 있는 미키 기요시(三木清, 1897~1945)는 제1차 세계대전에 대해 "나는 감수성이 가장 예민하던 청년기에 그와 같은 대사건을 만났으면서도 잘 생각하지 않으면 곧바로는 떠올릴 수 없을 정도로 전쟁으로부터 직접 정신적 영향을 받은 것이 많지는 않았다"고 회고했다. 야마무로 신이치는 당시 일본인들에게는 스스로가 교전 상태에 있다는 의식 자체가 희박했고, 따라서 전쟁 중 벼락부자를 낳았던 거품이 곧 사라져버린 것처럼 전쟁은 하나의 에피소드 정도로만 가끔씩 상기될 뿐이었다고 지적했다.[1] 이와 같은 상황을 식민지 조선의 소설가 염상섭은 이렇게 묘사하기도 했다.

조선에 '만세'가 일어나던 전해 겨울이다. 세계대전이 막 끝나고 휴전조약이 성립되어서 세상은 비로소 번해진 듯싶고, 세계 개조의 소리가 동양 천지에도 떠들썩한 때이다. 일본은 참전국이라 하여도 이번 전쟁 덕에 단단히 한밑천 잡아서 소위 나리낀(成金), 나리낀 하고 졸부가 된 터이라. 전쟁이 끝났다고 별로 어깻바람이 날 일도 없지마는, 그래도 또 한몫 보겠다고 발버둥질을 치는 판이다.[2]

말하자면 제국 일본에게 제1차 세계대전은 경계 너머의 전쟁이었다. 사실에 대한 인식은 산둥반도와 태평양제도에서 얻은 손쉬운 승리로 세계 '5대 강국'이 되었고, 또 전쟁특수를 통해 벼락부자가 되었다고 하는 수준에 그쳤다. 가토 요코(加藤陽子)는 "유럽인의 전쟁과 일본인의 전쟁은 그 실체나 기억에서도 분명 다른 것"이었다고 전제한 후, "괴뢰국가였던 만주국, 식민지하의 조선, 그리고 오키나와 등의 몇몇 예외(중대하고 또 가장 가혹한 체험을 사람들에게 강요한 예외이기는 했지만)를 제외하면, 많은 일본인에게 전쟁이란 어디까지나 고국으로부터 멀리 떨어진 장소에서 일어나는 사건으로 인식되고 있었다"고 말했다.[3]

그런데 이와 같은 전쟁관은 이후 아시아 대륙에서 전면적인 전쟁을 치르면서도 달라지지 않았다. 이것은 전쟁을 가리켜 전쟁이 아니라고 말함으로써 가능한 일이었다. 중일전쟁 당시 일본 정부 및 군 수뇌부들은 이 전쟁을 중일 간 국교 회복을 저해하는 잔존 세력들에 대한 일종의 '토비전(討匪戰)', 혹은 중국 측의 조약 위반에 대한 '보복'쯤으로 간주했다. 이는 만주사변 때도 마찬가지였다. 리튼 조사단(Lytton Commission) 보고서의 부속서는 일본 정부나 상공업자들이 중국의 일본 제품 불매운동을 부전조약 제2조(정책 행위를 위한 전쟁 금지) 위반으로 인식해서 그에 대한 보복 조치를 취해도 좋다고 순진하게 믿고 있다고 적었다.[4] 그뿐만 아니라 일본은 처음부터 국제법 위반 혐의를 피하기 위해 국제법에 저촉되지 않는 전쟁의 형태를 택했다. 이를 정당화하기 위해 만주의 지배자 장쉐량(張學良, 1898~2001)의 악정으로 인해 민중 스스로가 '민족자결'의 원리에 따라 중국 국민정부로부터 독립하게 된 것이라는 논리를 내세웠다.[5] 이처럼 일본은 조약 위반에 대한 보복적 '자위권'이나 중국 내부의 분열을 초래하는 '민족자결'의 원리를 통해 전쟁을 전쟁이 아닌 것으로 탈바꿈시켰다.

전쟁이 아닌 전쟁은 자기모순을 안은 채 그 대상 범위를 점차 확대해갔다. 그 과정에서 일본은 먼저 일정 지역에 명칭을 부여한 뒤 차후에 그 실제를 추인해가는 방법을 취했다. 본래 '만주'라는 말은 민족명이자 국가명인 만주어 'Manju'를 같은 음의 한자로 음차한 것이었다. 그러나 19세기 러시아의 진출과 청국 지배 영역의 축소, 그리고 동북3성의 성립과 함께, 유럽인이나 일본인 등은 그 지역을 'Manchuria' 또는 '만주'로 지칭했다. 그런데 1911년 신해혁명과 1912년 청조 멸망을 배경으로, 러일 양국은 제3차 러일협약의 비밀협약을 통해 내몽골 지역을 베이징의 경도인 동경 116도 27분을 기준으로 동쪽은 일본, 서쪽은 러시아의 특수 이익 지역으로 인정했다. 일본은 이 지역을 '동부내몽고(東部內蒙古)'라고 명명했다. 이를 계기로 러일전쟁을 통해 획득한 '남만주' 지역까지 포괄하는 용어로 '만몽'이 등장했으며, 이는 1915년 중국과의 남만주 및 동부내몽고에 관한 조약(南滿洲及び東部內蒙古に關する條約) 체결을 통해 실체화되었다. 또한 1928년에 있었던 중국의 지방제도 정비를 기회로 '동부내몽고' 영역에 러허성(熱河省)과 차하얼성(察哈爾省) 전체를 포함했다. 1932년 만주국 수립 과정에서도 본래 장성 북쪽에 있던 러허성과 허베이성(河北省)의 경계를 그 남쪽에 있는 것으로 해석해서 해당 영역을 만주국 내로 편입했다. 그리고 이렇게 확대된 영역은 1933년의 탕구정전협정(塘沽停戰協定)에 의해 다시금 하나의 실체로서 추인되었다.[6]

'화북'이라는 말 또한 '만몽'과 마찬가지로 역사가 오래되지 않았다. 1880년대까지만 하더라도 일본인이 화북 지역을 하나로 묶어 인식하는 일 자체가 드물었다. 그러나 1890년대 후반부터 '북청(北淸)'

이라는 말의 사용 빈도가 급격하게 증가했다. 청일전쟁과 의화단 사건 등을 통해 화북 지역에서 일본의 이권이 문제시되기 시작했기 때문이다. 청조 멸망 이후 '북청'은 '북지(北支)'로 바꾸어 쓰게 되었다. 그리고 제1차 세계대전 발발과 함께 일본이 독일 조차지를 점령하면서 화북 지역 전체에 대한 관심이 크게 높아졌으나, 워싱턴회의 결과 그 지역에서 물러나게 됨에 따라 관심도 함께 낮아졌다. 그러나 화북 지역에 대한 일본의 영향력은 점차 증대하고 있었다. 특히 1930년대 들어서는 중국의 화북 지역을 만주국과 일체화하기 위한 이른바 화북분리공작(華北分離工作)이 전개되었다. 이를 배경으로 이 시기에는 '북지'나 '북지나'라는 말이 유행했다. '화북'이라는 말은 1935년 들어서야 공문서에서 '지나국(支那國)' 대신 '중화민국(中華民國)'이라는 호칭을 쓰기로 함에 따라 부분적으로 사용되었을 뿐이다.[7]

그뿐만 아니라 '화북'(혹은 '북지')이 지칭하는 대상 또한 다양했다. 화북분리공작 당시 일본에 의해 '화북5성자치(華北五省自治)'나 '북지5성자치(北支五省自治)' 등이 주창되었는데, 이때 '5성'이란 허베이·산둥·산시(山西)·치하얼·쑤이위안(綏遠) 등 5개 성을 지칭했다. 이는 1933년에 중국 국민정부가 행정원주평정무정리위원회(行政院駐平政務整理委員會)를 설치했을 때 그 관할 범위에 해당하는 것이기도 했다. 그러나 '화북5성'이 일반적으로 통용되었던 것은 아니다. 1937년에 중국에서 간행된 『우리의 화북(我們的華北)』에서는 만주사변 이후 '화북'이란 말이 자주 사용되고 있음을 지적하면서, 이 말은 대개 황허강(黃河江) 유역의 허베이·산둥·산시(山西)·허난(河南)·산시(陝西) 등의 성을 지칭하고, 또 쑤이위안·치하얼·닝샤(寧夏)·간쑤(甘肅) 등의 성을 포함할 때도 있지만, 동북·화북·화중·화남의 경계는 확정된 것이 없다고 말했다. 1938년 일본에서 편찬된 『지나독본(支那讀本)』에서도 최근 유행하는 '북지5성'이란 말은 만주사변 이후 사용되기 시작한 정치적 용어로, 상식적으로는 허난을 포함하여 '북지6성'이라고 하는 것이 더 타당할 것이라고 지적했다. 이를 볼 때 '화북'은 1930년대 들어 '발견'된 것이었다.[8] 따라서 그 경계는 점령 지역에 대한 통치의 실현을 통해서야 최종적으로 확정될 수 있었다.[9]

2) 흥망성쇠의 만철조사부

일본의 점령 지역 확대 및 통치의 실행은 국책기관인 만철조사부의 조직 및 활동에도 변화를 야기했다. 만철조사부의 시기별 변화에 대해서는 일찍부터 〈표 5-1〉과 같이 다양한 의견이 제시되어왔다. 대개 만철조사부가 설립된 1907년부터 1945년 해체될 때까지 4~7개 시기로 구분하고 있는데, 1931년의 만주사변과 1937년의 중일전쟁을 전후로 조금씩 차이가 있기는 해도, 어느 시기구분에서나 이 사건들이 공통의 기준점 역할을 하고 있음을 볼 수 있다. 그러나 시기구분의 기준을 어디에 둘 것인지에 따라 구체적인 형태는 상이하게 나타났다. 예를 들어 시기구분 ④의 경우 만철 본사 조사부의 조직 변화에 초점을 맞춘 까닭에, 제Ⅰ기부터 제Ⅶ기까지 각각의 시기는 조사부, 조사과, 경제조사회, 산업부, 조사부, 대조사부, 조사국 등 조사기구들의 존립 기간과 대응하고 있다. 그에 비해 시기구분 ③은 러일전쟁, 러시아 혁명, 만주사변, 중일전쟁, 태평양전쟁 등 국제정세 변화에 상대적으로 중점을 두었다. 또한 시기구분 ①과 ②는 만철조사

표 5-1. 만철조사부 시기구분

연도	시기구분 ①	시기구분 ②	시기구분 ③	시기구분 ④
1907				I
1908				
1909				
1910	I			
1911				
1912		I	I	
1913				
1914				
1915				
1916				
1917				
1918	II			
1919				
1920				II
1921				
1922		II		
1923				
1924			II	
1925				
1926				
1927	III			
1928				
1929				
1930				
1931			III	
1932				
1933				
1934	IV		III	III
1935		III		
1936				
1937				IV
1938				V
1939			IV	
1940				
1941	V			VI
1942		IV		
1943			V	
1944				VII
1945				

출처: ①은 安藤彦太郞·山田豪一, 1962, 「近代中國硏究と滿鐵調査部」, 『歷史學硏究』270, ②는 末廣昭, 2006b, 「アジア調査の系譜」, 末廣昭 編, 『「帝國」日本の學知』第6卷 地域硏究としての アジア, 岩波書店, ③은 小林英夫, 2015, 『滿鐵調査部』, 講談社, ④는 松村高夫·柳澤遊·江田憲 治, 2008, 「序章 滿鐵の調査·硏究活動の問題性と本署の立場」, 松村高夫·柳澤遊·江田憲治 編, 『滿鐵の調査と硏究: その「神話」と實像』, 靑木書店에 의거해서 작성했다.

부의 활동 및 그것의 성쇠를 기준으로 삼았다. 이상의 시기구분을 염두에 두면서, 다음에서는 만철조사부 성립 이후 조직 및 활동의 변화를 개관해보자.[10]

전술한 바와 같이 초창기 만철에는 본사 내 조사부를 비롯해 외부에 동아경제조사국, 지질연구소, 중앙시험소, 그리고 만선역사지리조사부 등이 설립되어 있었다. 만철 설립 당시 만주 지역에는 아직 러일전쟁의 여운이 남아 있었기 때문에, 일본의 대륙정책과 깊이 연계되어 있던 만철에게 있어서 조사활동은 스스로의 존속을 위한 필요조건이라고 할 만했다. 그러나 1907년부터 1916년까지 총 4차례에 걸친 러일협약 끝에 만주 지역에서는 러일 간 세력 균형이 이루어졌으며, 1908년 이후 고토 신페이의 뒤를 이어 제2대 총재가 된 나카무라 고레키미는 석탄과 대두(大豆) 수송의 강화를 중심으로 회사 경영을 안정화했다. 이처럼 만철을 둘러싼 대내외적 위기 상황이 해소되자 조사활동의 필요성 또한 감소했다. 더구나 조사활동 자체도 아직은 학문적 방법론을 결여하고 있었기 때문에, 풍부하게 수집된 자료들도 이미 결정된 정책 집행을 위한 참고자료는 될 수 있어도 정책입안에는 크게 기여하기 힘들었다.

이와 같은 배경에서 1913년 초 야마모토 내각 성립 후 행정 정리의 일환으로 만철의 기구 개혁 및 정리가 이루어졌을 때, 대장성은 "회사 사업과 관련해서는 철도와 푸순탄광을 중심으로 하고 항만은 다롄에 주력을 쏟을 것, 푸순 이외의 탄광, 다롄 이외의 항만은 감소"할 것과 더불어, "농사시험장, 중앙연구소, 지질연구소, 동아경제조사국 등은 폐지"할 것을 권고하기에 이르렀다. 이는 만철의 조사 성적이 "육군의 조사에 크게 미치지 못하다"는 평가에 근거한 것이었다. 조사연구기관의 정리 임무는 정당 출신의 부총재 이토 다이하치에게 맡겨졌다. 그러나 만철 내부의 반발과 야마모토 내각의 단명으로 최종적으로는 만선역사지리조사부를 폐지하는 수준에서 마무리되었다.

대내외적 상황의 안정이 조사연구의 감소를 초래한 것처럼, 조사연구의 확대를 불러온 것은 1917년 러시아 혁명 이후의 불안정한 정세였다. 만주에서 러일 양국의 남북 분할을 통한 세력 균형은 더 이상 유지되기 어려웠다. 1918년에는 일본이 시베리아 출병까지 단행함에 따라, 조사활동, 특히 러시아에 대한 조사가 중시되었으며, 그 결과 러시아 관련 정보가 모이는 하얼빈에 사무소가 신설되었다. 더구나 사회주의 국가 소련의 성립은 만철을 반공의 제1선으로 만들었다. 미야자키 마사요시(宮崎正義, 1893~1954), 시마노 사부로(島野三郎, 1893~1982) 등에 의해 번역 편찬된 『노농로국연구총서(勞農露國研究叢書)』 6권과 『러시아 경제총서(露西亞經濟叢書)』 8권은 이때의 성과물이다. 그리고 이를 통해 만철 내에서 소련통 양성이 이루어질 수 있었고, 동시에 육군 내 러시아통과의 결탁관계가 발생했다. 그러나 1920년대까지는 관동군도 아직 만주철도수비대의 성격이 농후했던 시기이기 때문에, 만주사변 이후와 비교했을 때 만철조사부와 관동군의 관계가 그렇게 밀접했던 것은 아니다. 다만 이 시기 양측의 교류가 만주사변 이후 관계 강화에 커다란 자양분이 되었던 것도 사실이다. 만철의 미야자키 마사요시와 관동군의 이시하라 간지(石原莞爾, 1889~1949)는 양측을 연결하는 핵심 인물들이었다.

한편, 제1차 세계대전 후 선진자본주의 국가들에서 구조적인 불황이 심화되자, 구미에서는 경제계획화를 통해 이를 극복하려는 움직임이 나타났다. 더구나 1929년에 시작된 대공황으로 인해 많은 사람이 그 필요성을 절감하게 되었다. 이러한 '계획화' 흐름에 이론적 기초를 제공한 것이 케인스의 경제학이었다. 미국의 루스벨트 대통령은 뉴딜정책을 통해 그를 실천하고자 했다. 그에 앞서 소련의 스탈린 또한 경제개발을 위한 '5개년 계획'을 실행에 옮겼다. 종래 '보이지 않는 손'이라는 자유주의적 시장 원리에 맡겨졌던 경제는 이제 국가의 통제 아래 놓이게 되었다.

1931년 만주사변 이후 일본에서도 통제경제의 추진, 고도국방국가의 건설, 중공업 자원의 군사적 확보 등이 불가결한 정책 과제로 인식되었다. 이와 같은 배경에서 만철조사부는 만주국의 경제계획에도 깊이 간여했다. 1932년에 설립된 경제조사회(經濟調查會)가 주체적인 역할을 담당했는데, 이시하라 간지의 요청에 따라 이를 조직한 인물이 다름 아닌 미야자키 마사요시였다. 참고로 경제조사회의 설립 목적은 다음과 같다.

만몽 그 자체의 경제적 개발을 꾀하는 동시에, 일만(日滿)의 경제관계 합리화와 일본의 경제 세력 부식을 목적으로 하고, 만몽 전체의 경제 각부에 걸친 종합적 경제건설계획을 입안한다.
제일, 일만경제를 단일체로 융합해 양자 사이에 자급자족경제 확립.
제이, 국방경제의 확립, 국방자원의 개발.
제삼, 인구 세력의 부식.
제사, 만주의 중요 경제부문에 대한 국가통제.[11]

미야자키는 1933년에 「만주국경제건설강요(滿洲國經濟建設綱要)」

를 작성해서 만주국의 경제정책이 통제경제체제에 기초하고 있음을 명시했다. 그리고 철강, 석탄 등의 기초소재산업 강화를 통해 '일만일체(日滿一體)'의 군사경제체제 구축을 목적으로 하는 「만주산업개발5개년계획(滿洲産業開發五個年計劃)」을 입안하는 일에도 적극 참여했다.

1937년 중일전쟁과 1941년 태평양전쟁의 발발로 전장은 더욱 확대되었고, 그와 함께 만철조사부의 조사 영역 또한 넓어졌다. 이에 대응하여 경제조사회는 산업부와 조사부로의 개편을 거쳐 만철에 속한 모든 학술부문, 즉 다롄도서관, 중앙시험소, 지질조사소, 농사시험소 등과 만철의 재외사무소, 상하이 · 북지 · 북만(北滿)의 조사소까지 모두 합친 '대조사부'로 재탄생했다.

이상과 같은 조사기구의 변화는 조사 대상은 물론 그에 접근하는 방식에서도 새로움을 추구하게 되었다. 그 연속과 단절에 대해서는 다음 절에서 살펴보도록 하자.

2. 연구 대상의 변화, '고전'에서 '현지'로

1) '구지나통'과 '신지나통'

만선역사지리조사부는 청일전쟁 이후 새로운 정치 · 경제적 환경에서 탄생한 지식의 생산소였다. 물론 그 이전에도 중국에 대한 지식은 생산되고 있었다. 당시 '중국 전문가'라는 의미로 '지나통(支那通)'이라는 말이 쓰였는데, 이 말에 대해 명확한 정의가 있던 것은 아니지만, 대체로는 "중국에서 살아본 경험이 있고 중국어에 능통하며 중국 관계 생업에 종사하면서 그 방면의 지견(知見)이 탁월한 인물"을 지칭하는 용어라고 할 수 있었다. 다만 시기에 따라 그 실체 또한 변화했다. 본래 '지나통'은 에도막부(江戶幕府) 시대 이래의 한학자를 가리켰다.[12] 하지만 일본은 메이지유신(明治維新) 이후 중국과 외교 교섭을 진행하면서 중국에 대한 지식 부족을 통감하게 되었다. 이러한 분위기에서 이노우에 노부마사(井上陳政, 1862~1900)의 『우역통찬(禹域通纂)』(1888) 같은 백과전서식 서적이 간행되기도 했다. 만선역사지리조사부 또한 새로운 시대의 요청에 따라 종래의 한학을 넘어 유럽의 시놀로지(Sinology, 중국학)로부터 습득한 합리주의를 무기로 '동양사학'을 선도해나갔다.[13]

그러나 만선역사지리조사부의 '동양사학'도 본질적으로는 고전적 중국을 연구 대상으로 삼고 있었다. 전술한 바와 같이 시라토리는 만선역사지리조사부의 목적이 순수한 학술적 견지로부터 '만한 경영'이라는 실제적 필요에 부응하는 데 있다고 밝혔지만, 그 연구 성과가 식민지 경영에 즉각 활용 가능한 것은 아니었던 만큼 현실성을 결여하고 있었다고 말할 수 있다. 그리고 바로 그런 이유 때문에 초대 총재 고토 신페이의 퇴임 이후 얼마 지나지 않아 폐지의 운명을 피할 수 없었던 것이며, 그 점에서는 만선역사지리조사부의 학자들 역시 본래적 의미의 '지나통'의 범주 안에 포함될 수 있다.

그렇다면 청일전쟁 이후 현실의 요구를 충족해주고 있던 '지나통'은 과연 어떤 인물들이었을까? 일찍이 신문기자이자 정치평론가로 활약한 우자키 로조(鵜崎鷺城, 1873~1934)는 1913년 『중앙공론(中央公論)』에 발표한 「현시의 지나통(現時の支那通)」이라는 글에서 청일전쟁 이전의 '지나통'을 '구지나통', 그 이후의 '지나통'을 '신지나통'으로 구분하고서는, 전자의 경우 학자가 많았지만 후자의 경우는 반드시 학자일 필요가 없으며 오히려 학자가 아닌 경우가 더 많다고 설명했다. 나아가 '신지나통'을 다시 네 부류, 즉 외무성파·육군파·순실업파·낭인파로 구분했는데, 이들은 말하자면 특수 기술자나 중국 사정 조사자 혹은 소개자 정도의 인물들이라고 할 수 있었다.

'신지나통'은 분명 청일전쟁 이후 일본 자본주의의 발전을 배경으로 중국 물산의 사정, 지지(地誌), 풍속 등의 지식을 제공하는 역할을 했다. 그러나 기본적으로는 진정한 의미의 학자는 아니었던 까닭에 학문적 연구의 축적을 통한 경륜이나 지식을 구비하고 있지는 않았다. 후진자본주의 국가 일본은 눈앞의 현실에 대해 학문적 틀을 가지고 접근할 수 있는 학자들을 길러내지 못했다. 그 결과 지식 제공이 학자가 아닌 자들에 의해 이루어지는 또 다른 문제적 상황에 봉착하지 않을 수 없었다.[14]

이처럼 당대 중국 연구가 아카데미즘의 지위를 확보하지 못한 이유에 대해 안도 히코타로(安藤彦太郎, 1917~2009)는 다음과 같이 세 가지로 설명했다. 첫째, 만선역사지리조사부의 사례가 보여주는 것처럼 중국 연구는 주로 고전 연구에 한정되어 있었다는 것이다. 그로 인해 학자들 중에는 현실 속 중국에 대한 무관심은 물론 현실 파악을 위한 중국어 학습의 필요조차 느끼지 못하는 경우가 많았다고 한다. 둘째, 일본의 근대 학문이 구미의 영향하에 있었기 때문에 아시아를 연구 대상으로 보지 않았고, 설령 아시아를 시야에 넣었다고 하더라도 일본과 달리 중국은 근대 학문의 적용 대상이 될 수 없다고 인식하고 있었다고 한다. 마지막 셋째는 중국 사회의 변동이 극심해서 학

문적으로 분석·검토할 수 있는 여유가 주어지지 않았다는 점을 들었다.[15]

그러나 일본이 1931년 만주사변을 일으키고 또 그를 계기로 중국과 기나긴 전쟁에 돌입하게 되자, 이제 '구지나통'은 물론 '신지나통'에 의해 생산된 지식들도 더 이상 통용될 수 없는 상황이 되었다. 그와 함께 '중국문제' 해결을 위한 '과학'적 연구의 필요성이 새롭게 대두되었다. 이러한 신국면에 대응하기 위해 예컨대 의화단 사건의 배상금으로 설립된 동방문화학원 도쿄연구소는 본래 중국의 고전 연구를 행하던 곳이었지만, 1937년 초에는 당대 중국을 연구하기 위해 중국의 조계 연구자인 우에다 도시오 등을 새롭게 충원했다. 중국 연구의 새로운 움직임은 고노에 후미마로(近衛文麿, 1891~1945)의 정책연구집단인 쇼와(昭和)연구회에서도 나타났는데, 그중 지나문제연구회(支那問題研究會)에서 가장 활발했으며, 그 중심에 있던 인물이 오자키 호쓰미(尾崎秀實, 1901~1944)였다. 그리고 무엇보다도 이미 중국을 대상으로 연구·조사를 행해왔을 뿐만 아니라, 1930년대 말 '대조사부'를 설치해 당대의 중국 연구에도 본격적으로 뛰어든 만철조사부의 성과는 타의 추종을 불허했다.[16]

이 시기 만철조사부에서 수용한 '과학'이란 다름 아닌 마르크스주의였다. 사실 만철조사부에서 '과학'적 조사는 일찍부터 강조되어 왔다. 1919년에 만철 본사의 조사과장에 취임한 이시카와 데쓰오(石川鐵雄, ?~1934)는 초대 조사과장 가와무라 류지로(川村鉚次郎)가 중국어에 능통한 동아동문서원(東亞同文書院) 출신자들을 중용하여 현지조사에 지나치게 의존했던 것을 비판하면서 '종합적인 과학조사'를 그 대안으로 제시했다. 이에 따라 만철조사부에서는 '종합조사'와

'방법적 어프로치'가 기본방침이 되었으며, 1930년대 말에 전향한 마르크스주의자들이 만철에 대거 입사하면서 그러한 이론지향적 경향은 더욱 강화되었다.[17] 당대 중국 사회에 대한 마르크스주의적 연구 방법의 도입에 선편을 쥐었고, 또 만철조사부 내에 근대 중국 연구의 초석을 마련한 인물로 평가[18]되는 이토 다케오(伊藤武雄, 1895~1984)가 이른바 '만철조사부 사건'(1942년과 1943년에 걸쳐 만철을 대상으로 한 대대적인 검거 사건)에 대해 "우리들의 과학성에 대한 군부 파시스트의 도전"이라고 규정한 것[19]은 '과학'이 당시에는 일제의 폭주에 맞서는 일종의 지적 근거지 역할을 하기도 했음을 말해준다.

이러한 만철조사부의 '과학성'은 동시기 흥아원(興亞院)에 의한 조사연구와 좋은 대조를 이룬다. 구보 도루(久保亨)에 따르면, 만철조사부의 조사보고는 반식민지반봉건사회론(半植民地半封建社會論)을 원용하여 이론적 총괄을 시도하려는 지향이 강했던 까닭에 관념적인 논의에 빠지는 경향이 있었다고 한다. 그에 반해 흥아원은 객관적 관찰에 기초한 방대한 정보 수집에 보다 주력함으로써, 현실의 요청, 곧 침략전쟁 수행을 위한 '고도국방국가' 건설에 요구되는 자원의 개발 및 동원 방법에 답하고자 했으며, 역설적이게도 그를 통해 중국 사회에서 정체성(停滯性)이 아니라 발전 가능성을 발견하기도 했다.[20] 이러한 차이는 후자가 "이전부터 중국의 정치 정세나 사회·경제를 조사해온 이른바 조사맨 타입의 사람들만이 아니라, 그때까지 중국과 특별한 관계가 없었던 일본 본국의 광공업, 농림수산업, 공중위생 등 다양한 전문 분야에서 실무를 담당하고 있던 상당수의 자연과학계 전문가, 관청·민간기업의 기술자들"로 조직되어 있었던 데 기인하는 바도 있었다.[21] 이처럼 흥아원 조사원들은 학자가 아닌 실무 전문가·기술자들이 주를 이루었다는 점에서 종래의 '신지나통'에 속한다고도 할 수 있지만, 동시에 중국과 특별한 관계가 없는 사람들이 많았다는 점에서는 또 그와 구분되었다.

그러나 만철조사부 내에서도 또 다른 경향성은 존재했다. 앞서 언급한 중국어 능통자로서 '발로 뛰는 조사'를 해온 동아동문서원 출신 조사맨들의 계보는 이시카와 데쓰오의 등장 이후에도 단절되지 않았다. 다만 만철조사부의 인적 자원을 분석한 스에히로 아키라(末廣昭)는 만철조사부가 기구 개혁을 거쳐 '대조사부'로 통합·발전해 가는 과정에서 사회운동가나 현역 대학 교원을 촉탁의 신분으로 중도 채용해서 중국에서의 현지조사나 일본에서의 정책 연구에 동원한 결과, 만철조사부 내에 이전부터 존재하던 '현지조사파'와 '이론파', 혹은 '발로 뛰는 조사'와 '과학적 종합조사' 사이의 대립을 한층 격화시키게 되었다고 말했다. 그리고 이와 같은 대립이 단일 사업을 진행하는 과정에서 나타난 사례로 들었던 것이 바로 만철북지경제조사소와 기획원 산하 동아연구소가 공동으로 기획·실시한 '화북농촌관행조사(華北農村慣行調査)'였다.[22]

2) 화북농촌관행조사의 실시

화북농촌관행조사(이하 '관행조사')의 사업 계획은 1939년 10월 후술하는 동아연구소 제6조사위원회 내 학술부위원회에서 '화중상사관행조사계획(華中商事慣行調査計劃)'과 함께 '화북농촌관행조사계획(華北農村慣行調査計劃)'이라는 이름으로 수립되었고, 이에 호응하는 형태로 만철조사부가 북지경제조사소에 관행조사반을 조직했다.[23]

학술부위원회 측의 지도자 격에 해당하는 스에히로 이즈타로(末弘嚴太郎, 1888~1951)는 조사 목적을 "중국 사회에서 행해지는 법적 관행의 조사"로 규정한 뒤, "같은 법적 관행의 조사라 해도 일찍이 타이완에서 진행된 구관조사와 같이 입법 내지 행정의 참고자료를 얻는 것이 목적이 아님은 명백하다. (…) 중국의 민중이 어떤 관행 속에서 사회생활을 영위하고 있는가, 바꾸어 말하면 중국 사회에서 행해지고 있는 관행을 밝힘으로써 그 사회의 특질을 살아 있는 그대로 기록하는 것이야말로 우리 조사의 목적"이라고 밝혔다.[24] 그리고 이에 맞추어 조사 방법도 "기성의 법적 개념에 구속됨 없이 현실을 현실 그대로 그려내는 것"이 중요하다고 강조했다.[25] 그를 위해 현지조사는 조사원 1명이 조수 1명을 동반하여 농민들과 직접 질의응답을 하는 형태로 이루어졌으며, 조사 결과는 원칙적으로 그 내용을 그대로 수록하는 질문응답록의 형태로 정리되었다. 다음은 1942년 5월 13일 허베이성 징하이현(靜海縣)에서 실시된 현지조사에 대한 조사보고 내용의 일부이다.

문: 나이는 몇 살인가?
답: 43세.
문: 언제부터 보장(保長)을 하고 있는가?
답: 29년 10월경부터.
문: 그 이전에는 촌장을 하고 있었나?
답: 한 적 없다.
문: 당신 전에도 보장이 있었는가?
답: 없었다. 내가 처음 보장이 되었다.

문: 현재 촌장은 있는가?

답: 없다.

문: 보장이 생기기 전까지는 촌장이 있었는가?

답: 있었다.

문: 촌장을 뭐라고 불렀나?

답: 촌정(村正), 향장(鄕長).

문: 부보장도 있는가?

답: 있다.[26]

그런데 이와 같은 질문응답록 형태의 정리 방식에는 명백한 장단점이 있었다. 먼저 장점으로는 면담자인 농민들의 생생한 목소리를 다면적으로 수록하여 농촌사회의 내면 깊숙한 곳까지 들여다볼 수 있다는 점을 들 수 있다. 그러나 응답자에 따라 같은 질문이더라도 상이한 답이 나왔는데, 질문응답록은 가공되지 않은 자료인 만큼 그처럼 모순된 내용들도 그대로 수록했다. 그로 인해 농촌사회의 실태를 정확하게 파악하기에는 처음부터 어려움이 있었을 뿐만 아니라, 조사에 직접 참여하지 않아 면담 당시의 맥락을 파악할 수 없는 일반 자료 이용자들의 경우 자료 이용에 한계가 있을 수밖에 없다는 단점 또한 동시에 가지고 있었다.[27]

이처럼 당장의 정책 실현에 기여하지 못하는 '현실성'의 결여, 바꾸어 말해 순수학문의 지향이라는 측면에서 보았을 때, 관행조사는 만선역사지리조사부 활동의 계보를 잇는다. 그러나 전술한 바와 같이 만선역사지리조사부의 조사연구는 문헌 자료를 대상으로 한 것인 데 반해, 관행조사는 기본적으로 농촌 현지에서 필드워크의 형태로 이루어졌다는 점에서 양자 사이에는 커다란 단절도 존재했다.

또한 현지조사 자체는 그 기원을 훨씬 앞선 시기까지 거슬러 올라갈 수 있다.[28] 만철조사부에서 행한 현지조사의 효시는 '만주구관조사(滿洲舊慣調査)'이다. 이 조사에 처음부터 참가했던 덴카이 겐자부로(天海謙三郎, 1884~1962)는 만철에 입사하기 전에는 관동도독부 특무기관장 모리타 도시토(守田利遠, 1863~1936)가 1907년에 편찬한 병요지지(兵要地誌)인 『만주지지(滿洲地誌)』의 집필 보조역을 맡고 있었다. 여기에서 병요지지란 "군사 작전에 필요한 도시 및 촌락의 숙영력, 기후, 식료, 음료수, 수송력, 수륙교통의 상태, 통화, 노동력 등의 정보를 집대성한 것"으로,[29] 일찍이 '정한론'을 배경으로 1872년에 실시된 한반도 및 만주 일대 조사가 그 시초라고 할 수 있다. 다시 말해 덴카이는 육군 내에서 계승되어오던 병요지지 작성의 계보를 잇는 인물이라고 할 수 있다. 그리고 이러한 계보는 관행조사를 비롯하여 만철조사부에서 행한 현지조사의 성격을 잘 말해준다.

한편, 관행조사의 또 다른 현지조사 계보는 '타이완구관조사(臺灣舊慣調査)'에서 찾을 수 있다. 다롄 본사에 있던 만철조사부의 초창기 조사조직 3개 반, 즉 구관조사반, 경제조사반, 러시아조사반 중 만철에서 가장 힘을 쏟은 곳은 구관조사반이었다. 구관조사는 타이완에서의 통치 수법을 만철의 초대 총재 고토 신페이가 이식한 것이었다. 그런데 타이완구관조사는 타이완의 구관만이 아니라 청조의 통치제도 전반에 대한 이해를 목적으로 하고 있었기 때문에, 만주구관조사에서 그와 관련된 부분의 서술은 타이완구관조사의 성과를 상당 부분 원용했다. 따라서 만철조사부의 구관조사 개시 시기가 타이완구관조사의 보고서를 작성한 시기와 겹치는 것은 우연이 아니며, 그 점에서 만주구관조사는 단순히 타이완구관조사의 방법적 도입을 넘어 그것의 확대판이었다고 볼 수 있다. 덴카이가 만철조사부에서 가장 먼저 했던 일이 바로 타이완구관조사 보고서 원고를 청서하는 작업이었다고 한다.

이처럼 만주구관조사가 타이완구관조사의 확대판이었다고 하더라도 둘 사이에는 엄연한 차이가 존재했다. 후자는 식민지 통치의 실현을 위해 공권력이 동반된 조사였던 만큼 조사가 광범위하게 이루어졌고 성과 또한 쉽게 얻을 수 있었다. 더구나 토지 소유권의 근대화를 명목으로 구관을 폐지했기 때문에 구관의 경위 등을 소상하게 밝힐 필요도 없었다. 그에 반해 전자는 철도부설용지에서의 토지 거래 실태 파악이 목적이었고, 또 해당 지역이 일본의 행정적 강제가 미치지 못하는 곳이었던 까닭에, 현지조사는 문헌조사의 보조적 역할밖에 하지 못했다. 그러나 토지 거래 실태에 대해서는 오히려 상세한 해명이 이루어졌다.

나아가 관행조사와 구관조사의 차이도 분명했다. 만철조사부 내 '이론파'의 중심인물인 오가미 스에히로(大上末廣, 1903~1944)는 만주구관조사의 '과학성' 부재를, 다시 말해 마르크스주의적 관점이 결여되어 있음을 지적하면서 그를 일본의 식민지정책에 봉사하는 실무적 조사라고 비판했다.[30] 다만 관행조사에서 도입한 '과학'은 또 다른 범주의 '과학', 곧 법사회학이었다.

만철조사부와 함께 관행조사의 한 축을 이룬 동아연구소는 중일전쟁 발발 이듬해인 1938년 9월에 개소했다.[31] 그보다 앞서 1937년 10월에는 1929년 세계공황 이래의 급격한 정세 변화에 대응하기 위해 기획원이 설립되었는데, 기획원 내 육군 출신 인물인 이케다 스미

히사(池田純久, 1894~1968)는 만철조사부를 모델로 해서, 중국, 극동 소련, 동남아시아, 중·근동 등 아시아 전역을 대상으로 연구조사를 실행할 대조사기관의 설립을 추진했다. 만철조사부의 존재에도 불구하고 기획원 산하에 재단법인 형태로 별도의 연구소를 설립하려 했던 것은 의회나 정부의 간섭을 받지 않고 군부가 자유롭게 연구조사를 수행하기 위해서였다. 당시 육군의 청장년 장교들은 자신들이 일본의 진로를 개척해나간다고 하는 자부심과 또 그럴 만한 힘도 가지고 있었다. 그중에서도 이케다는 특별청강생 자격으로 도쿄제국대학 경제학부에서 수학한 육군 내 자타공인 경제통이었다. 결국 연구소는 쇼와연구회와 만철조사부를 토대로 중국 및 아시아를 대상으로 '과학'적 연구를 수행할 국책연구기관으로서 탄생했는데, 그것이 바로 동아연구소였다.

동아연구소는 총재와 이사 아래 5개 부와 8개 조사위원회 및 1개의 특별제1조사위원회로 조직되었다. 조사의 실제 주체는 5개 부와 조사위원회들이었는데, 먼저 5개 부는 총괄 부서인 제1부와 각 지역을 담당한 나머지 4개 부로 이루어져 있었다. 특히 중국 관련 조사반들로 구성된 제3부는 동아연구소의 부들 중 가장 큰 규모를 자랑했다. 한편 조사위원회의 위원들은 대부분 외부의 대학, 연구소, 조사기관, 관청 등에서 선임했다. 각 조사위원회는 '대지투자(對支投資)', '황하조사(黃河調査)', '화교조사(華僑調査)', '일만지식량수급조사(日滿支食糧需給調査)' 등을 과제로 삼았다. 그중 관행조사의 주체는 '지나관행조사'를 담당하는 제6조사위원회의 학술부위원회[32]였다.

학술부위원회의 지도자 스에히로 이즈타로는 오가미 스에히로와 마찬가지로 식민지정책의 입안에 자료를 제공한 구관조사를 비판하면서, '살아 있는 법', 곧 현실 사회에서 실효성을 갖는 사회규범을 강조했다. 이러한 새로운 법사회학적 관점에 입각한 관행조사는 만주 구관조사를 비롯해서 이전에 행해진 농촌조사들과는 농촌에 대한 접근 방식 자체가 달랐다. 이전의 조사들은 특정 농가들을 대상으로 경제 사정 등을 조사하는 데 그쳤지만, 관행조사는 처음으로 촌락 레벨에서 토지제도에서부터 가족제도, 공조공과(公租公課)에 이르기까지 종합적인 조사를 실시했다.[33]

관행조사는 먼저 스기노하라 슌이치(杉之原舜一, 1897~1992)를 리더로 하는 만철조사부 관행조사반 조사원[34]들에 의해 현지조사가 이루어지면, 그를 바탕으로 작성된 조사보고서가 도쿄로 송부되었다. 그러면 도쿄제국대학 법학부 교수였던 스에히로의 지도하에 히라노 요시타로(平野義太郎, 1897~1980), 니이다 노보루(仁井田陞, 1904~1966), 후쿠시마 마사오(福島正夫, 1906~1989), 가이노 미치타카(戒能通孝, 1908~1975), 이소다 스스무(磯田進, 1915~2002) 등이 그 내용을 분석하여 연구 결과를 발표하는 식이었다.[35]

그런데 각각 도쿄와 베이징에 본거지를 둔 두 조사연구 주체 사이에는 미묘한 대립이 존재했다. 예컨대 관행조사 조사 항목 등을 정하는 준비 과정에서, 전자 쪽에서는 유럽이나 일본의 연구를 염두에 둔 '비교사회학'의 입장에서 중국의 농촌사회를 파악하려고 한 데 반해, 후자 쪽에서는 현지조사의 성과를 바탕으로 중국 농촌의 현실을 파악하고자 했다. 그리고 이러한 대립은 서구 이론, 구체적으로는 비트포겔(Karl A. Wittfogel, 1896~1988)의 동양사회론이나 마자르(Lajos Magyar, 1891~1940)의 중국농업론 등에 익숙해 있던 전자 쪽의 '개념 선행'과 중국 사회의 현실을 직접 목도한 후자 쪽의 '현장 중시'

사이의 대립으로도 나타났다.[36]

더구나 관행조사 관련자들은 물론 그 외 많은 이들이 중국 농촌이라는 공간을 대상으로 서로 다른 꿈을 투영하고 있었다. 그 점에서 중국 농촌은 일종의 지적·실천적 실험장과도 같았다. 그렇다면 중국 농촌을 대상으로 대체 어떤 이들이 어떤 꿈을 꾸고 있던 것일까? 이에 대해서는 만철조사부 관행조사반의 일원으로 관행조사에 참가했던 하타다 다카시를 중심으로 살펴보도록 하자.

3. '동상이몽'의 중국농촌관행조사

1) '해방구'로서의 만철조사부

하타다 다카시는 만철조사부 발족으로부터 1년여 뒤인 1908년 11월 마산에서 태어났다. 그는 마산소학교와 부산중학교를 졸업한 후, 1925년부터 3년간 규슈의 제5고등학교에서 수학했다.[37] 이 시기 일본은 이른바 '다이쇼 데모크라시' 시대였다. 그만큼 그의 고등학교 생활은 식민지 조선에서의 엄격했던 중학교 시절과 달리 생활 면에서나 사상 면에서 상대적으로 자유로움을 만끽할 수 있었으며, 좌익 계열의 사회과학연구회에도 가입하여 유물사관을 접했다.[38] 그러나 다이쇼 데모크라시 시대에 주창된 '민본주의'가 대내적 자유주의와 대외적 제국주의의 결합이었다는 지적처럼,[39] 그의 비판적 사고도 내지, 곧 일본 본토의 경계를 넘어서지는 못했다. 그 자신이 한반도 태생임에도 불구하고, "방학에는 마산에 돌아가 조선인과 야구나 테니스 시합을 하기도 했으나, 조선인의 고통에 대해 특별히 들으려 하지는 않았다"[40]는 말은 일본의 식민지 지배에 대한 그의 무관심을 고백하는 것이었다.

1928년에 그는 도쿄제국대학 문학부 동양사학과에 입학했다. 대학 시절 그의 관심은 여전히 '사회'를 향해 있었다. 그래서 도서관에서 그가 주로 읽었던 책도 동양사가 아니라 경제학·경제사·사회학·사회사상사 등과 관련된 것이었다.[41] 한편, 그는 마산 태생이었던 까닭에 조선사에도 관심을 두었으며, 그 결과 졸업논문에서는 유물사관을 조선사에 적용하여 역사적 발전단계(원시·고대·중세)를 구명하는 것을 목표로 삼게 되었다. 그는 졸업논문의 일부를 보완하여 1932년에 「고려조의 사원경제(高麗朝に於ける寺院經濟)」라는 제목으로 『사학잡지(史學雜誌)』에 수록했는데, 후에 이청원의 『조선사회사독본(朝鮮社會史讀本)』(1936)을 보고는 시대구분에 대한 발상과 방식이 매우 유사함을 발견했다고 한다.[42]

대학 졸업 후 취직난으로 가정교사를 하며 겨우 생계를 유지하고 있던 상황에서, 그는 지도교수인 이케우치 히로시의 부름을 받아 동양사연구실의 부수(副手)가 되었다. 그 자리 자체는 무급이었던 까닭에 월급 30엔의 사학회 위원을 겸직하다가 1933년부터는 만몽문화연구사업(滿蒙文化研究事業)에 참여했다. 이 사업은 만주국 건국을 기념하여 일본 외무성 문화사업부의 원조를 받아 만몽의 역사 및 문화에 대한 연구를 진행하는 것이었는데, 도쿄에서는 이케우치 히로시, 교토에서는 나이토 고난이 책임을 맡았다.[43] 이케우치는 1933년 5월에 제출한 사업신청서에서 『이조실록』, 곧 『조선왕조실록』의 초록 작업을 계획한 이유에 대해 이렇게 설명했다. 중국 측의 주요 사료로

『황명실록(皇命實錄)』이 있으나 관련 기사의 내용이 지나치게 간략한 데 비해, 『조선왕조실록』에는 상세한 내용의 기사들이 많아 보완적 역할을 할 수 있고, 또 그 자체로도 독특한 가치를 지니기 때문에 만몽 연구에서 『조선왕조실록』의 기록을 중시할 필요가 있다는 것이다.[44] 하타다는 3년씩 두 번에 걸쳐 6년간 지속된 이 사업의 유일한 조수였다.

그런데 하타다는 이 사업에 참여한 직후 정치운동을 위한 모금활동을 하던 것이 발각되어 경찰에 체포되었다가 한 달여 후 급성폐렴으로 석방되었다. 다이쇼 데모크라시 시대의 종막과 함께 식민지 조선, 다시 말해 외지에 드리워졌던 '어둠'[45]이 이제는 내지까지 미치게 되었던 것이다. 하타다는 이 시기를 이렇게 회고했다.

그때는 어두운 시대였습니다. 이른바 어두운 협곡이라 불리는 시기입니다. 내가 대학을 졸업하던 해 가을에는 만주사변이 시작되었습니다. 그 뒤에는 급속도로 악화되어갔습니다. 역사라는 것은 고요하게 점차적으로 변화하지 않아요. 움직이기 시작하면 덜컥 가속도가 붙어 나빠지는 거 같은 느낌을 받았습니다. 1932년에는 5·15사건이 있었어요. 이누카이(犬養毅) 수상이 군인에게 총을 맞아 살해당한 사건이었지요. 그리고 36년에는 2·26사건. 1937년에는 일본과 중국 사이에 전면전이 시작되었던 것입니다. 급속하게 어두워져갔던 것입니다만, 그 속에서 솔직히 말해 숨이 막힌다는 생각을 했습니다. 특히 나와 같이 경찰에 잡혀간 적이 있는 인간은 대적할 수가 없었어요. 친구들이 나에 대한 태도를 특별히 바꾸거나 한 것은 아니었지만, 역시 좋지 않았어요. 어두운 느낌이 들었습니다.[46]

"실로 숨쉬기 어렵고 어두운 시대"[47]의 도래였다. 하타다는 이와 같은 사회의 경직으로부터 탈출을 꾀했다. 그리고 그의 피난처가 된 곳은 다름 아닌 만철조사부였다.

다만 그가 처음부터 만철조사부를 지원했던 것은 아니다.[48] 만몽 문화연구사업의 일환으로 동양문고에서 『조선왕조실록』을 초록하고 있던 그는 그 일을 지속하는 것에 고통을 느꼈다. "나처럼 이 자리에 어울리지 않는 자가, 게다가 전력이 있는 인간이 묘한 형태로 아카데미즘의 감옥에 갇혀 있는 것이 견딜 수 없"었기 때문이다.[49] 이처럼 그는 "어두운 시대"만이 아니라 협소한 "아카데미즘의 세계"로부터도 벗어나고자 했다. 그런데 그러한 열망은 뜻밖에도 그를 국책 연구기관인 동아연구소로 이끌었다. 동아연구소가 설립되고 나서 동양문고에 다니던 동료들, 그리고 만철에 있던 오가미 스에히로까지 동아연구소로 자리를 옮겨가자 하타다 또한 그곳을 탈출구로 삼고 싶어졌던 것이다. 『조선왕조실록』 초록 일이 마무리되어갈 즈음, 그는 이케우치에게 동아연구소로 이직하고 싶다는 뜻을 밝혔다. 그러나 평소 군인이나 관료에 의한 연구기관 통제에 큰 불만을 품고 있던 이케우치의 강력한 반대에 부딪혀 그는 동아연구소행을 단념할 수밖에 없었다.

1939년 여름, 하타다는 오가미로부터 만철조사부행을 권유받았다. 하타다는 일찍이 동양문고 동료들과 함께 1935년 말 역사학연구회를 통해 '만주사 연구' 특집호를 낸 바 있었다. 그런데 그 연구에 대해 만철에 있던 오가미로부터 호의적인 평가를 받았고, 이후 그와 편지를 주고받을 정도로 가까워졌다. 그러나 당시 하타다는 호세이(法政)대학 예과에서 강사 일을 이제 막 시작한 데다 동아연구소의 위탁사업인 '이민족의 지나 통치'에 참여해 동방문화학원의 연구원까지 겸하고 있었다. 그런 까닭에 자신을 대신하여 같은 동양사 출신의 사노 도시카즈(佐野利一)를 추천했다. 그런데 그로부터 얼마 지나지 않아 기회는 다시 찾아왔다. 히라노 요시타로의 알선으로 만철조사부의 관행조사에 참가할 수 있게 된 것이다. 하타다가 역사연구회 간사를 하던 시절 히라노에게 강연을 부탁한 적이 있어 서로 면식이 있었다. 하타다가 만철조사부로의 이직에 적극적으로 나서자 이번에는 이케우치도 반대하지 않았다. 이렇게 그의 만철조사부행은 결정되었다.

확실히 만철조사부는 "전력이 있는" 그에게 일종의 탈출구가 되었다. 고바야시 히데오에 따르면, 만철조사부 내에는 리버럴한 분위기가 강하여 당시 금서였던 마르크스의 『자본론』을 텍스트로 삼아 조사부원들이 독서회나 연구회를 열 정도였다. 그 때문에 세간에서는 만철조사부의 연구 경향을 가리켜 '만철 마르크스주의'라고 칭하기도 했다.[50] 하타다 또한 만철조사부 시절을 "당시 일본에서는 생각할 수 없을 것 같은 해방감을 맛보았다"고 회고했다.[51] 만철 입사 전 그가 유일하게 마음을 터놓고 논쟁을 벌일 수 있는 곳이 젊은 연구자들이 모인 역사학연구회였다고 한다면,[52] 이제는 만철조사부가 그 자리를 대신했다. 그는 동료들과 열띤 토론을 통해 새로운 지식을 습득해가면서 희열을 느끼는 동시에, 지금까지 자신이 체득한 지식이나 방법론에 대해서 크게 비판을 받기도 했던 까닭에 분한 마음을 품기도 했다고 한다.[53]

만철에 입사하기까지 이상과 같은 하타다의 이력은 지금까지의 논의에서 볼 때 매우 흥미롭다. 하타다는 대학 재학 시절 강의를 듣기는 했지만 강단 밖의 영향이 더 컸다고 말하면서도, 이케우치 히로시로부터 학문적 영향을 받은 사실을 부정하지 않았다. 이케우치와의 만남은 그가 "조선사 공부를 하게 된 커다란 계기"였으며,[54] 또 "문헌 비판의 방법, 진실 추급의 방법, 표현의 방법 등 많은 점에서 가르침을 받았다."[55] 그 점에서 그는 '구지나통'으로 분류할 수 있는, 시라토리로부터 이어지는 일본 동양사학의 한 계보를 잇고 있었다. 그러나 다른 한편으로는 만철조사부에 입사하면서 '구지나통'은 물론 '신지나통'의 극복을 지향한 '과학'적 분석 방법 또한 새롭게 수용하게 되었다. 다시 말해 그는 '고전'을 통한 중국 연구와 '현지'조사를 통한 중국 현실의 파악이라는 서로 다른 계보의 연구 방법을 모두 체득했던 셈이다.

2) '동상이몽'의 논리

하타다가 관행조사에 참여한 것은 1940년부터 1944년까지 약 5년간이었다(〈그림 5-1〉 참조). 이 기간에 그가 담당했던 조사 대상은 '촌락'이었다. 그의 관심은 촌락공동체의 존재를 상정하고서 그 실태를 확인하는 데 있었으며,[56] 이는 당시까지 논의되어온 공동체 이론을 현지에서 검증하는 작업이기도 했다.[57] 여기에서 공동체 이론이란 마르크스주의적 관점에서 중국 사회의 특질을 이해하기 위한 열쇠로 공동체에 주목한 제반 논의들을 지칭하는 것인데, 중국 사회의 성격을 규명하기 위한 논의는 1920년대 후반 중국 혁명의 급격한 전개를 배경으로 서로 다른 장소에서 다양한 맥락에서 진행되었다.

잠시 그 논의의 전개 상황을 살펴보자면, 가장 먼저 논의가 시작

그림 5-1. '화북농촌관행조사' 시절의 하타다 다카시
오른손에 담배를 들고 있는 하타다(왼쪽에서 두 번째)가 중국인들과 함께 서 있다. 하타다 다카시 문고 소장.

된 곳은 소련이었다. 중국 혁명에 대한 총괄 문제는 소련 및 코민테른의 지도권을 둘러싼 스탈린과 트로츠키 사이의 권력투쟁 속에 놓여 있었다. 따라서 그 논의 과정에서 등장한 '아시아적 생산양식론' 또한 혁명노선을 둘러싼 정치투쟁과 연결되었다. 마자르를 비롯해서 중국 사회를 '아시아적 생산양식'으로 설명하고자 한 이른바 '아시아파'는 중국 혁명에 대한 평가도 중국 사회의 이질성에 근거해서 이루어져야 한다는 입장이었다. 이는 중국 사회를 자본주의 사회로 규정하여 사회주의 혁명을 꾀하려 한 트로츠키파의 주장과는 분명 대립되는 것이었지만, 트로츠키의 정적들은 몇 가지 공통 요소를 추출하여 양자를 동일시했다. 이후 스탈린의 독재가 구축되어감에 따라, 1930년대 들어서는 그의 역사발전 5단계설, 즉 인류는 원시공동체, 고대노예제, 중세봉건제, 자본주의, 사회주의의 단계를 밟아 발전한다는 주장이 교조화되었으며, 그와 함께 아시아적 생산양식론 또한 소련 내에서는 발붙일 곳을 잃게 되었다.[58]

한편 비슷한 시기 일본에서는 '일본 자본주의 논쟁'이 전개되었다. 세계 대공황의 장기화로 인한 계급 대립의 격화와 국제적 모순의 고조 속에서 1932년부터 1933년에 걸쳐 이와나미쇼텐에서 간행된 『일본자본주의발달사강좌(日本資本主義發達史講座)』(전7권)가 논쟁의 계기가 되었다. 이 책을 쓴 필자들을 가리켜 흔히 '강좌파'라고 부르는데, 대체로 이들은 중국 혹은 일본 자본주의의 후진적이고 왜곡된 성격을 강조하면서 "프롤레타리아 혁명의 서곡으로서 부르주아민주주의 혁명"이라고 하는 '2단계 혁명론'을 주장했다. 이에 대항했던 것이 1927년 창간된 잡지 『노농(勞農)』의 이름을 따서 '노농파'라 불렸던 인물들이다. 이들은 당시 일본 사회가 이미 자본주의 단계에 진입해 있다고 간주했기 때문에, 타도 대상은 금융자본과 독점자본이며 "민주주의 혁명의 임무를 수반한 프롤레타리아 혁명"을 이루어야 한다고 했다.[59] 덧붙여 이러한 대립구도는 같은 시기 중국에서 진행된 '사회사 논쟁' 구도와도 유사했다. 즉, 강좌파와 노농파는 각각 '중국농촌파'와 '중국경제파'에 대응했다. 강좌파와 마찬가지로 중국농촌파는 '2단계 혁명론'을 주장했으며, 마오쩌둥(毛澤東, 1893~1976)의 신민주주의론의 이론적 근거도 그에 있었다.[60]

앞서 언급한 것처럼 소련에서 전개된 '아시아적 생산양식 논쟁'은 충분한 논의를 이어가지 못한 채 스탈린에 의해 권력적으로 수습되었다. 그러나 그 와중에도 이후의 논의에 커다란 영향을 미쳤던 것이 비트포겔의 '물의 이론', 곧 수력사회론이었다. '아시아파' 중 한 명인 비트포겔은 본래 독일 공산당원이었으나 1933년에 미국으로 건너가 반공으로 선회한 인물로서, 그의 대표 저작인 『동양적 전제주의(Oriental Despotism: A Comparative Study of Total Power)』(1957)는 '물의 이론=반공 이론'이라는 등식을 성립시키는 데 크게 기여했다. 그러나 그 이전의 주요 저작인 『중국의 경제와 사회(Wirtschaft und Gesellschaft China)』(1931)가 간행되었을 때만 해도, 그의 중국 사회론은 소련 이외의 지역에서 아주 높은 평가를 받았다. 그 내용은 농업을 중심으로 한 중국의 경제 시스템을 마르크스주의적 생산양식론에 따라 분석하고, 제국주의 열강에 종속되어 있는 중국의 전통적인 사회구성을 총체적으로 그려내고자 한 것이있다. 이때 비트포겔이 중국 농업의 핵심으로 본 것이 물의 문제였고, 그 문제의 해결을 담당한 것이 국가의 치수 및 수리사업이었으며, 그것의 발달과 함께 중앙집권적인 관료제도 함께 발달해왔다는 결론이다.[61]

　『중국의 경제와 사회』는 1934년에 강좌파의 중심인물인 히라노 요시타로의 감수로 『해체 과정에 있는 지나의 경제와 사회(解體過程における支那の經濟と社會)』라는 제목으로 번역 출판되었다. 그리고 1939년에는 히라노가 그의 동료이자 후배인 모리타니 가쓰미(森谷克己, 1904~1964)와 함께 번역한 『동양적 사회의 이론(東洋的社會の理論)』이 출간되었다. 그런데 비트포겔이 주목한 중국 사회의 특질은 후진성이란 개념과 치환되기 쉬웠다. 실제로 중국 사회의 후진성으로부터 동양적 사회가 성립했고, 그것은 유럽에서 봉건사회를 무너뜨리고 등장한 근대 시민사회와는 달리 자연적 제약 속에 내재적 발전을 이루기는 어렵다는 논의들이 제기되고 있었다. 이 논리에 따르

면 중국의 새로운 사회는 외래적 힘에 의존하지 않고서는 탄생할 수 없다는 결론에 다다르게 된다. 따라서 '아시아적 생산양식'이나 강좌파 이론에 입론한 이들 중에는 일본의 중국 침략, 대동아공영권 건설에 공명하는 자들도 적지 않았다.[62]

다시 하타다의 이야기로 돌아오자면, 하타다는 당시 "비트포겔의 '물의 이론'에 필적할 만한 '공동체 이론'"이자 전제주의와 공동체의 관계를 가장 깊이 있게 파고든 연구로 시미즈 모리미쓰(清水盛光, 1904~1999)의 『지나사회연구(支那社會の研究)』(1939)를 들었다.[63] 이 책의 목적은 "근대 지나 속에서 구시대적 유제를 찾으려는 것이 아니라, 구지나 사회 자체의 구조적 특질을 본래의 모습으로 파악하는 데 있"었다.[64] 이러한 연구 목적을 달성하기 위해 시미즈가 선택한 방법은 에밀 뒤르켐(Émile Durkheim, 1858~1917) 등의 이론을 원용한 연역적 접근이었으며, 그것은 다음과 같은 논법으로 구성되어 있었다.

① 서양에서는 환절사회(環節社會)의 해체와 함께 평등을 지향하는 시민적 변혁이 일어났다.
② 중국에서는 환절사회가 존속하고 있다.
③ 따라서 중국은 관료계급에 의한 전제주의가 지배하고 있다.

그런데 하타다에 따르면, 이 논증으로는 환절사회에서 시민사회가 성립할 수 없음은 설명 가능하지만, 환절사회를 전제주의가 지배하게 된 이유는 알 수 없었다. 더구나 이 논증이 성립하기 위해서는 중국의 구사회와 서양의 전근대사회는 동질적인 것이어야 했다. 환절사회의 특징을 공동체의 분산적·고립적 성격에서 구한 시미즈에게 그것의 가장 전형적인 형태는 원시공동체사회라고 할 수 있는데, 그렇다면 서양의 전근대사회 또한 원시공동체사회로 단순화될 수 있었다. 그뿐만 아니라 무계급의 원시사회에서는 애당초 그 내부에서 관료군에 의한 계급 전제가 나타날 수 없다는 새로운 차원의 문제가 제기된다. 다시 말해 분산적·고립적 촌락공동체야말로 전제주의의 기초를 이룬다는 것이 시미즈의 주장이었지만, 사실은 전제주의야말로 촌락공동체의 파괴자라는 모순에 봉착하게 되는 것이다.

이러한 시미즈의 공동체 이론은 한편으로는 넓은 의미의 지지자들과 다른 한편으로는 강력한 반대론자들을 낳았다. 그리고 양자의 논의는 관행조사의 결과를 둘러싸고도 부딪쳤는데, 이른바 '히라노·가이노 논쟁'으로 불리는 이 논쟁에 대해 당시 관행조사의 일원이었던 하타다는 이렇게 말했다.

당시 나와 나의 동료가 모은 실태조사 자료는 우리들 현지조사원들과 협력하면서 도쿄에서 중국농촌관행조사를 하고 있던 사람들에게 보내졌다. 그 연구 성과는 '동아연구소'의 보고서 등으로 발표되었다. 촌락에 대해서 말하자면, 주로 히라노 요시타로·가이노 미치타카 두 사람이 연구를 발표했다. 주목할 것은 두 사람이 같은 소재를 이용하면서도 전혀 상반된 견해를 냈다는 점이다. 히라노 씨가 중국 촌락의 공동체적 성격을 강조한 데 반해, 가이노 씨는 공동체적 성격의 결여를 주장했다. 같은 재료를 사용하더라도 같은 결론이 나오라는 법도 없고 다른 의견이 나오는 일이 드문 것도 아니지만, 그러나 이 정도로 완전히 상반된 견해가 제출되는 일은 흔치 않다. 촌락 연구의 시점, 자료 취급, 사실 인정, 그 평가 등 모든 것이 달랐다. 이 양자 간 차이의 배후에는 당시 일본 및 아시아의 움직임에 대한 평가의 차, 나아가 근본적으로는 세계의 역사발전 방향에 대한 인식 차이가 있었지만, 당시의 나에게는 거기까지 파고들어 생각할 만큼의 여유가 없어 놀란 눈으로 이 논쟁을 바라보고 있을 뿐이었다.[65]

전술한 바와 같이 관행조사 자료는 도쿄로 보내져 도쿄제국대학 법학부 교수인 스에히로의 지도하에 검토되었다. 그런데 이 인용문에서 말하고 있는 것처럼, 같은 자료를 두고 같은 도쿄제국대학 법학부 출신인 두 연구자에 의해 상반된 연구 결과가 도출되었다. 양자의 대립은 학계의 여타 논쟁과 달리 기본적인 관점에서부터 사실에 대한 평가에 이르기까지 거의 모든 면에서 근본적인 차이를 보이고 있었다. 당시 하타다는 자료 제공자로서 이러한 상황을 바라보고 있을 수밖에 없었지만, 전후에 그는 어떻게 그와 같은 논쟁이 성립 가능했는지를 해명하기 위한 작업에 나섰다.[66]

1966년 하타다는 「중국 촌락 연구의 방법(中國村落研究の方法)」을 발표했는데, 여기서 그는 히라노와 가이노 두 사람의 논리가 근거하고 있는 사실들의 정합성을 따지기보다는 논자들의 의도 및 역사를 바라보는 관점에 주목했다. 하타다의 정리에 따르면, 먼저 히라노의 궁극적인 목표는 서양의 근대문명을 극복하는 데 있었다. 이때 서양의 근대문명은 개인주의와 경제적 자유주의 등으로 규정되었는데, 그에 대항하는 존재로 내세워졌던 것이 바로 동양의 가족주의적·농본주의적 촌락공동체였으며, 중국에서 '자연적 생활협동태'이자 '자연취락'인 '회(會)'가 촌락공동체의 실체였다. 나아가 이러한 촌락공동체를 기초 단위로 하는 '대동아공영체'의 건설이 구상되었다. 다시 말해 히라노는 서양 문명에 맞서 아시아를 최종적인 승리로 이끌기 위한 방도로서 촌락공동체를 상정했던 것이며, 따라서 그의 논의에서 중국의 촌락공동체와 그 미덕이 강조될 수밖에 없었다.

이에 반해 가이노에게는 처음부터 반서양·반근대라는 문제의식이 없었다. 오히려 서양의 근대문명은 인류 역사의 주요한 발전 방향으로 간주되었고, 따라서 그를 부정하는 '대동아공영권' 구상은 언급조차 되지 않았다. 그에게 촌락공동체란 동양 사회의 기초라기보다는 서양의 근대적 질서를 낳은 모체였다. 서양에서 촌락질서는 그 성원의 자주적 참여에 따라 형성되었고, 촌장 또한 단순한 지배자가 아니라 촌락의 성원들에 의해 시지받는 대표자였다. 이를 기준으로 삼았을 때 개인의 이해관계에 따라 움직이고 힘에 의해 지배되는 중국의 촌락은 공동체라기보다는 개개인의 집합체에 지나지 않았다. 이처럼 중국의 역사는 서양의 그것에 대치되었지만, 일본의 역사는 서양과 동일한 계보 위에 있고 또 그래야 한다고 생각되었다. 그 점에서 가이노의 논리는 '탈아주의'로 자리매김할 수 있으며, 당시 시국에서 그것은 현실에 대한 저항의 무기였다.

요컨대 중국에서 '공동체'의 존재 여부에 대해 히라노는 긍정하고 가이노는 부정했다. 이는 각각 '대아시아주의'와 '탈아주의'를 배경으로 하는 것이었다. 이때 '공동체'는 그들의 '주의'를 실현하기 위한 매개체이자 그들의 꿈이 투영되는 공통의 장소였는데, 공통의 장소를 대상으로 서로 다른 꿈을 꾸었다는 점에서 그들 사이의 논쟁은 '동상이몽'이었다.

하타다는 이러한 양자의 입장에 대해 모두 한계점을 지적했다.

전자에 대해서는 촌락에 집단적 행동이 있으면 모두 공동체라고 할 정도로 공동체가 초역사적으로 규정되어 있음을 비판하고, 후자에 대해서는 공동체가 근대 형성의 전제로 설정된 상황에서 그것의 존재를 부정하는 것은 곧 중국의 발전 가능성을 지우는 것과 같다고 지적했다. 그리고 그가 내린 결론은 다음과 같다.

> 나는 전쟁 중의 중국 촌락 연구의 흔적을 히라노·가이노 논쟁을 중심으로 검토하고, 연구자의 시점이나 자세가 연구 내용에 미친 영향을 고찰했다. 거기에는 중국 연구·아시아 연구에서 우리들이 스스로 생각하지 않으면 안 되는 문제가 있다. 본래부터 연구의 진보는 자세를 바로잡는 것만으로 성취할 수 있는 것이 아니며, 연구 내용 자체로서의 문제가 있음은 말할 것도 없다. 그러나 양자가 깊이 연결되어 있음도 분명하다. 일본인의 중국 연구·아시아 연구는 일본인의 사상 형성의 일환이다. 그를 스스로 의식하는 것이 연구의 심화에 기여할 것이라고 생각한다.[67]

3) 허용되지 않은 '이몽'들

하타다는 '히라노·가이노 논쟁'이라는 극단적인 사례를 통해 연구 내용이 연구자의 시점이나 자세와 밀접한 관계가 있음을 드러내고자 했다. 이러한 역사서술의 주체 문제는 역사상의 주체 문제와 더불어 전후 시기 하타다가 해결하고자 했던 핵심적인 화두이다. 이에 대한 검토는 다음 장으로 미루고, 여기에서는 히라노와 가이노 이외에 중국 농촌 혹은 '공동체'에 투영된 또 다른 꿈들과 그 실현을 위한 시도들에 대해 부언하고자 한다.

먼저 언급할 인물은 다치바나 시라키(橘樸, 1881~1945)이다. 1881년에 오이타현(大分縣)에서 태어난 그는 20대이던 1906년에 중국으로 건너가 『랴오둥신보(遼東新報)』, 『징진일일신문(京津日日新聞)』, 『지난일보(濟南日報)』 등에서 기자로 활동했다. 그는 마르크스주의자라고는 할 수 없었지만, 중국의 노동운동을 관찰하고 또 사회학을 배우면서 점차 중국에 접근해갔다.[68] 그는 스스로를 '지나 학자'가 아니라 '지나 사회를 대상으로 하는 평론가'라고 칭했다. 왜냐하면 지나 학자(혹은 '지나통')의 단편적이고 체계 없는 '비과학적'인 접근 방식으로 인해 중국에 대한 몰상식과 오류, 편견이 만연하게 되었다고 보았기 때문이다.[69]

다치바나가 만철에 적을 두게 된 것은 1925년의 일이다.[70] 그는 이 시기 중국에서의 민족운동을 높게 평가했다. 중국의 중산계급 사이에서 민족정치에 대한 관심이 높아져 근세 초 유럽의 상인들과 마찬가지로 계급의식에 눈을 떴다는 것이 그의 설명이다. 따라서 계급투쟁이 민족운동의 기축을 이루고, 그로부터 도래할 중국 혁명은 또한 부르주아 혁명이 될 것이라고 전망했다. 이때 중산계급의 투쟁기관으로 자치조직인 '길드'를 상정했다. 상공업 '길드'를 기점으로 농업 분야에까지 확대되고, 그리고 부르주아만이 아니라 프티부르주아까지 포함한 전 중산계급의 투쟁을 통해 혁명이 일어날 것이며, 최종적으로는 사회주의를 실현한다는 것이 그의 시나리오였다. 그러나 그는 중국의 국민혁명의 전개에 절망했다. 난징의 국민정부는 자본가·지주의 대변자에 지나지 않았으며, 농민의 복리를 방치하는 기존의 자본주의 국가들과 다를 바가 없었기 때문이다.[71] 그리하여 그는 1934년에 『만주평론(滿洲評論)』에 다음과 같은 '방향 전환'을 선언하게 된다.

> 나는 자유주의자였다. 그와 동시에 나는 자유주의의 모태인 자본주의를 부정하는 지향에 강하게 지배되어 있었다. 따라서 당시의 나는 스스로가 믿고 있던 만큼 자유주의에 안주하고 있었던 것은 아니며, 오히려 자본주의 말기의 소시민으로 있으면서 회의준순(懷疑浚巡, 의심을 품고서 어떤 일을 단행하지 못함: 인용자)의 심경으로 잠시 자유주의에 도피하여 그곳에서 자신이 선택해야 할 새로운 노선을 탐구했던 것이다. (…) 나는 이 반성의 결과 자유주의와 자본가민주주의와 결별하고, 새롭게 근로자민주주의-만주 건국을 위해서는 특히 농민민주주의를 들어 이를 배양하고 고취해야 함에 가장 깊은 흥미를 느끼게 되었다.[72]

결국 그가 다다른 곳은 '왕도'였고, 그것이 실현될 장소는 만주국이었다. 자본주의가 벽에 부딪히게 된 원인이 민중과 괴리된 근대국가의 중앙집권주의에 있다고 파악한 그는 민중과 밀접한 지방분권에 의한 선정(善政)을 중국에 대한 처방전으로 내놓았다. 군인들과 기조를 달리하지만 어느 지점까지는 동행할 수 있다고 보았기에 '방향 전환'을 했던 그였지만, 그의 분권적 자치국가라는 꿈은 정작 만주국의 국가 제도화 과정에서 완전히 지워지고 말았다.[73]

그다음은 앞에서도 몇 차례 등장했던 '만철 마르크스주의'의 대표적 인물인 오가미 스에히로이다. 1903년 이시카와현(石川縣)에서 태어난 그는 1931년에 중국으로 건너가, 이듬해 교토제국대학 선배

이자 만철조사부원이던 아마노 모토노스케(天野元之助, 1901~1980)
의 소개로 만철의 촉탁이 되었다가 1933년에 정식 사원이 되었다.
다치바나를 만날 목적으로 중국행을 결정했다는 그의 말 그대로, 오
가미는 만철 입사와 동시에 다치바나가 주재하는 『만주평론』의 동
인으로 활동했다. 또한 만주사변 후 만철 내에 만들어진 경제조사
회에도 참여했는데, 『만주경제연보(滿洲經濟年報)』의 권두 논문 「만
주 경제의 사적 고찰(滿洲經濟の史的考察)」을 집필하면서 일약 만철조
사부의 총아가 되었다. 오가미의 만주 경제를 파악하는 방법은 후에
'반식민지적·반봉건적 사회구성'으로 규정되었으며, 이러한 오가미
를 중심으로 '경조파'·'연보파'·'만평파' 등으로 불린 하나의 그룹이
형성되어갔다.

한편, 경제조사회는 1936년에 산업부로 개편되고 1938년에는 조
사부로 명칭을 변경했다가 1939년 대조사부의 성립으로 이어졌다.
1933년에 경제조사회의 중심인물인 미야자키 마사요시가 도쿄로
자리를 옮기면서 오가미 그룹의 힘이 점차 강화됐으며, 대조사부가
출현한 1930년대 말까지 만철조사부 내에서 이론적 헤게모니를 쥐
었다. 이들은 만주의 노동자나 농민의 역량이 아직 부족하기 때문에
일본 기업의 진출을 통해 사회변혁을 이끌어낼 수 있다고 보았으며,
그를 위해서는 만주국 정부에 들어가 국책을 수행함으로써 보다 나
은 만주 사회의 건립이 가능하다고 믿었다.[74] 실제로 그들은 적극적
으로 국책에 참여했다. 대략 1939년부터 1941년 사이에 군의 요청
에 따라 대조사부에서 행한 대표적인 조사사업으로는 '일만지공업
입지조건조사(日滿支工業立地條件調查)', '일만지전시경제조사(日滿支戰
時經濟調查)', '남방작전영향조사(南方作戰影響調查)', '세계정세에 관한

조사(世界情勢に關する調査)', '일만지블록 · 인플레이션조사(日滿支ブロ
ック · インフレーション調査)', '지나항전력조사(支那抗戰力調査)' 등이 있
다. 조사부가 전력을 쏟아 만들어낸 이러한 '종합조사'는 일본제국주
의가 중국 본토, 소비에트, 태평양 방면으로 팽창하는 데 대응한 결
과이기도 했다.[75]

나아가 오가미는 '동아공동체론(東亞共同體論)'을 주장했다. 앞서
다치바나는 퇴니에스(Ferdinand Tönnies, 1855~1936)의 사회학에서
힌트를 얻어 동양 사회를 공동사회적 공동체로 파악하고 있었다. 그
것의 순수 형태를 천황 중심의 피라미드형 공동사회인 일본에서 구
했으며, 중국을 비롯한 동양의 공동체들은 일본을 중심으로 결합해
야 한다고 주장했다. 이때 각 민족은 민족의 자위 및 발전을 위한 방
편으로 근대국가를 확립해야 했다. 이에 반해 오가미는 '동아공동체'
를 '일만지(日滿支)' 3국, 곧 일본 · 만주 · 중국의 '생명적 유대'로 이해
했다. 이때 일본은 가장 전형적인 '국민공동체'로 간주됐으며, "아마
테라스 오카미(天照大神)를 똑같이 조국(肇國)의 천신(天神)으로 모시
는 일본과 만주"를 축으로 한 동아 제 국가들의 결합을 주장했다. 다
만 중국의 경우 아직 촌락공동체 단계에 머물고 있으므로 중국 농촌
을 전근대성으로부터 해방하기 위해서는 새로운 의미의 '자작농'을
창출해야 한다고 강조했다. 이 논리는 다치바나에게 배운 것이었지
만, 오가미는 다치바나의 농본주의적 경향에서 벗어나 나치의 국가
주의를 향해 갔다. 그러나 '동아협동체'가 아니라 '동아공동체'라고
이름 붙인 이 이론조차도 군부가 허용할 수 있는 범위 안에 있지
않았다. 결국 오가미는 '만철조사부 사건'으로 검거되어 옥사하고
만다.[76]

마지막으로 언급할 인물은 스즈키 쇼베(鈴木小兵衛)와 사토 다이시로(佐藤大四郎, 1909~1943)이다. 대조사부 출현과 함께 만철에는 많은 인력 충원이 이루어졌는데, '외래파'·'자료과파' 등으로 불린 이들 '중도채용자'는 그때까지 조사활동을 주도해온 오가미 그룹과는 여러 가지로 마찰을 빚었다. 『일본자본주의발달사강좌』의 중심 필자로 만철조사부 내에서는 오가미와 어깨를 나란히 한 이론파[77]였던 스즈키 쇼베는 대조사회 이전 시기부터 경제조사회 내에서 오가미와 논쟁을 벌여왔으며, 대조사회 시대에 이르러서는 반오가미파의 이론적 리더가 되었다. 스즈키를 중심으로 한 이 그룹은 오가미 그룹과 달리 노동자나 농민이야말로 사회변혁을 위한 기본세력이고, 또 이들에 대한 적극적인 활동이야말로 가장 중요한 과제라고 주장했다. 그리고 조사를 진행하는 방식에서도 오가미 그룹처럼 만주국의 국책에 깊이 관여하기보다는 일정한 거리를 유지하면서 현장에 중점을 둔 기초연구에 주력하자는 입장을 취했다. 그러나 스즈키 그룹의 반대에도 불구하고 '지나항전력조사' 등의 종합조사가 실시되자, 스즈키는 1940년 7월에 사표를 제출하고 협화회(協和會)로 자리를 옮겼다.[78]

한편, 사토 다이시로는 원래 오가미 그룹에 속한 인물이었는데, 1937년에 『만주평론』 편집장 자리를 내려놓고는 북만주 지역의 빈장성(濱江省: 만주국 때 헤이룽장성과 지린성 일부 지역에 설치된 행정기구) 쑤이화현(綏化縣)에 들어가 농촌협동조합운동을 벌였다. 당시 중국의 동북 지방은 지주, 상인, 고리대의 3자가 '삼위일체'가 되어 지역사회를 지배하고 있었다. '삼위일체'의 상징적 존재는 대두 취급 곡물상으로서 금융업자를 겸하여 춘경자금대출을 통해 일반 농민들을 지배하고 있던 '양잔(糧棧)'이었다. 만주국 정부는 농촌 말단까지 지배하고자 일종의 협동조합인 농사합작사의 조직화에 착수했다. 농사합작사는 한편으로는 정부의 통제기구로서 농민들을 조직하여 전시 증산을 꾀하는 동시에 다른 한편으로는 양잔 지배하의 농민들을 구제하는 역할이 기대되었기 때문에, 오가미나 사토 같은 '만철 마르크스주의자'를 비롯해 관동군, 혁신관료 등이 서로 다른 의도를 품고 농사합작사의 입안 과정부터 참여했다. 그러나 농촌협동조합 운동은 곧 과격시되어, 만주국 산업부는 농사합작사를 금융합작사로 통합하려는 움직임을 보였다. 이에 크게 반발한 사토는 결국 1939년 10월 신징(新京, 만주국의 수도, 현재의 창춘長春)의 흥농중앙회 자료부로 좌천되어 운동 현장에서 배제되었다. 그런데 얼마 지나지 않아 헌병대는 협화회나 합작사 내에서 국책에 편승한 공산주의운동이 적발되었다는 이유로 대대적인 검거에 나섰다. 이른바 '합작사 사건'으로 불리는 이 일로 인해 협화회에 있던 스즈키 쇼베를 비롯한 많은 사람이 검거되었다. 사토 다이시로 또한 검거 후 도형 12년의 유죄 판결을 받은 후 옥사했다.[79]

이처럼 대조사부의 조사활동은 일본 제국주의의 패망을 앞두고서 유효성을 의심받았다. 결국 군부는 자신의 꿈 이외의 모든 '이몽(異夢)'들을 제거해갔다. '합작사 사건'을 시작으로 '나카니시(中西) 사건', '오자키(尾崎) 사건', 그리고 최종적으로는 '만철조사부 사건'으로 인해 대조사부는 사실상 해체되고 말았다.[80]

6장

제국의 붕괴와 '현지조사'의 유산: 하타다 다카시의 '전후 조선사학'을 중심으로

1. '전후' 공간과 지식의 재구성: '민족'의 재발견

한반도에서 전쟁이 한창이던 1951년, 하타다 다카시는 『조선사(朝鮮史)』라는 한국사 통사 개설서를 세상에 내놓았다. 그는 일제 패망 직전인 1944년에 '화북농촌관행조사' 중지에 따라 스기노하라 슌이치 등과 함께 만철을 떠나 북지개발회사(北支開發會社) 조사국으로 자리를 옮겼다가, 패망 후인 1946년에는 중화민국 정부에 유용(留用)되어 국제문제연구소 연구원으로 복무했다. 1948년에 일본으로 돌아와서는 1950년에 도쿄도립대학 인문학부 교수가 되었다.[1] 이처럼 패전 후에도 3년이 지나고서야 일본에 돌아온 그에게 한국전쟁이란 한반도에 얽힌 오랜 과거를 떠올리게 하는 계기가 되었으며, 바로 그러한 일깨움의 결과로 『조선사』가 탄생했다. 바꾸어 말하면 『조선사』는 하타다가 식민지 조선과 재회하는 하나의 방식이었다.

그런데 그러한 재회 과정에서 하타다는 일본열도와 한반도 사이에 깊은 골을 설정하고자 했다. 왜냐하면 "조선사는 외국의 역사"라는 테제를 통해서야 종래의 식민지 지배를 정당화하던 논리들, 예컨대 '일선동조론(日鮮同祖論)' 같은 허구적 논리의 해체가 가능했기 때문이다.[2] 그러나 조선사를 단순한 외국사가 아니라 "관계가 깊은 외국사"라 하고,[3] 나아가 "지금 고난의 철화(鐵火)에 휩싸인 조선인의 고뇌를 자신의 고뇌로 삼는 것이 조선사 연구의 기점"이라고 했을 때,[4] 그가 파놓은 골은 결국 극복해야 할 대상이 되었다.

그렇다면 그는 어떤 방법을 통해 그 깊은 골을 메우고자 했을까? 그리고 그 골을 메우고자 하면 할수록 깊어지는 그의 내적인 골, 다시 말해 자신 또한 전전의 학문체계에 한 명의 생산자로서 가담하기도 했다는 사실을 어떻게 극복하려 했을까? 다음에서는 이 같은 질문들을 실마리로 하타다 다카시의 '전후 조선사학'을 재조명해보고자 한다.

하타다 다카시의 전후 조선사학은 전전의 조선사학을 비판한 『조선사』 간행과 함께 시작되었다. 이와나미쇼텐의 의뢰로 시작된 『조선사』 집필은 열 평이 채 안 되는 도쿄도립대학 역사연구실의 한 구석에서 이루어졌다.[5] 이에 대해 하타다는 "매우 대담하게 가설을 섞어 일찍부터 생각하고 있던 바를 썼다"고 언급했을 뿐이지만,[6] 스에마쓰 야스카즈(末松保和, 1904~1992)는 "극히 평범한 장절 속에서 비범한 기술(記述)을 전개하고 있다"고 평했으며,[7] 천관우는 "이 역작은 국사학의 귀중한 수확의 하나"인 동시에 "국내 국사학계의 일대 경종이 아닐 수 없다"고 말했다.[8] 이 책은 이후 재일조선인을 비롯한 많은 학생들을 하타다의 수업으로 끌어들였다. 그중 한 사람인 이진희는 『조선사』 서문을 읽으면서 전율마저 느꼈다고 회고했다.[9] 이뿐만 아니라 1969년에는 『조선사』의 영문판이 간행되었는데, 1961년부터 1966년까지 주일 미국대사를 역임한 에드윈 라이샤워(Edwin O. Reischauer, 1910~1990)는 『동양문화사(East Asia)』를 집필할 때 한국사 부분을 『조선사』에 많이 의존했음을 고백하기도 했다.[10]

『조선사』는 전후 최초의 한국사 통사였다. 총 8개 장으로 구성되었으며, 그중 전근대 5개 장은 원시시대, 삼국시대, 통일신라, 고려, 조선 등 대체로 왕조를 장 구분의 기준으로 삼은 데 반해, 근현대 3개 장은 개항, 한국병합, 해방과 같이 변곡점적 사건들이 기준이 되었다. 시대가 내려올수록 상세하게 서술하는 방식을 취했던 까닭에, 문헌 해제와 연표 등을 제외한 본문 총 252쪽 중 근현대가 거의 절반에 가까운 분량을 차지한다. 본문의 내용을 보면 전전의 연구 성과에 의존하여 서술된 부분도 적지 않았던 만큼, 기자조선을 한반도 최초의 국가로 본다거나, 임나가 일본의 지배하에 있었다고 하거나, 심지어는 외국의 지배가 한국사의 구조를 규정하는 최대 동력이었다고 하는 지점들에서는 이른바 '식민사관'의 영향도 확인할 수 있다.[11] 그럼에도 불구하고 『조선사』가 이후 조선사학에 막대한 영향을 끼칠 수 있었던 것은 무엇보다도 전후 조선사학의 새로운 방향성을 제시한 서문 때문이었다. 다소 긴 내용이지만 핵심 내용을 간추리면 다음과 같다.

① 일본 동양사학의 개척자들은 제1보를 조선사 연구로 내딛었다.

또한 초기의 일본 고대사 연구자·법제사가·언어학자 등도 자기 연구 분야의 중요한 일부로서 조선사에 주목했다. 『사학잡지』의 이른 시기 부분을 꺼내보면, 나카 미치요, 쓰보이 구메조(坪井九馬三), 요시다 도고(吉田東伍), 시라토리 구라키치, 미야자키 미치사부로(宮崎道三郎), 나카타 가오루(中田薰), 가나자와 쇼자부로(金澤庄三郎) 등의 제씨가 조선 고대사에 대해 활발하게 연구를 발표하고 격렬한 논전을 전개하고 있다. 일본의 대륙정책이 제1보를 조선으로 향함에 따라, 일본 학계의 관심도 조선에 크게 쏟아졌던 것이다.

(…)

② 국가적 배경을 갖는 조선사 연구가 진행되는 속에서 무엇보다 주의해야 할 것은 조선인의 손에 의한 조선사 연구가 거의 성장하지 못했다는 점이다. 일본의 통치정책은 조선인 조선사가를 낳는 방향을 취하지 않았다. 조선이라는 말이 조선인에게 매우 불쾌한 느낌을 주었던 때에는 조선사를 연구하는 의욕도 생기지 않았을 것이다. 동시에 이것은 젊은 일본인에 대해서도 조선사 연구에 대한 열의를 상실시켰다.

③ 또한 조선사 연구를 저해한 원인은 현실정치의 면에만 있던 것이 아니라 학문의 내용 그 자체에도 있었다. 일본인의 조선사 연구의 주력이 고대사에 집중되고 근대사에는 부족했던 데다가, 고대사 연구는 문헌 비판, 연대기, 지명 고증을 특색으로 하는 것이었다. 이는 오래된 도그마를 타파하는 무기로 일찍이는 크게 진보적인 역할도 했지만, 새로운 고뇌의 시대에는 너무나도 비인간적인 학문이었다. 어떤 사회에 어떤 인간이 살았고 무엇을 기뻐하며 무엇을 고민하고 있었는지를 무시하고, 오로지 하나의 사건이 일어난 위치와 연대를 정

확하게 기술하기만 했다. 이는 역사학의 중요한 하나의 전제이기는 해도 그것만으로는 다양한 인간의 역사를 다 담아낼 수는 없다. 인간이 없는 역사학이 만들어진 것이다. 이것이 조선사에 대한 젊은 세대의 관심을 경감시켰다. 그리고 일본의 패퇴로 조선에 대한 지배가 종결되자 조선사 연구자는 국가의 지원을 얻을 수 없게 되었다. 그 때문에 그때까지의 조선 연구는 단번에 침체해버렸다.

④ 이제 조선사 연구는 새로운 재출발의 시기를 맞이하고 있다. 종래의 성과를 받아들이는 동시에, 그를 극복하여 새로운 조선사를 개척하지 않으면 안 된다. 무엇보다도 조선 사람들이 걸어온 조선인의 역사를 연구해야 한다. 지금 고난의 철화에 휩싸여 있는 조선인의 고뇌를 자기의 고뇌로 삼는 것이 조선사 연구의 기점이라고 생각한다. 그에 의해서만 조선사 연구가 세계사 연구에 연결되고, 동시에 현대를 살아가는 인간에 연결될 수 있다. 이와 같은 반성 위에 서서 나는 조선사를 썼다. 그 목적이 충분히 달성되었는지는 모르겠지만, 한 걸음이라도 조선사의 진보에 기여했기를 바라는 바이다.[12] (문단 나누기, 문단 앞 숫자 표시는 인용자)

서문은 이와 같이 크게 네 부분으로 구성되어 있다. 먼저 ①에서는 일본 동양학의 시초에 조선사 연구가 위치해 있음을 폭로하고 또 그것이 제국 일본의 대외팽창과 맞물려 성장해갔음을 지적했다. ②와 ③에서는 그럼에도 불구하고 조선사 연구가 점차 쇠퇴하게 된 원인을 밝히고 있는데, 첫 번째 이유는 ①에서 지적한 학문과 권력 사이의 유착관계에서 구했다. 권력을 배경으로 한 학문은 국가기관 밖에서 연구자를 키우는 일에, 특히 조선인 연구자의 육성에 실패했으며, 조선인에게 환영받지 못한 조선사는 결국 어느 누구의 연구 의욕도 불러일으키지 못했다는 것이다. 두 번째 이유는 학문 내적인 문제였다. 조선사 연구는 고대사를 중심으로 문헌 속의 시간 및 장소 고증에만 치중했던 까닭에 인간 부재의 학문으로 성장했고, 그것이 곧 조선사에 대한 젊은 연구자들의 흥미를 잃게 만들었다고 주장했다. 결론적으로 ④에서는 전후 조선사학은 인간 중심의, 그리고 조선인 중심의 연구가 되어야 한다고 역설했다. 이때 '조선인'이란 수많은 외난을 통해 외적에 대한 적개심을 강하게 키워, 근대 이후 더욱 노골화된 외적의 침입 속에서도 그에 굴하지 않는 전통을 다양한 형태로 발현한 '민족'적 존재로서 상정되었다.[13]

이처럼 하타다의『조선사』서문은 전전 조선사학과의 단절을 표명하는 하나의 선언문이었다. 그렇지만 이것은 동시에 전전의 다른 지적 자원을 계승한 결과이기도 했으며, 그 매개자로서 역할했던 것이 바로 역사학연구회(歷史學硏究會)였다.

역사학연구회는 1932년에 '역사의 대중화'와 '역사의 과학적 연구'를 목표로 창립되었다. 이듬해 '다키가와 사건(瀧川事件)'[14]을 계기로 학생들과 정부 간 대립이 격화되는 가운데 젊은 역사 연구자들은 역사학연구회의 재확립에서 활로를 찾았고, 그를 위한 토대로 연구회 기관지인『역사학연구(歷史學硏究)』를 창간했다. 이후 기존 역사학에 회의를 품은 이들이 연구회로 모여들었고,[15] 하타다 또한 연구회에서 기탄없는 논의를 펼쳤다.[16] 1948년에 뒤늦게 귀국했던 그는 오랜 기간 일본 학계와 떨어져 있었던 만큼 신문·잡지에서 학술논문에 이르기까지 닥치는 대로 탐독했다.[17] 특히 그는『역사학연구』에서 다루어진 논의를 살피기 위해 직접 연구회를 방문해 기간행본을 모두 확보하는 열의까지 보였다.[18] 더구나 1959년에 하타다 주도로 창립된 조선사연구회(朝鮮史研究會)도 당초에는 역사학연구회의 동양사부회로 구상되었음을 고려할 때,[19] 하타다의 전후 조선사학은 기본적으로 역사학연구회의 비판적 역사의식 속에서 배양되었다고 말할 수 있다.

그런데 하타다의 『조선사』가 간행되던 바로 그해, 공교롭게도 역사학연구회가 주최한 학술대회의 주제 또한 '민족'문제였다. '역사에서의 민족문제(歷史における民族の問題)'라는 전체 주제 아래 고·중세 부문에서는 도마 세이타(藤間生大, 1913~2018)와 후루시마 가즈오(古島和雄, 1921~2004)가 각각 「고대의 민족문제(古代における民族の問題)」와 「중세의 민족문제(中世における民族の問題)」를, 근대 부문에서는 스즈키 마사시(鈴木正四, 1914~2001), 도야마 시게키(遠山茂樹, 1914~2011), 노자와 유타카(野澤豊, 1922~2010)가 「근대사에서의 민족문제(近代史における民族の問題)」, 「일본의 내셔널리즘(日本のナショナリズム)」, 「중국의 민족해방운동(中國の民族解放運動)」을 차례로 발표했다.[20]

1992년에 역사학연구회 창립 60주년을 기념하는 좌담회 석상에서 나가하라 게지(永原慶二, 1922~2004)는 1951년의 대회를 이렇게 회고했다. "그 대회는 전후 국민적인 과제를 본격적으로 받아들인 것이라고 말할 수 있습니다. 그 이전에는 이른바 세계사의 기본법칙이라고 하는 '각 사회구성에서의 기본모순', '국가권력'(과 같은 대회 주제들: 인용자)이 있었지만, 이는 말하자면 일국 완결적인 역사인식으로서, 말 그대로 기본법칙이라고 표현했던 것처럼, 현실이 제기하는 문제를 정면에서부터 대응한다는 느낌은 약했습니다. 조금 기초적인 일을 했던 것이지요. (이에 반해: 인용자) 민족문제는 정면에서 대응하려는 자세가 매우 강했"다는 것이다.[21]

그러나 여전히 생생했던 국가주의의 기억으로 인해 '민족'이나 '애국' 같은 말을 꺼내기 어려웠던 당시 상황을 고려할 때, '민족'문제의 공론화를 단순히 국민적 과제를 받아들인 연구의 심화로만 설명할 수는 없을 것이다. 나카노 도시오(中野敏男)가 지적한 것처럼, 패전 직후 내셔널리즘의 쇠퇴가 민족주의의 소멸을 보증하지는 않았다. 민족주의는 공론의 무대 뒤로 잠시 물러나 있었을 뿐이며, 이러한 민족주의의 잠재화 경향 속에서 전전의 가해책임과 직접 대면하는 일도 함께 회피되고 말았다. 그러던 중 냉전을 배경으로 한 점령정책의 '역코스(Reverse Course)'로 인해 1951년 무렵부터 굴욕과 피해의식으로 충만한 '민족'문제가 각성되기에 이르렀고, 결과적으로 전전의 가해책임은 방기된 채 '민족'만이 복귀할 수 있었던 것이다.[22]

이소마에 준이치(磯前順一)는 일본의 '전후 역사학'을 대표하는 역사학자인 이시모다 쇼(石母田正, 1912~1986)를 통해 이 시기 '민족'문제에 한 걸음 더 들어갔다. 그에 따르면, 1950년대 초 이시모다의 저작들에서 민족이란 기본적으로 시대에 따라 변하면서도 일관된 연속성을 지닌 전통적 존재로 정의되었으며, 제국주의와의 대치 속에서는 간단하게 한 덩어리의 균질체로 설정되기도 했다. 그렇다고 해서 이시모다의 민족관이 전전의 황국사관처럼 침략성을 띠는 것은 아니었다. 이시모다는 어디까지나 '민족'을 단위로 한 개별적인 역사위에 국내 민주주의와 국제평화를 구상하고자 했다는 것이다. 다만 1953년 이후로는 자신의 민족관을 반성하면서 민족 내부에 계급문제를 끌어들이고자 했으나, 그럼에도 여전히 '다민족제국주의=惡 /

단일민족국가＝善'이라는 도식 위에 일본 민족의 균일성은 무비판적으로 긍정되었으며, 그로 인해 일제가 야기했던 타민족과의 갈등 또한 사고 저편으로 밀려나게 되었다고 설명했다.[23]

그렇다면 한국사 서술에서 '조선 민족' 본위를 주장했던 하타다는 이 시기 '민족'의 발견을 어떻게 받아들이고 있었을까? 하타다는 1951년 학술대회 발표자 중 한 사람인 도마 세이타의 논문 「동아에서의 정치적 사회의 성립(東亞における政治的社會の成立)」(『역사학연구』 150호, 1951년 3월)에 대한 서평을 그해 9월에 간행된 『역사학연구』 153호에 게재했다. 이 글의 제목이 「고대의 민족문제(古代における民族の問題)」인 점에서도 알 수 있듯이 서평의 중심은 '민족'에 있었다.

히티디의 정리에 따르면, 도미의 논문은 중국의 영향 이레 동방의 제 민족이 성장했다는 기존 견해를 '민족'의 관점에서 재검토한 것으로, 결론적으로는 강력한 지배권력을 동반한 중국 문명의 유입이 오히려 동방 제 사회의 성장을 방해했을 뿐이라고 주장했다. 하타다는 이 논문의 연구사적 의의를 인정하면서도 다음의 몇 가지 점들에 대해서는 이의를 제기했다.

먼저 지적한 것은 '민족'을 말하면서도 그것이 출현하게 된 사회적 조건에 대해서는 전혀 언급하지 않았다는 점이다. 하타다는 "'민족'이 탄생하기 위해서는 일정의 사회적 조건이 필요하다"고 말했다.[24] 여기에서 '일정의 사회적 조건'이란 고대 통일국가의 형성, 다시 말해 노예제의 성립 및 발전을 가리킨다. '사회적 조건' 앞에 '일정의'라는 수식어가 붙은 것은 '사회적 조건'에 여러 단계가 상정되어 있었기 때문일 것이다. 하타다는 '사회적 조건'이 새로운 단계로 진입하게 되면 '민족' 또한 그 제약 속에서 새로운 성격을 부여받게 된다고 보았고, 따라서 고대 '민족'과 현대 '민족' 사이의 거리를 반복해서 강조했다. 그리고 연구자가 이러한 차이에 민감하지 못할 경우 "고대의 '민족운동'은 고대의 것이 아니라 마치 현재의 것과 같이 되어, 고대사의 진보에 도움이 되기는커녕 현재를 고대에 환원시킬 위험마저 있다"고 경고했다.[25]

하타다는 이 같은 지적에 앞서 일찍이 민족의 기원과 특수성, 민족의 발전과 흥망 등을 중심 과제로 삼았던 전전의 고대사 연구가 어떤 결과를 초래했는가를 상기했다. 이는 전전의 전철을 밟지 않기 위해 과거 실체의 규명 가능성과 연구의 현재적 의의를 되물었던 것이며, 만약에 그중 어느 하나라도 연구자가 답할 수 없다고 한다면 '민족'을 제기하는 것 자체가 잘못되었거나 '민족'을 취급하는 방법에 문제가 있는 것이라고 단언했다.[26] 그러므로 하타다의 다음과 같은 비판은 도마 한 사람이 아니라 전후 일본 역사학계를 대상으로 한 것으로 봐도 좋다.

고대의 '민족'은 현재의 민족문제가 중요하기 때문에 고대의 민족문제를 생각한다는 편의주의로부터가 아니라(이는 기존 민족주의의 상투적 수단이었다), 고대사의 구체적인 인식 속에서 발생하는 것이 아니면 안 된다. 이에 의해서만 현재의 민족문제의 의미도 명백해질 것이라고 생각한다. 이 점에 대해 도마 씨는 납득할 만한 설명을 하지 않는다. 그 때문에 '민족'의 내용이 애매해지고 또 '민족'을 생각하는 것이 고대사의 전진에 얼마나 기여했는지도 불분명하며, 단지 현재의 민족적 감정만이 넘쳐나는 인상을 준다. 도마 씨의 논문 중에는 경복할 만한 점이 적지 않음에도 불구하고, 왜 그 문제를 '민족'적 각도에서 말해야 하는지, '민족' 따위 말하지 않고도 끝날 일이 아닌지 등의 의문이 해소되지 않는다. 열정·감개가 앞서 달린 것이 이런 결과를 초래했을 것이다.[27]

또 다른 비판은 '민족' 내부를 향했다. 도마는 외침에 대항한 신라를 '전 민족'의 강고한 결합체로 보았으나, 하타다는 신라의 골품제를 들어 도마의 논의가 사실에 반하는 것이라고 비판했다. 하타다에 따르면, 신라의 '민족' 내부는 귀족과 민중으로 나뉘어 있었다. 귀족층 내에서는 오래된 족적(族的) 공동관계(共同關係)가 남아 있었지만, 대다수의 민중은 귀족층에서만 전유되는 그러한 관계 밖에서 노예 같은 상태에 처해 있었다. 때문에 도마의 주장처럼 삼국통일을 위한 신라 전 민족의 노력이라든가, 그를 위한 김유신의 헌신 등은 있을 수 없다고 지적했다. 하타다는 이와 같은 오류의 원인을 다시금 '민족' 출현의 사회적 조건이 간과된 점에서 구했다. 즉 "고대에 '민족'이 있다고 한다면, 그것은 어디까지나 고대의 것이고, 노예제 위에 성립하는 것이다. 이를 무시한 '민족'은 현실에 존재하지 않는다"는 것이다.[28]

요컨대 하타다에게 '민족'이란 일정의 사회적 조건 위에 출현하여, 외압에 저항하는 과정에서 사회적 발전을 이루어가는 존재였다고 말할 수 있다. 이때 저항은 같은 민족이라고 해도 지배층이 아닌 민중의 몫이었으며, 따라서 저항의 전통은 민중에 의해서만 계승될 수 있었다. 하타다의 '민족'은 민족 내 계급 대립을 인정하고 있다는 점에서 이시모다의 1953년 이후의 '민족' 개념을 선취한 것으로도 보인다. 그러나 하타다는 전전의 경험에 비추어 전후 공간에서의 '민족'의 복귀 또한 경계함에 따라 '전후 역사학'과의 긴장관계를 놓치지 않을 수 있었다.

그럼에도 불구하고 이소마에가 이시모다에게 행했던 비판, 즉 "이시모다의 논의는 근대를 넘어 역사를 관통하는 연속성을 암묵적으로 전제한 것으로, 민족이라는 주체 그 자체를 역사의 흐름 속에서 대상화하지는 못했다"[29]는 말은 하타다에게도 그대로 적용될 수 있다. 비록 하타다의 '민족'이 사회적 조건에 제약을 받고 계급 대립을 내포하는 단위라고 할지라도, '민족' 자체는 그 성격을 바꾸어가면서도 역사 속에 면면히 이어지는 초역사적인 존재로 간주되었기 때문이다. 그 점에서 하타다의 논의가 갖는 한계점 또한 분명하다.

그러나 동시에 하타다의 '민족'은 이시모다의 그것과 달리 자신과 동일시될 수 있는 '일본 민족'이 아니라 타자로서의 '조선 민족'이었다는 점도 간과해서는 안 될 것이다. '조선 민족'을 주체로 한 하타다의 전후 조선사학은 '민족' 자체는 아니더라도 적어도 '일본 민족'에 대한 상대화와 그에 기초한 양자 간의 관계 설정이 가능했다. 후술하는 바와 같이 그가 자신의 반성 목록에 올려놓은 것 또한 '민족'의 초역사성 문제가 아니라 '조선 민족'이라는 타자와의 대면 가능성이었다는 사실은 그가 '민족'을 통해 실천하고자 했던 것이 무엇이었는가를 방증해준다. 다만 그의 반성은 그와 같은 가능성을 확대하는 방향이 아니라 오히려 축소하는 방향으로 이끌었다. 그렇다면 그는 과연 무엇을, 왜, 그리고 어떻게 반성했던 것일까?

2. '전전'의 유산, 그 계승과 단절의 문제: 비판에서 반성까지

『조선사』 간행으로부터 대략 20년이 경과한 1969년에 하타다는 『일본인의 조선관(日本人の朝鮮觀)』을 내놓게 된다.[30] 1960년대에 들어 그는 한일회담에 반대하는 활동에도 적극 참여했다. 그 과정에서 과거 식민지 지배에 대한 책임의식이 일본인에게는 결여되어 있음을 통감하고, 그러한 무책임의 기저를 이루는 일본인의 조선관을 연구하기 시작했다.[31] 이 책에 수록된 글들은 대체로 그와 관련된 논문과 평론들이다. 이 시기 하타다는 이미 전후 조선사학의 개척자라는 부동의 지위에 올라 있었다.

그러나 뜻밖에도 책 출간을 앞두고서 일본조선연구소(日本朝鮮硏究所) 주최의 '일본에서의 조선 연구의 축적을 어떻게 계승할 것인가(日本における朝鮮硏究の蓄積をいかに繼承するか)'라고 하는 연속 심포지엄을 마무리하는 자리에서 했던 발언이 문제시되었고, 그로 인해 하타다는 자신의 지난 활동을 모두 반성 목록 위에 올려놓지 않으면 안 되었다. 전전의 조선사학 비판으로부터 시작된 하타다의 전후 조선사학은 이때의 통렬한 자기반성의 지점에서 일단락되었다고 생각된다. 대체 심포지엄에서는 무엇이 논의되었고, 하타다는 어떤 발언을 했던 것일까? 우선은 심포지엄을 주최한 일본조선연구소의 설립부터 이야기를 시작해보자.

5·16군사쿠데타 이후 박정희 국가재건최고회의 의장이 이케다 하야토(池田勇人, 1899~1965) 수상과의 회담을 위해 하네다(羽田)공항에 내렸던 1961년 11월 11일, 니혼바시(日本橋)의 세이요켄(精養軒)

에서는 일본조선연구소의 설립 총회가 열렸다. 이 자리에서 후루야 사다오(古屋貞雄, 1889~1976)가 이사장, 시카타 히로시(四方博, 1900~1973), 스즈키 가즈오(鈴木一雄, 1922~2002), 하타다 다카시가 부이사장, 데라오 고로(寺尾五郞, 1921~1999)가 전무이사로 선출되었다. 그러나 실제 역할 분담은 데라오와 후루야가 전체적인 책임을 졌고, 연구의 중심에 있던 것은 하타다 시게오(畑田重夫, 1923~현재), 요시오카 요시노리(吉岡吉典, 1928~2009), 후지시마 우다이(藤島宇內, 1924~1997), 안도 히코타로 등의 멤버였다. 또한 미야타 세쓰코(宮田節子, 1935~현재), 가지무라 히데키(梶村秀樹, 1935~1989), 오자와 유사쿠(小澤有作, 1932~2001) 등이 젊은 활동가로서 활약하고, 또 운동에서는 데라오와 하타다가 핵심적인 역할을 했다.[32]

1955년에 이미 '일조우호(日朝友好)'를 내세운 일조협회(日朝協會)가 존재했고, 그를 중심으로 한일회담 반대운동이 대중적으로 확대되고 있었음에도 불구하고, '연구소'라는 형태의 별도 조직이 만들어진 배경에는 기본적으로 일본인과 재일조선인총연합회(在日本朝鮮人總連合會, 이하 '총련總連')의 관계 구축 방식에 대한 비판의식이 있었다. 이와 관련하여 데라오는 다음과 같이 설명했다. 즉, 1945년부터 1949년 사이의 재일본조선인연맹(在日本朝鮮人連盟, 이하 '조련朝連')과 1955년 이후의 총련은 서로 조직 원리를 달리했다. 전자가 일본 인민과 함께 일본의 국가권력을 상대로 싸움으로써 일본 내 혁명운동의 일익을 담당할 수 있는 조직체였다고 한다면, 후자는 외국인으로서 독자성을 주장했던 까닭에 혁명운동에서도 국외자 또는 중립의 입장에 서 있었다. 게다가 일본인들은 식민지 지배자로서의 근성이 남아 있어 '일조우호운동'에 조선인들의 호소가 없으면 움직이려 하지 않았다. 이와 같은 상황에서 '조선문제'를 조선인을 위해서가 아니라 일본인의 문제로 나서야 한다는 것이 일본조선연구소의 기본 자세였으며, 일본조선연구소의 명칭에 '일본'이라는 두 글자를 가장 앞에 붙인 것도 운동 주체로서의 '일본', '일본인'을 강조하기 위함이었다는 것이다.[33]

일본조선연구소의 설립 이후 시기 일본 내 조선에 대한 관심은 더욱 높아져가고 있었다. 전후 일본 역사학의 대표적 인물인 도야마 시게키는 1963년 5월에 열린 역사학연구회 대회에서 "조선에 대한 일본인의 사고방식은 일본인의 의식의 당부를 시험하는 리트머스 시험지"라고 발언했고,[34] 같은 해 9월에 열린 좌담회 '조선 연구의 현상과 과제(朝鮮研究の現狀と課題)'에서 후쿠시마 마사오(福島正夫, 1906~1989)는 "현재의 국제정세에서 전쟁과 평화의 문제에 대해 조선은 하나의 초점이 되어 있다"는 말로 사회의 변을 시작했다.[35] 특히 1965년의 한일기본조약 체결과 그를 반대하는 투쟁은 조선에 대한 일본인의 관심을 크게 끌어올렸다.[36] 그리고 이러한 관심에 부응하듯이 같은 해에 간행된 『아시아ㆍ아프리카 강좌Ⅲ 일본과 조선(アジア・アフリカ講座Ⅲ 日本と朝鮮)』의 서문에서는 아시아ㆍ아프리카 문제가 사회 전 분야에서 커다란 비중을 차지하게 되었다고 말하면서도, "(일본제국주의의 식민지: 인용자) 지배는 조선에서 보다 길었고 보다 전면적이었으며 보다 완벽했"기 때문에, "우리 일본인에게 아시아ㆍ아프리카 문제 일반이 갖는 의미 내용과 아시아의 일각에 위치한 조선의 문제가 갖는 의미 내용은 전혀 다른 것"이어야 한다고 강조했다.[37]

이와 같은 배경에서 1966년 일본조선연구소에서는 일반 대중을 대상으로 한국 근대사 개설서인 『조선 근대사의 길잡이(朝鮮近代史の手引)』를 간행했다. 가지무라 히데키, 미야타 세쓰코, 와타나베 마나부(渡部學, 1913~1991)가 공저자로 이름을 올린 이 책에서는 전년의 『아시아·아프리카 강좌Ⅲ 일본과 조선』에서 하타다 다카시가 한일기본조약 체결을 계기로 일본제국주의가 부활하는 것을 우려했던 것과 마찬가지로,[38] "다시금 남조선으로 진출하고자 하는 일본 정부 및 독점자본은 과거의 제국주의 지배를 흡사 조선인에 대한 은혜인 것처럼 왜곡·미화함으로써 다시 한번 일본 국민을 불명예스러운 침략에 동원하고 일본의 역사에 먹칠을 하"려 한다고 비판했다.[39] 실제로 1961년에 부임한 주일 미국대사 라이샤워는 일본 근대화의 긍정론을 의식적으로 유포하고 있었고, 「대동아전쟁긍정론(大東亞戰爭肯定論)」이라는 제목의 논고가 1963년부터 1965년까지 종합잡지인 『중앙공론』에 아무렇지도 않게 연재되는 분위기였다.[40] 이 책의 저자들은 일본인들이 조선 근대사를 알지 못하는 것이 아니라 아예 배울 기회도 없다고 봤으며, "일본인에게 매우 불명예스런 역사를 직시하는 것은 고통스런 일이지만, 두 번 다시 속지 않기 위해, 더 나아가 적극적인 자세를 확립하기 위해 그것(조선 근대사를 보다 깊이 공부하는 것: 인용자)이 필요하다"고 강조했다.[41] 그리고 그 공부를 위해 필요한 지식의 제공을 이 책의 목적으로 삼았다. 따라서 저자들은 한국 근대사의 시기별 개설은 물론 관련 연구단체 소개에서부터 사료에 대한 해설까지 당시 수준에서 제공할 수 있는 다양한 정보를 책에 담아냈다.[42]

그런데 일본조선연구소의 활동 중 사학사적 관점에서 가장 주목되는 것은 다름 아닌 '일본에서의 조선 연구의 축적을 어떻게 계승할 것인가'라는 제목으로 1962년부터 1964년까지 총 10회에 걸쳐 진행한 연속 심포지엄일 것이다. 제1회 '메이지기의 역사를 중심으로'를 시작으로, 제2회부터 제9회까지는 '조선인의 일본관', '일본 문학에 나타난 조선관', '경성제대에서의 사회경제사 연구', '조선총독부의 조사사업에 대해', '조선사편수회의 사업을 중심으로', '일본의 조선어 연구에 대해', '아시아사회경제사 연구에 대해', '메이지 이후의 조선 교육 연구에 대해' 등의 주제로 각 주제와 직간접적으로 관련이 있는 인사를 '주 보고자(主報告者)'로 초청해서 토론을 진행했다. 그리고 마지막 제10회는 그때까지의 심포지엄을 총정리하기 위해 '총괄 토론'의 형식을 취했으며, 이상의 모든 심포지엄의 내용은 일본조선연구소의 기관지인 『조선연구월보(朝鮮硏究月報)』(30호부터 '조선연구朝鮮硏究'로 이름을 바꿈)에 수록되었다(〈표 6-1〉 참고).

심포지엄 전체 주제가 '일본에서의 조선 연구의 축적을 어떻게 계승할 것인가'인 만큼, 총괄 토론에서도 '축적'이 주요 논제가 되었다. 토론 중에는 제6회 심포지엄인 '조선사편수회의 사업을 중심으로'에 대해 "축적되지 말아야 할 것이 축적되어 있다"는 소감이 소개되기도 했는데, 전체적으로 봤을 때 논의는 주로 "축적되어 마땅하나 축적되지 않은 것들"에 초점을 맞추었던 것으로 보인다. 다시 말해 '축적'된 것의 '계승'을 논하기에 앞서, 당위성을 갖는 '축적'의 '부재'가 문제시되었던 것이며, 따라서 참석자들의 발언에서는 무엇이 축적되어 있는가보다는 무엇을 축적해야 하는가의 시급함, 그에 대한 초조함이 느껴졌다. 그것은 '전후 조선사학'의 위치와도 관련되어 있었는데, "조선에 관한 개별 연구가 일본 학계나 학문 속에 흡수되어가지 못하고, 또 그를 풍부하게 만들지도 못하고 있다. 특히 근대

표 6-1. 심포지엄 '일본에서의 조선 연구의 축적을 어떻게 계승할 것인가'의 회별 상세 내용

회차	주제	주 보고자	참가자	게재 연월·호
제1회	메이지기의 역사를 중심으로	하타다 다카시 (旗田巍)	우에하라 센로쿠 (上原專祿), 우부카타 나오키치(幼方直吉), 미야타 세쓰코 (宮田節子), 안도 히코타로(安藤彦太郎)	1962년 6월 5·6 합병호
제2회	조선인의 일본관	김달수 (金達壽)	안도 히코타로, 우부카타 나오키치, 도야마 마사오(遠山方雄), 미야타 세쓰코	1962년 8월 7·8 합병호
제3회	일본 문학에 나타난 조선관	나카노 시게하루 (中野重治)	박춘일(朴春日), 안도 히코타로, 우부카타 나오키치, 오자와 유사쿠 (小澤有作), 구스하라 도시하루(楠原利治), 고토 다다시(後藤直), 시카타 히로시(四方博), 하타다 다카시, 후지시마 우다이(藤島宇內), 미야타 세쓰코	1962년 11월 창립 1주년 기념호
제4회	경성제대에서의 사회경제사 연구	시카타 히로시	안도 히코타로, 우에하라 센로쿠, 우부카타 나오치키, 하타다 다카시, 미야타 세쓰코	1962년 12월 12호
제5회	조선총독부의 조사사업에 대해	젠쇼 에이스케 (善生永助)	안도 히코타로, 오자와 유사쿠, 하타다 다카시, 미야타 세쓰코	1963년 1월 13호
제6회	조선사편수회의 사업을 중심으로	스에마쓰 야스카즈 (末松保和)	우부카타 나오키치, 하타다 다카시, 다케다 유키오, 미야타 세쓰코	1963년 10월 22호
제7회	일본의 조선어 연구에 대해	고노 로쿠로 (河野六郎)	하타다 다카시, 미야타 세쓰코	1963년 10월 22호

회차	주제	주 보고자	참가자	게재 연월·호
제8회	아시아 사회경제사 연구에 대해	모리타니 가쓰미 (森谷克己)	하타다 다카시, 와타나베 마나부(渡部學), 미야하라 도이치 (宮原兎一), 무라야마 마사오(村山正雄), 미야타 세쓰코	1963년 11월 창립 2주년 기념호
제9회	메이지 이후의 조선 교육 연구에 대해	와타나베 마나부	오자와 유사쿠, 아베 히로시(阿部洋), 하타다 다카시, 우부카타 나오키치, 니지마 아쓰요시(新島淳良), 박상득(朴尙得), 미야타 세쓰코	1964년 5월 29호
제10회	총괄 토론		미야타 세쓰코, 하타다 다카시, 우부키타 나오키치, 와타나베 마나부, 오자와 유사쿠	1964년 6월 30호

의 경우, 그것을 강하게 느낍니다. 이를 어떻게 생각하고, 어떻게 해결해가면 좋을 것인가"[43]라고 하는 문제의식이 참석자들 사이에 공유되고 있었다.

한편, 심포지엄 중 눈에 띄는 대목은 역사학적 연구와 사회학적 연구를 둘러싼 하타다 다카시와 와타나베 마나부 사이의 의견 대립 부분이다. 와타나베는 역사학적 연구의 방법론을 귀납법, 사회학적 연구의 방법론을 연역법으로 구별 지은 데 반해, 하타다는 양자가 동일해야 한다면서 사실상 모든 학문은 역사학이라고 선언하기에 이른다. 다만 이때의 역사학이란 귀납법은 물론 연역법도 자신의 방법론으로 삼고 있는 까닭에, 와타나베가 말하는 역사학과는 차이가 있다. 하타다는 수많은 사료를 모두 읽는다는 것은 애당초 불가능하기 때문에 역사학 또한 일종의 가설이나 방법을 전제하지 않을 수 없다면서, "극단적으로 말하면 역사학에 방법이 없으면 학문이 아니"라고 역설했다. 와타나베도 기본적으로는 역사학과 사회학 양자가 동일해야 한다는 것에는 동의했지만, 그럼에도 양자가 지닌 고유의 특성 자체를 무화하지는 않았다. 그가 지향한 것은, 참석자 중 한 명인 오자와 유사쿠의 말을 빌리자면, 어디까지나 "역사적 관점과 사회학적 관점, 그 종합으로서의 사회과학"이었다.[44]

하타다의 '역사학'이나 와타나베의 '사회학' 모두 각각의 범주를 어떻게 설정할 것인가에 대한 이견은 있지만 방법론을 중시하고 있다는 점에서는 차이가 없었다. 흥미로운 것은 하타다의 방법론 중시는 만철에서의 경험에서 비롯되었다는 점이다. 하타다는 이렇게 말했다. "거기(만철: 인용자)에서는 법률이나 경제를 하는 사람도 많이 있었습니다만, 그들은 역시 무엇이 듣고 싶은가 하는 문제의식을 갖고 있지 않으면 할 수 없다고 말해요. 그래서 문제를 스스로 만들라고 하게 됩니다. 역사학은 스스로는 문제를 만들지 않아요. 종이에 쓰여 있지 않으면 만들 수 없어요. 그러나 머릿속에서도 만들지 않는다고 하면 거짓말이죠."[45] 하타다에게 전전의 연구, 특히 '동양사'(그중에서도 '만선사')는 비판과 단절의 대상이었지만, 만철에서 습득한 사회학적 방법론은 애당초 '계승' 여부를 따질 대상 목록에 올라 있지 않았다. 그것은 앞으로도 지향해나가야 할 기본적인 방향이었다.

이러한 방법론의 문제는 결국 조사 대상에 대한 연구자의 자세와 연결되었다. 하타다의 말처럼 "사료를 찾는 것도 이쪽이 목적을 가지고 하지 않으면 우연히는 나오지 않"기 때문이다.[46] 그런데 전전의 연구에 의해 왜곡된 조선관은 오랜 시간 동안 축적되어 전후에도 그 무게가 줄어들지 않았다. 앞서 언급한 바와 같이 "축적되지 말아야 할 것이 축적되어 있"는 상황에서, 당면 과제는 곧 무엇을 어떻게 '계승'할 것인가의 문제가 아니라, 이미 '축적'된 것으로부터 어떻게 탈각할 수 있을까의 문제였으며, 따라서 그것은 '무엇을' 축적해야 하는가의 문제로 연결되었던 것이다.

총괄 토론을 마친 후 열 차례의 심포지엄에 유일하게 모두 참석했던 미야타 세쓰코는 심포지엄 전체에 대해 이렇게 정리했다.

전후의 연구는 그 자세의 상이(相異)는 있지만 전전의 연구를 부정하고 비판하는 것으로부터 첫발을 내딛었다. 그러나 그러한 비판들은 전전의 연구를 학설사적으로 정리하여 체계적으로 비판하는 수준까지는 이르지 못했으며, 오히려 각자의 연구 테마에 관한 것에만 한정되어 있었다. 따라서 자신이 관심 있는 분야의 연구에 대해서는 격렬하게 비판하면서도, 다른 분야에 대해서는 전전의 연구에 안이하게 의거하는 모순이 하나의 논문 내에서조차 발견되는 일도 있었다. 게다가 전전의 조선 연구에 의해 만들어진 조선의 이미지는 그 부분적인 비판에도 불구하고 여전히 강고하게 일본인의 조선관을 지배했다. 그리고 '일한회담'과 함께 만들어진 '일한친선' 무드 속에서 그 오래된 조선의 이미지는 남조선에 대한 이미지와 중첩되어, 변함없이 '뒤처져 있는 비참한 조선'에 대해 '진보한' 일본이 원조해야만 한다는 동정론이 되어 광범위하게 '선의'의 일본인을 사로잡고 있다. 전전 연구의 철저한 검토야말로 새로운 연구의 출발점이 될 뿐만 아니라, 일본인의 대조선관 변혁의 불가결한 전제이기도 하다.

이와 같은 정세 속에서 우리 연구소가 '일본에서의 조선 연구의 축적을 어떻게 계승할 것인가'라고 하는 테마로 10회에 걸쳐 심포지엄을 진행한 것의 의의는 매우 크다고 말하지 않을 수 없다. 물론 이 심포지엄을 일본에서의 조선 연구의 전면적·체계적인 검토라고 말하기에는 매우 불충분하더라도, 적어도 그 방향으로 커다란 첫발을 내딛었다고는 말할 수 있을 것이다.

(…)

전회에 걸쳐서 가장 기본적인 문제로서 반복적으로 제기된 것은 일본인의 대조선관, 혹은 조선에 대한 자세의 문제였다. 이것은, 전전의 조선 연구를 재검토한다는 것은 단순히 학설사로서 정리하면 끝날 문제가 아니라 현재의 그 사람의 사상을 물어야 하는 문제임을 보여주고 있다. 기성의 연구자가 그 작업을 행하는 일은 비통한 자기비판을 그 안에 포함해야 하는 것이고(이를 명확하게 자각한 위에 주 보고를 수락하고 자신의 학설에 대한 비판을 경청해주신 모리타니 가쓰미 선생님의 태도에는 배울 것이 많았다), 젊은 연구자 또한 유제라고 하기에는 너무나 생생하게 내 안에 계승되어 있는 지배자 의식과 직접 대결해야 하는 자기변혁의 과제를 내포한 것이었다.

(…)

이 심포지엄에서 조선 연구가 과거·현재에 안고 있는 문제점은 모두 나온 것 같다. 이들 과제와 어떻게 마주하여 구체적인 성과를 낼 것인가가 연구자들의 앞으로의 과제일 것이다. 조선 연구도 언제까지나 '자세론'의 단계에 멈춰 있을 수는 없다는 목소리가 들린다. 분명 그러한 자세에 선 노작이 세상에서 평가되어야 할 시기가 다가오고 있다. 그 점에서 우에하라 센로쿠 씨가 방법론적으로 일본사 연구자도 주목하지 않을 수 없는 연구 성과를 내지 않으면 안 된다고 한 지적은 조선 연구자에게 뼈아픈 지적이었으며, 나아가 시카타 히로시 씨는 일본에서의 조선에 대한 무지를 타파하기 위해서는 경제사·정치사·문화사상사 등의 다양한 개설서가 집필되어야 한다고 제창했다. 이 지적들은 앞으로 연구소의 활동에서도 충분하게 고려되어야만 할 것이다.[47]

즉, '전후 조선사학'은 분명 전전의 연구에 대한 비판에서부터 출발했지만, 그 비판 자체가 철저하지 못했으며, 또 그러한 비판에도 불구하고 일본인의 조선관에는 전전 연구의 영향이 크게 남아 있다는 말이다. 따라서 "전전 연구의 철저한 검토야말로 새로운 연구의 출발점이 될 뿐만 아니라, 일본인의 대조선관 변혁의 불가결한 전제이기도 하다"는 테제가 다시금 제시되었으며, 연속 심포지엄 '일본에서의 조선 연구의 축적을 어떻게 계승할 것인가'의 의의 또한 그를 위한 첫발이라는 점에서 구해졌다.

또한 미야타는 전체 심포지엄에서 제기된 문제의 핵심으로 일본인의 조선관, 조선에 대한 자세를 꼽았다. 그리고 이로부터 "전전의 조선 연구를 재검토한다는 것은 단순히 학설사로서 정리하면 끝날 문제가 아니라 현재의 그 사람의 사상을 물어야 하는 문제"라는 새로운 과제를 추출해냈는데, 이것은 결국 연구자들의 자기비판과 자기변혁을 요구하는 사안이었다. 다만 미야타는 언제까지나 논의가 일본인의 '자세론'에 멈춰 있을 수는 없다고 지적했다. '전후 조선사학'이 주목받을 수 있는 새로운 방법론의 제시, 그리고 그 연구 성과를 쉽게 공유할 수 있는 개설서의 간행 등이 구체적인 활동 방향으로 제시되었으며, 앞서 언급한 『조선 근대사의 길잡이』는 바로 그러한 성과들 중 하나라고 말할 수 있다.

심포지엄은 이후에도 이어졌다. 미야타의 설명에 따르면, 민속, 음악, 무용, 연극 등의 분야까지 확대하여 심포지엄을 진행할 예정이었지만 해당 전문가들의 사정으로 인해 그 실현을 보지 못하고 있었는데, 독자들로부터 고고학과 미술사 분야에 대한 심포지엄 개최 요청이 많아 다시 개최하기에 이르렀다는 것이다.[48] 추가로 실시된 심포지엄 '조선의 미술사 연구'(고야마 후지오小山富士夫, 1965. 10.)와 '조선의 고고학연구'(미카미 쓰기오三上次男, 1968. 3.) 또한 그 내용을 『조선연구』에 수록했으며, 나아가 1969년에는 기존의 심포지엄 내용을 모두 모아 『심포지엄 일본과 조선(シンポジウム 日本と朝鮮)』이라는 책으로 간행했다. 여기에는 제10회 때 이루어진 총괄 토론을 대신하여 결산과 전망을 위해 새롭게 마련한 심포지엄 내용도 실렸다.[49]

결산과 전망을 위한 심포지엄에는 하타다 다카시, 안도 히코타로, 와타나베 마나부, 우부카타 나오키치(幼方直吉, 1905~1991), 가지무라 히데키, 미야타 세쓰코 등이 참석했다. 논의 주제는 결산의 자리인 만큼 일본인의 조선관부터 시작하여 조선관과 중국관 사이의 차이, 조선 연구의 의의, 전후의 조선관, 현대의 조선 연구 방법, 조선사 연구의 과제 등 다양한 현안이 논의되었다. 그런데 이 논의에서 가장 주목되는 것은 가지무라 히데키의 발언이다.

그의 발언을 살펴보기에 앞서 잠시 『조선 근대사의 길잡이』의 내용을 언급하자면, 이 책에서는 지금까지의 논의에서는 볼 수 없거나 명확하지 않았던 새로운 방법론이 거론되고 있었다. 즉, 당시 일본 역사학계에서는 전후 국가독점자본주의의 지배 현상에 대응하기 위해 조선사 연구에도 영향을 미치고 있던 '강좌파' 이론에 대한 변혁의 요구가 제기되고 있었는데, 이때의 논점은 아시아 각국의 일국사에서 세계자본주의와의 구조적 연관을 어떻게 설명할 것인가에 있다면서, 이 문제를 해결하는 데 적극적으로 나선 예로서 북한 학계를 소개했다. 해방 후 북한에서는 조선사의 내재적 발전을 합법칙적으로 파악하는 일을 중심 과제로 삼았으며, 이때 조선사는 특수성보다는 보편적 요소가 중시되었다고 파악했다. 이는 말하자면 "왜곡되어 불완전하지만 부르주아적인 것"이라고 했을 때 '부르주아적'에 중점을 두는 방식으로, '불완전한' 특수성에 착목해온 종래의 일본 학계의 통설과는 차이가 발생할 수밖에 없다는 것이다.[50]

가지무라는 심포지엄 석상에서 북한의 '일국사적 내재적 발전의 관점'을 전적으로 지지한다고 밝혔다.[51] 조선사학계 밖에서는 조선사를 세계사 속에 자리매김해야 한다는 비판도 제기되고 있었지만 그는 그러한 비판을 받아들이지 않았다.[52] 조선사학계와 그 비판을 제기하는 일본 역사학계 사이에는 엄연히 학문 발전의 단계적 차이가 존재한다는 이유에서였는데, 즉 일본 역사학계의 일국사적 관점에 대한 비판은 이미 메이지유신론을 내재적 문제로서, 또 사회구성체론을 가지고 검토할 만큼 검토했기 때문에 세계사적 규정성이라는 요소의 결락도 새롭게 발견될 수 있었다는 말이다. 그런데 이러한 논의는 결국 내재적 발전과 세계사적 시점이라는 추상적 도식화를 통해 양자택일을 요구하게 되었고, 나아가 내재적 요소의 추구를 시대에 뒤떨어진 것으로 보는 부당한 단순화가 그에 개입했다는 것이 가지무라의 분석이었다. 가지무라 또한 일국사의 발전이 세계사적 상황을 사상하는 것이 아님을 강조했다. 그러나 그와 동시에 "조선의 경우 내측 사회구성의 변동으로부터 접근하는 시점이 이전에는 없었기 때문에 우선 그로부터 시작할 수밖에 없다"는 입장이었다.[53] 더구나 식민지 지배에 대한 책임 문제가 아직도 정리되지 않은 상황에서 그것은 반드시 지나가야 할 통과 지점이었다.[54]

그러나 가지무라의 발언은 다른 참석자들의 호응을 얻지 못한 것으로 보인다. 우부카타는 자본주의맹아론의 전제가 되는 발전단계설이란 결국 서유럽의 경제사일 뿐이라고 지적했고, 안도 또한 발전의 법칙성이란 자본주의 이후 사회주의가 온다는 공식이 아니라 세계 자본주의의 공세 속에서 가장 큰 피해를 입은 이들에게 자본주의를 넘어설 권리가 부여되는 것이어야 한다고 말했다. 결국 두 사람은 보편적 원리에 특수성을 끼워 맞추는 것이 아니라 특수성 속에서 보편적 원리가 형성되고 있음을 발견해야 하며, 민중의 저항운동이 서양과 다른 새로운 기준을 찾아내고 또 그로부터 세계사도 고쳐 쓰게 될 것이라고 전망했다.[55] 이를 볼 때, 1960년대 특히 1960년대 후반에 들어 일본의 조선사학계에서는 내재적 발전론이 새로운 방법론으로 부각되고 있었으나, 이미 1960년대 말에 이르면 일국/세계, 보편/특수, 경제/문화 중 어느 한쪽만을 강조하는 대립적인 논의구도를 넘어, 똑같은 내재적 발전론이라고 해도 그 내용의 심화를 꾀하는 움직임이 나타나고 있었음을 알 수 있다.

그런데 이 마지막 심포지엄 중에 하타다의 차별 발언이 있었고, 그것이 『조선연구』80호(1968년 10월 간행)에 그대로 실렸다. 그리고 이를 계기로 하타다의 자기반성이 다시 시작되었다. 여기서 하타다의 차별 발언이란 일본 내 조선사 연구의 고립 상황을 설명하면서 그 상황을 차별어인 '특수부락(特殊部落)'에 비유한 것을 말한다. 심포지엄에서는 물론 잡지의 간행 과정에서도 하타다의 발언을 문제 삼은 사람은 아무도 없었다. 그러나 잡지가 간행된 후 독자들로부터 항의와 비판이 이어졌고, 이후 『조선연구』 측의 미온적인 대처까지 더해져 사태는 걷잡을 수 없게 악화되었다.[56]

결국 하타다는 『조선연구』 87호(1969년 7월 간행)에 「차별 발언 문제와 나의 반성(差別發言問題と私の反省)」이라는 글을 실었다.[57] 이 글에서 그는 차별어 사용에 대한 반성부터 시작해야 했다. 일본 내에 미해방부락(未解放部落)이 부당한 차별을 받고 있다는 사실은 알고 있었지만, 그에 대한 인식 부족으로 차별어를 사용했으며 심지어는 그러한 차별어를 차별어로 인지하지도 못했다는 해명이다. 또한 자기 나름대로는 지금까지 조선 및 조선인에 대한 일본인의 편견을 비판해왔다고 생각했지만, 이제 그에 대해서도 커다란 불안을 느끼게 되었다고 말했다. 다시 말해 "동포에 대한 차별의식도 씻어내지 못하고 있으면서 대체 조선·조선인에 대한 편견을 비판하는 것이 가능하기나 한 것인가"라는 문제의식이었다.

계속해서 반성은 공감의 문제로 이어졌다. 그는 차별과 싸우는 당사자들만큼의 의식은 바랄 수도 없거니와, 그들의 고통을 이해하는 것도 어려운 일이라고 말했다. 이러한 단정을 통해 이제 그에게 가능한 일이란 차별받는 이들을 이해하기 위해 '노력'하는 정도밖에 남지 않게 되었다. 여기에서 그는 또다시 조선인의 일을 떠올렸다. 마찬가지로 "조선인의 고통은 일본인인 나에게는 쉽게 알 수 없는 일"이라면서, "이해가 된 듯한 기분이 드는 것도 엄히 경계하지 않으면 안 된"다고 다짐해야만 했다.

하타다의 이러한 반성은 결국 『조선사』 서문에서 그가 제기했던 두 가지 가능성에 대해 회의를 불러일으킨다. 첫 번째는 국경 밖 타자에 대한 인식 가능성이다. 전술한 바와 같이 전후 일본은 식민지 지배에 대한 망각 위에 성립해 있었다. 그러므로 "조선 사람들이 걸어온 조선인의 역사를 연구해야 한다"는 하타다의 문제 제기는 일본 사회의 망각에 대한 저항적 의미를 내포하고 있었다. 그러나 일본 동포에 대한 이해 없이는 조선인도 이해할 수 없다는 하타다의 반성은 결국 '일본 민족'이라는 자기귀속의 확인이자 그것으로의 회귀였다고 말할 수 있다.

두 번째는 타자와의 공감 가능성이다. 누차 이야기한 바와 같이 하타다는 "조선인의 고뇌를 자기의 고뇌로 삼는 것이 조선사 연구의 기점"이라고 강조했다. 그러나 반성을 통해 자신의 비당사자성을 재확인하면서 그러한 공감 가능성은 원칙적으로 부정되고 말았다. 이것은 처음부터 공감 불가를 외치며 침략국 인민으로서의 일본인의 위치와 그에 대한 자각을 강조했던 야마베 겐타로(山邊健太郎, 1905~1977)의 비판을 떠올리게 하는 대목이다.[58]

결국 하타다는 자신의 불찰의 근본 원인을 "젊었을 때부터 아카데미즘 속에서 자라 조선사를 배웠"다는 과거 경력에서 구하려 했던 것으로 보인다. 항의 방문한 이들에게서 하타다가 직접 들은 이야기들 중에는 "연구나 조사를 하는 자는 들은 것을 자신의 업적으로 삼을 줄만 알고 고통스런 인간을 해방하기 위해 힘을 쓰지는 않는"다는 비판도 포함되어 있었다. 그런데 현실과 벽을 쌓은 아카데미즘 비판이야말로『조선사』이후 계속되어온 하타다의 주요 연구 테마 중하나였다. 그렇다면 그것은 극복하고자 했으나 끝내 실현되지 못한 과제였다고 평가해야만 하는 것일까?

3. 학문으로서의 '전후 조선사학': 순수학문의 극복을 위하여

하타다가 『조선사』 서문을 통해 전전 학문과의 단절을 선언한 것은 과거만이 아니라 현재를 향한 문제 제기이기도 했다. 『조선사』와 마찬가지로 1951년에 간행된 『조선학보(朝鮮學報)』 창간호에는 경성제국대학에서 교편을 잡았던 시카타 히로시의 「구래의 조선 사회의 역사적 성격에 대해(舊來の朝鮮社會の歷史的性格について)」라는 논문이 수록되었다. 이 글에서는 "이 시대(조선시대: 필자)의 사회사상을 대관한 관찰자 대부분의 결론은 '정체성(停滯性)' 한마디로 끝난다"면서 종래의 '정체성론'을 확대 재생산하고 있었다.[59]

또한 시카다와 마찬가지로 경성제국대학 교수였던 후지타 료사쿠(藤田亮策, 1892~1960)는 1953년에 간행한 『조선의 역사(朝鮮の歷史)』에서 "1910년의 일한병합에 따라 근대 문화에 조금 앞서 있던 일본이 잠들어 있는 반도에 그 은혜를 나누어주었"다고 하고, 또 데라우치 총독에 대해서도 "무단적인 면이 있기는 했지만 단호히 추진한 몇몇의 일은 지금까지도 여전히 그 은혜를 입고 있는 바가 많"다고 평가했다.[60] 이뿐만 아니라 1950년 10월, 전후 최초로 결성된 한국학 관련 학회로서 『조선학보』의 간행 주체이기도 했던 조선학회의 분위기는 마치 경성제국대학 동창회 같은 느낌마저 주었다고 한다.[61] 스에히로 아키라는 전후 일본의 아시아 연구의 특징으로서 인적·제도적 측면의 연속성이 지적 자원의 계승을 담보하지는 못한 점을 들었는데,[62] 적어도 패전 직후 일본의 조선사학계는 전전의 지적 자원을 그대로 계승하고 있었으며, 그 점에서 전후 공간에서 하나의 섬을

이루는 동시에 전후 사회의 이면을 폭로하는 존재이기도 했다.

이와 같은 배경에서 하타다는 1964년에 발표한 「'만선사'의 허상(「滿鮮史」の虛像)」을 통해 『조선사』 서문에서 제기했던 문제를 체계적으로 검토하는 단계로 나아가게 된다. 그는 먼저 '만선사'라는 용어가 마치 자명한 말인 듯 일찍부터 널리 사용되어온 사실에 주목했다. 그리고 그 현상을 해명하기 위해 메이지 말기까지 거슬러 올라가 만선사의 기원을 파헤쳤으며, 결국에는 학문(=만선사)과 권력(=만한 경영) 사이의 유착관계를 밝혀낸 후 다음과 같이 비판했다.

> 만선사라는 것은 만한 경영에 대응하여 역사가가 만들어낸 것으로,
> 그 기초에는 조선인·조선 민족의 발전이나 해방운동에 대한 무관심
> 혹은 경시가 있다. 대륙정책이라는 현실에는 민감하게 반응하고 그
> 정치세력과는 손을 잡으면서도, 자기의 연구 대상 그 자체의 움직임
> 에는 눈을 돌려버리는 역사가의 자세가 바로 만선사를 낳은 것이라
> 고 말해도 좋다.[63]

그런데 이 글에서는 일찍이 『조선사』 서문에서는 볼 수 없었던 새로운 문제도 함께 제기되었다. 그것은 학문의 순수성에 대한 물음이다.

> 종래의 조선사 연구의 결함은 단순히 연구자가 그릇된 정치 목적에
> 맹종·영합하여 임기응변적 조선사상을 만들어냈다고 하는 것에만
> 있지 않다. 그러한 비학문적인 일들도 상당히 있었다. 이는 당연히
> 부정되어야만 한다. 그러나 이런 것은 눈에 띄기 쉽기 때문에 비판하

기도 어렵지 않다. 문제는 순수하게 학문 연구를 지향했다고 생각하고 있던 사람들의 연구 내면에까지 침투해 있던 뒤틀림이다. 이는 개개의 문제에 관한 학설의 차이를 뛰어넘어, 종래 일본인의 조선에 대한 자세의 뒤틀림이 야기한 연구자 공통의 뒤틀림이다. 이는 연구자 자신에게 의식되어 있지 않은 만큼 뿌리가 깊어 뽑아내기 어려운 것이다. 조선사 연구를 올바른 궤도에 올려놓기 위해서는 이를 연구자가 스스로 극복하지 않으면 안 된다.[64]

즉, 권력과 거리를 두고 순수하게 학문만을 탐구해왔다는 사람들에게서도 조선을 대하는 자세에서는 뒤틀림을 발견할 수 있다는 것이다. 하타다는 만선사를 그런 대표적인 시례로 들었던 것인데, 그것은 무엇보다도 만선사라는 용어가 동양사 및 조선사 연구자들 사이에서 어떤 의심도 없이 널리 통용된 사실에 의해 증명되는 바라고 하였다.

하타다가 학문의 순수성 문제에 주목하게 된 것은 그 자신도 참여했던 '화북농촌관행조사'의 성과를 전후에 『중국농촌관행조사(中國農村慣行調査)』(이하 '관행조사')라는 형태로 출간하는 과정에서였다. 『관행조사』의 간행은 화북농촌관행조사의 한 축이었던 동아연구소 제6조사위원회 학술부위원회 위원장 야마다 사부로(山田三良, 1869~1965)가 간행회 고문을 맡고, 학술부위원회의 지도자 격이던 스에히로 이즈타로가 회장을 맡아 추진되었다. 그 과정에서 문부성으로부터 연구 성과 간행비 보조금을 받고, 또 만철조사부 출신의 이토 다케오가 소장으로 있던 정치경제연구소로부터도 출판보조금을 받아 1952년부터 1958년까지 총 6권으로 간행되었다. 간행회의 대표자에는 니이다 노보루가 이름을 올렸으며, 하타다 다카시는 후쿠시마 마사오, 우부카타 나오키치 등과 함께 간사로서 참여했다.[65]

『관행조사』의 해제는 전술한 '히라노·가이노 논쟁'의 히라노 요시타로가 작성했는데, 이 글에서 그는 화북농촌관행조사가 시작된 배경에 대해 다음과 같이 서술했다.

일본에서 구래의 '지나학'은 경서를 훈고할 뿐, 이 경서가 독서인, 사신(士紳)을 통해 얼마나 인민의 생활에 스며들어갔는지, 혹은 오히려 그것이 향신(鄕紳)의 농민 통치의 도구가 되어 있는지, 도교의 생활 규범이 묘신(廟神)을 통해 어떻게 농민이 준봉(遵奉)하는 도리가 되었는지 등 유·도·불교의 의식 형태의 실태를 명백히 하는 일이 없었다. 따라서 연구자는 이 실태를 밝힐 수 있는 관행조사를 바랐다. 또 일본에서 구래의 '동양사'는 주마등과 같이 변동하는 왕조의 변천 속에서 생산관계가 서서히 진화해가는, 특히 청말민초(淸末民初)부터 부르주아민주주의 혁명을 필연화해오고, 오랜 봉건적·반봉건적 토지 소유제를 전복하기에 이르고 있는, 발전 과정상에 있는 농촌의 생생한 진상을 파악하는 일 없이, 단지 '정체지나(停滯支那)'라든가 왕도낙토(王道樂土)·안거낙업(安居樂業)의 이데올로기나 왕조의 교체를 천착하는 데 그쳐, 농촌에서 노동하는 인간이 봉건지주·고리대·상인의 삼위일체제로 고통스러워하면서도 이를 아래에서부터 돌파하고자 발버둥치는 실태를 분명히 밝히지 못했다. 때문에 이를 밝히는 일이 역사가로부터 요구되었다. 더구나 중국에서 법률을 연구하는 학도도 한율(漢律)에서부터 중화민국 6법에 이르기까지 이 법률들이 현(縣) 이하의 향촌에서 어떻게 실효성을 갖는 법규범으로서 준봉되고 있는지, 역으로 말하면 농민의 생활의식을 규율하는 살아 있는 법률은 무엇인가를 탐구하지 않고 단지 조문을 해석하는 데 그쳤다. (…) 따라서 살아 있는 법을 탐구하는 법사회학자도 농촌사회학자들도 아무쪼록 이 농촌관행조사를 통해 살아 있는 법을 다루어 농민의 실제 생활을 파악하고자 고심했다.[66]

즉, 화북농촌관행조사는 중국학, 역사학, 법사회학 등 학문 각 분야의 탐구적 열망에 의해 시작된 사업이었다는 것이다. 그리고 이로부터 히라노는 스에히로 이즈타로와 마찬가지로 "우리들의 조사는 구관조사와 같이 통치 내지 입법의 준비를 위한 것이 아니라 순정하게 학술적 의도로 행해진 것이었다"[67]고 단언할 수 있었다.

그런데 스에히로는 전후 교직 추방 대상으로 지정되었고, 이후 일본의 법사회학계는 가와시마 다케요시(川島武宜, 1909~1992)와 더불어 '히라노·가이노 논쟁'의 또 다른 주역인 가이노 미치타카가 이끌었다. 가이노는 근대 시민사회와의 비교를 통해 천황제 절대주의를 가능케 한 것이 일본 농촌사회의 농본주의적 이데올로기이고, 농촌사회의 지체야말로 모든 반동의 온상이라고 보았다. 그리고 이러한 시각에서 그는 그저 오래된 사실을 기술하기만 하면 그것만으로도 법사회학이 될 수 있다고 간주하는 경향이 나타나고 있고, 또 그것은 양적으로 축적된 관행이야말로 민중의 법으로서 인정되어야 한다는 주장으로 이어지는 까닭에, 현금의 법사회학은 일본의 반봉건제를 정착시킬 위험이 있다고 지적했다.[68]

이처럼 전전의 화북농촌관행조사와 전후의 『관행조사』 사이의 인적 구성의 연속과 방법론상의 단절이라는 복잡한 상황을 반영하듯이, 『관행조사』에 대한 평가는 긍정과 부정 양쪽으로 극명하게 나뉘었다. 한편으로는 아사히신문사로부터 1952년도 아사히문화상을 수상하기도 했다.[69] 그러나 다른 한편으로는 그에 대한 비판의 강도 또한 만만치 않았는데, 논점은 크게 두 가지였다. 첫째는 사업의 성과가 질의응답 같은 가공되지 않은 데이터 제공에 그쳤다는 점, 둘째는 조사 자체가 군사 점령 지역에서 이루어졌다는 점이다.[70] 특히나 후자와 관련해서는 후루시마 도시오(古島敏雄, 1912~1995)에 의해 다음과 같은 비판이 제기되었다. 즉, "순학문적으로 조사를 행하고 있다는 의식이 도리어 그 조사가 점령자의 일원으로 행해졌다는 점에 대한 반성을 축소하고 있"으며, 이러한 반성의 부족이야말로 사실은 조사를 무디게 만든 원인이라는 것이다.[71]

1954년 시점에서 하타다는 화북농촌관행조사를 "전시하에서 일본인이 행한 커다란 성과 중 하나"라고 자평하고 있었다.[72] 1958년에 발표한 「'중국농촌관행조사'의 간행을 끝내며(「中國農村慣行調査」の刊行を終って)」라는 글에서도 "순학술적 조사라는 자부심은 조사원의 연구 의욕을 불러일으켰다"고 말했다. 후루시마의 비판에 대해서는 일부 수긍하기도 했으나, 그럼에도 "당시 우리들이 순학문적 조사이기 위해 노력했고, 그에 따라 조사 의욕이 고양되었다는 것 자체가 잘못이라고는 생각하지 않는다"고 일선을 그었다. 그런 그에게 문제로 인식되었던 것은 순수학문을 하고 있다는 의식에 대한 천착, 그리고 점령 지역에서의 조사활동의 한계에 대한 검토 및 반성의 '부족'이었을 따름이다.[73]

그러나 1931년 만철에 입사하여 경제조사회에서 활동한 바 있는 노마 기요시(野間淸, 1907~1994) 또한 화북농촌관행조사를 직접 언급한 것은 아니지만 만철에서 현지조사를 행할 때 치안 문제로 경비 병력을 이끌고 농촌 마을에 들어갔던 점이나, 조사 지역 대부분이 항일유격대의 근거지였던 점 등을 들어 중국 농민이 일본인을 상대로 과연 사회 내부의 사정을 있는 그대로 구술해주었을지에 의문을 표하는 동시에, 한 걸음 더 들어가 조사자의 질문 자체가 사실은 조사자가 예상하고 있는 방향으로 유도되었을 가능성까지 제기했다.[74] 이와 관련하여 후루시마는 조사자의 예상을 벗어난 답변을 청취하게 되었을 때 조사단이 어떤 방식으로 대처했는지를 물으면서 "공동 토의의 기회가 있었을 장기 조사인 데다가 본서(『관행조사』: 인용자)의 내용이 때때로 토의의 재료로 제공되고 있었음에도 불구하고, 졸독의 탓인지 그 노력의 결과가 나에게는 충분히 읽히지 않았다"고 지적했다.[75]

게다가 비판은 조사 대상자가 처한 환경이나 조사 대상자와 조사자 사이의 관계를 넘어, 조사자가 처한 환경과 그들의 조사 수행 능력까지 문제 삼았다. 『관행조사』 제4권의 대상 지역인 산둥성 리청현(歷城縣)을 찾아 화북농촌관행조사 자료의 가치와 신빙성을 재검토한 나카오 가쓰미(中生勝美)는 전시라는 상황과 일본군 점령지라는 조사 지역의 특성에도 불구하고 조사원들은 일본군에게 입은 피해와 관련해서는 질문을 하지 않았다고 지적했다. 그리고 그 이유를 조사 자체가 중단될지 모른다는 조사원들의 자기규제 때문이라고 설명했는데,[76] 이는 조사 결과의 현실적 활용을 전제하지 않더라도, 또 전황의 악화라는 환경적 제약이 없다고 하더라도, 조사자가 처한 현실적 조건에 의해 학문적 순수함이 얼마든지 왜곡될 수 있음을 여

실히 보여준다. 또한 이마호리 세지(今堀誠二, 1914~1992)는 현지 언어에 능통하여 단독으로도 많은 성과를 낸 자신의 현지조사와 막대한 자금과 다수의 인재를 투입하고서도 중국 사회의 본질을 제대로 밝히지 못한 화북농촌관행조사가 대조적이라는 전제하에, 다음과 같이 점령 지역에서의 '학문을 위한 학문', 다시 말해 순수한 학문의 존립 가능성을 부정했다.

순학문적인 조사라고 해도 현실에서는 중국의 청년과 일본의 청년이 서로 총화를 겨누며 전쟁을 하고 있는 터입니다. 매일 수백 명 또는 수천 명의 인간이 죽어가고, 더욱이 그 죽어가는 인간이란 내 입장에서 말하자면 나와 동년배의 청년들입니다. 동년배라는 건 어쩌면 나도 머지않아 그런 곳에 가서 총화를 겨누게 될지 모른다, 그리고 죽게 될 것을 의미합니다. 그러니까 이런 상황 속에서, '내가 하는 건 학문 연구입니다, 이건 전쟁과는 관계가 없고 일본 정부의 정치 목적과도 관계가 없어요, 순학문적인 일이기 때문에 가치가 매우 있다'고 하는 의식이 가능할까 하는 것입니다. 나는 니이다 선생에게 집요하게 권유를 받았음에도 그럼에도 그 조사(화북농촌관행조사: 인용자)에 참가하지 않았던 것은 이 때문에, 이런 상황하에서 중국 민중을 행복하게 만들 수 있는 연구가 아닌 이상, 아무리 '학문을 위한 학문'을 주창하더라도 중국 민중 쪽에서 보면 역시 제국주의적인 것이라고 이해될 수밖에 없다, 그렇게 생각하고 거절했습니다.[77]

우치야마 마사오(內山雅生)의 지적처럼, 이마호리의 화북농촌관행조사 비판이 타당성을 얻기 위해서는 자신의 연구는 어째서 중국

사회의 본질을 밝혔다고 말할 수 있는지, 나아가 그 연구는 어떻게 중국 민중에게 행복을 가져다주었는지 등에 대한 해명이 필요해 보이지만, 어쨌든 이마호리의 문제의식이 후루시마 도시오나 노마 기요시와 공유될 수 있는 종류의 것임은 분명하다.

하타다 또한 "당시 순학문적 입장을 지킨다는 것은 군이나 관의 어용 노릇을 하지 않겠다는 것인 동시에 해방지구에도 접근하지 않겠다는 것"을 의미했다고 말함으로써 조사 대상을 스스로 검열하는 조사자의 자기규제 가능성을 인정하면서도, 동시에 조사 대상자와의 친분 형성은 여러 제약에도 불구하고 전혀 불가능한 것은 아니었다고 강조했다.[78] 그는 "점령이라는 사태를 그대로 두고서 점령정책과 싸우는 일도 없이 더구나 중국 농민과 친해지려 하는 깃은 매우 모순된 제멋대로의 생각이라고도 할 수 있지만, 친해지고 싶었던 것, 또 친근한 감정을 가지고 있던 것은 사실이며, 그 실감은 사라지지 않고 있습니다. 만약 언젠가 중국에 갈 수 있는 기회가 있다면, 우선 만나고 싶은 것은 조사했던 농촌의 사람들입니다. 특히 몇 번이나 갔었던 순이현(順義縣) 사징촌(沙井村)의, 당시의 아이들이 성장한 모습을 보고 싶다는 생각"이라고 옛 조사 대상자에 대한 친근감과 애틋함을 술회한 적이 있는데,[79] 그것이 하타다의 일방적인 감정만은 아니었던 것으로 보인다. 왜냐하면 앞서 언급한 나카오 가쓰미가 1980년대에 사징촌을 다시 방문했을 때, 조사 대상자였던 노인들이 하타다 다카시를 그리워하고 있음을 확인할 수 있었기 때문이다.[80]

조사자와 조사 대상자 사이의 이와 같은 친근감 형성의 배경으로 화북농촌관행조사 당시 사징촌에서의 다음과 같은 에피소드가 주목된다. 사징촌에 있는 묘에는 예로부터 도사나 화상이 살고 있었다고 한다. 그러나 19세기 말에 그 재산이 마을로 이관되면서 그들은 마을에서 쫓겨났고, 이후 마을의 종교 행사 때에는 현성(縣城)에 있는 성황묘 화상을 부르게 되었다. 그런데 이웃 마을인 스먼촌(石門村)의 한 무뢰한이 성황묘 화상과 결탁해서 스먼촌의 촌장이 되고자 획책하면서 사건이 발생했다. 아편 중독자로 알려진 화상은 촌묘의 토지에 대한 권리를 요구하고 나섰다. 이 일에 휘말린 사징촌의 회수(會首)들은 그 피해가 사징촌까지 미치게 될 것을 우려하여 만철의 '관행반'에 중재를 의뢰했다. '관행반'은 이 의뢰를 그간의 신뢰 구축의 결과로 보고 앞으로도 관계를 유지하기 위해서는 의뢰를 수용할 필요가 있다고 판단, 결국에는 중재에 나서 무뢰한과 화상의 기도를 물리칠 수 있었다고 한다.[81] '관행반'에서 이 사건을 담당했던 사람이 다름 아닌 하타다 다카시였으며, 이러한 경험이 조사 대상자와의 친밀한 관계 형성의 가능성에 대한 그의 입장을 확고하게 만들었을 것으로 추측된다.

그러나 하타다가 만철조사부 시절에 대한 회고에서 고백하고 있는 것처럼,[82] 후루시마의 비판은 만철을 '침략기관'으로 재인식하여 그곳에서의 경력을 "나 자신의 내면문제"로 받아들이는 계기가 되었다. 그것은 궁극적으로 순수학문이란 존재하는가라는 질문을 던져줬으며, 전술한 논문인 「'만선사'의 허상」에서는 바로 그에 대한 답을 구하고자 했다. 그런데 「'만선사'의 허상」은 학문의 순수성보다는 학문과 권력 사이의 유착관계에 지면의 대부분을 할애했다. 더욱이 하타다가 만선사의 대표적 사례로 든 이나바 이와키치는 사론을 통해 현실문제에 적극 개입했던 인물인 까닭에, 처음부터 그를 소재로 학문의 순수성을 논하기에는 적합하지 않았다.[83]

이 문제는 1962년에『역사학연구』'학문 연구의 자유와 책임(學問 研究の自由と責任)' 특집호에 실린「일본의 동양사학 전통(日本における 東洋史學の傳統)」에서 보다 본격적으로 다루어진 바 있었다. 이 시기 일본 학계에서는 A·F 문제, 즉 미국의 아시아재단과 포드재단에 의한 연구 지원이 '대문제'가 되어 있었는데, 문제의 핵심은 그 자금을 받고 과연 자주적인 연구가 가능할 것인가, 미국의 극동정책에 이용 되는 것은 아닌가 등이었다. 하타다는 이 논쟁을 바라보며 옳고 그름 을 판단하기에 앞서 "학문과 정치의 관련성에 대한 동양사의 전통적 사고방식"을 생각했다. 하타다가 말하는 '동양사의 전통적 사고방 식'이란, 현실과 거리 두기, 그러한 단절을 학문 성립의 요건으로까 지 간주하는 연구자의 태도를 말하는 것으로,[84] 이는 학문과 권력의 유착관계를 폭로하는 데 그치지 않고 연구자의 사회적 책임을 묻는 것이라는 점에서 주목할 만하다.

이와 같은 문제의식으로부터「일본의 동양사학 전통」에서는 A·F 문제가 과연 새로운 사태인가를 물었다. 그리고 그에 대해 이 렇게 답했다.

나는 그렇게는 생각하지 않는다. 형태는 다르지만 본질적으로는 상 당히 공통성을 갖는 사태를 몇 번이고 경험하고 있다. 너무나 경험을 해서 눈치 채지 못할 정도로 경험하고 있다. 우선 그것을 알아야 할 것이다. 동시에 그런 경험에 당면하여 그에 어떤 불안도 느끼지 못하 고 그저 당연한 것으로 간주해온 일본 학계의 전통, 현재에도 이에 대해 반성·비판이 결핍되어 있는 학계의 전통이 문제다. 나 자신도 이런 학계에서 자란 한 사람으로서, 이번 문제를 생각함에 우리 학계

의 전통을 상기하지 않을 수 없었다.[85]

이처럼 학문과 권력의 유착관계를 당연시해온 학계 전통의 기저에는 "어떤 권력과 연계되더라도 연구자 자신의 노력에 의해 연구의 순수성을 지킬 수 있다"[86]는 생각이 있었다고 하타다는 지적한다. 일본의 동양사학은 주로 고대의 지명 및 연대 고증에 몰두해왔기 때문에 그것이 가능했다고 말할 수도 있다. 그러나 하타다는 그런 연구조차도 현대를 살아가는 연구자의 사상을 매개로 현실과 연결될 수 있다고 보았다. 그렇기 때문에 연구자가 진정 학문의 순수성을 지켜내고자 한다면 자신의 사상 자체를 지워버려야 한다는 불가능성에 도전해야 했는데, 하타다는 그를 실제로 시도한 인물로서 중국경제사의 개척자로 평가받는 가토 시게루를 들기도 했다.[87]

결과적으로 이와 같은 사상의 소거는 연구자들로 하여금 개개의 사실 규명에만 힘을 쏟도록 만들었으며, 그로 인해 미래를 총체적으로 예견할 수 있는 힘을 결락시켜버렸다. 이처럼 역사의 체계적 인식을 방기한 연구자들은 학문의 순수성을 대가로 도리어 권력과 무책임하게 결합해갔다. 이에 하타다는 다음과 같이 질문을 던졌다. "현실과 떨어져 사상을 버리는 것이 학문의 순수성·주체성을 지키고 학문의 내용을 높이는 길인가? 반대로 현실을 주시하면서 사상과 학문을 통일하는 것이 보다 올바른 방향인가?"[88] 하타다는 결국 후자를 선택했다. 그를 통해서만 1960년대 당시 변혁과 해방의 소용돌이에 있던 전후 아시아의 현실과 직접 대면할 수 있다고 생각했기 때문이다.

그러나 결국 '침략기관'인 만철에서의 경력만이 아니라 '아카데미즘' 속에서 자란 그의 학문적 경력이 모두 '나 자신의 내면문제'가 되어 전술한 바와 같이 철저하게 반성하지 않을 수 없었다. 그로 인해 어떤 의미에서는 학문적 조사 대상자라고 할 수 있는 조선인에 대한 공감 가능성까지도 회의하게 되었지만, 하타다가 그 가능성을 이후에도 계속해서 그리고 완전하게 부정했던 것은 아니다. 1979년 1월 12일 센슈(專修)대학에서 열린 최종 강의에서 하타다는 이렇게 말했다.

> "조선인의 고뇌를 나의 고뇌로 삼는다"고 한 점에 대해서는 매우 엄한 비판을 받았습니다. 일본인이 조선인의 고뇌를 알 수 있을 리 없다, 그렇게 생각하는 것은 큰 착각이다, 일본인 연구자는 일본의 조선 침략사의 폭로에 전력을 다해야 한다고 하는 비판이었습니다. 분명 일본인이 조선인의 고뇌를 이해하는 것은 곤란합니다. 그런 것을 안이하게 말해버린 것은 경솔했습니다. 그러나 내 생각이 완전히 잘못된 것이라고는 생각하지 않습니다. 일본인에게도 조선인의 고뇌에 공감할 수 있는 부분이 분명 있으며, 공감의 노력은 해야 한다고 생각합니다. 같은 입장에 몸을 두는 것은 불가능할지라도, 상대를 인식하고 이해하여 상대에게 공감하는 것은 가능하다고 생각합니다. 그런 것이 전전의 조선사 연구에서는 매우 부족했던 것으로 생각됩니다.[89]

이와 같이 하타다는 한편으로는 『조선사』의 문제 제기가 경솔했음을 인정하면서도, 다른 한편으로는 타자(혹은 조사 대상자)와의 공감 가능성을 끝까지 놓치지 않으려 했다. 달리 말하자면 그는 퇴임

때까지도 자신의 '반성'과 대결하고 있던 셈이며, 끝내 판가름 나지 않는 승부로 인해 마지막까지도 그 싸움에서 벗어나지 못했다.

누구를/무엇을 위한 학문인가

1924년에 미국 로드아일랜드에서 태어나 하버드대 국제관계학과를 졸업하고 같은 대학 대학원에서 동아시아지역학과 사회인류학을 전공한 빈센트 브란트(Vincent S. R. Brandt)는 1965년 박사과정 수료 후 현지조사를 위해 한국으로 건너왔다.[1] 그는 대상지를 물색한 끝에 충남 서산의 깊게 파인 해안선에 위치한 석포리를 최종적으로 선택했다. 당시 석포리는 개발이 이루어지지 않아 고립된 상태에 있었다. 또한 어업과 농업에 종사하는 이들이 함께 어우러져 마을을 형성하고 있었는데, 이곳에서 브란트는 기존 이론에서 어부들의 경우 사회의 주류 이데올로기에 덜 얽매이고 위험을 감수하는 반면, 농부들은 전통을 계승하고 현 상태를 유지하는 데 보다 힘을 쓰는 경향이 있다는 주장을 확인해보고자 했다. 그가 연구 대상지로 선택한 석포리는 고립된 지역으로, 물질만능주의적인 새로운 유형의 중산층

한국인 집단과는 다른, 상대적으로 전통적인 지역사회가 보존된 이상적인 실험 공간이었다.

이처럼 브란트가 사회인류학적인 현지조사를 통해 발견하고자 했던 것은 개발에 의해 파괴되지 않은 한국의 전통적인 공동체였다. 동시에 그는 한국인들에 대해 경멸적인 시선을 보내는 한국 내 미국인들의 선입견과 거리를 두기 위해 "동조적인 참여 관찰"[2]이라는 연구 방법을 선택했다. 그것은 "내 자신의 비판적 평가를 거부하고 마을 주민들의 관점에서 사물들을 바라보려 해야 한다는 강한 의무감"의 표현이었으며, "내 자신의 직접적 판단이 기각되거나 최소한 위태롭게 처할 수 있는 상황을 감수하면서 완전한 이방인의 관점에서 '동조'하기 위한" 하나의 분투이기도 했다.[3]

그런데 이 부분은 여러 면에서 앞서 우리가 살펴본 만철의 화북농촌관행조사를 떠올리게 한다. 화북농촌관행조사는 "그 사회의 특질을 살아 있는 그대로 기록하는 것"을 목적으로 했으며, 또한 조사에 참여했던 하타다는 촌락공동체의 존재를 상정하고 조사를 통해 그 실태를 확인하고자 했다. 물론 조사 주체가 국책기관이 아니라 한 개인이고, 또 전시가 아니라 평시에 이루어진 조사이기 때문에, 양자를 단순 비교할 수는 없다. 그러나 당시 냉전의 최전선에 있던 한국에는 6만 명이 넘는 미군이 주둔하고 있었고, 석포리에서 가까운 미군기지가 브란트에게는 최후의 안정장치 노릇을 했을 것 또한 부정하기 어렵다. 게다가 전직 장관인 한국인 친구가 지역 행정 책임자인 군수에게 브란트를 소개해주었기에 서산 군수는 세심한 배려를 마다하지 않았다. 그렇다면 화북농촌관행조사에 대한 비판자들과 마찬가지로, 그러한 외적 환경으로 인해 조사 대상자들이 마을의 내부 사정을 감추었을 가능성과 그로 인한 구술 내용의 신뢰도에 문제를 제기할 수 있을 것이다.

실제로 석포리 사람들은 마을의 평판을 위해 브란트 앞에서 마을의 특정 개인을 비난하거나 규탄하는 일을 삼갔다. 그뿐만 아니라 군청에서 내려온 협조 공문으로 인해 대책 회의까지 열리는 상황이었다. 이로 인해 브란트의 "동조적인 참여 관찰"은 처음부터 커다란 벽에 부딪힐 수밖에 없었다. 결국 그의 현지조사는 이러한 벽을 넘어서는 과정에 다름 아니었다.

브란트의 회고록을 번역한 『한국에서 보낸 나날들』(2011)에 실린 해제에서는 이 자료를 "당대 한국의 현실을 잘 담아낸 사료"라고 평가했다. 이러한 안내를 통해 독자들은 '근대화' 이전 한국 사회의 단면을 발견하고 개발 과정에서 잃어버린 것들을 향수하게 될 것이다. 그런데 여기에 하타다가 끝없이 맞닥뜨려야 했던 문제, 곧 학문의 순수성이나 조사(연구) 대상자와의 공감 가능성에 대한 문제의식은 남아 있는 것일까?

흥미롭게도 석포리 사람들은 브란트의 기대와 달리 그들의 '정체된' 삶에서 벗어나기를 고대했다. 또 그만큼 개발의 은택으로부터 소외되어 있음에 쓸쓸해했다. 급기야 브란트는 "동조적인 참여 관찰"의 원칙을 깨고 마을을 살리기 위해 외부 재원을 끌어들임으로써 그들의 삶에 직접 개입했다. 그러나 그것은 마을 구성원의 죽음이라는 예상치 못한 파국으로 끝나고 말았다. 그렇다면 과연 브란트가 경험한 "외지고 자족적인 전근대 세계"[4]는 진정 존재했던 것일까? 이 질문에 대한 탐구는 일찍이 똑같은 화북농촌관행조사 결과를 두고 공동체의 존부(存否)와 관련하여 정반대의 주장을 했던 '히라노 · 가이노 논쟁' 같은 상황을 재현할지도 모른다.

최근 '만선사'에 대한 관심 증가와 함께 하타다에 대한 일본 학계의 재평가 시도가 있어 주목된다. 먼저 조선조 광해군의 대외정책을 살피는 과정에서 '만선사'의 재검토를 시도한 다키자와 노리오키(瀧澤規起)는 이렇게 말했다. 즉, 하타다의 '만선사' 비판이 '만선사'에 대한 구체적인 고찰을 소홀히 한 채 한국사 연구에 끼친 영향만 취급한 것임에도 불구하고, '만선사'를 타율사관의 일종으로 규정한 하타다의 논의가 이후에도 그대로 계승되어왔다고 지적했다.[5] 그러고는 1927년 8월에 행해진 이나바의 강연을 중심으로 '만선사'에 대한 보다 '실증적'인 분석을 시도했는데, 결론적으로는 "이나바가 만선사에서 강조한 것은 조선 사회의 타율성보다는 정체성이었고, 대륙에서 조선으로의 파동이라기보다는 조선에서 대륙으로의 '진출'이었다"고 주장했다.[6]

사쿠라자와 아이 또한 만선역사지리조사부의 연구 성과를 분석한 결과 '만선사'는 하나의 역사체계라기보다는 주장에 불과하다고 강조하면서, '만선사'에 대한 '오해'가 생긴 원인을 다시금 하타다에게서 구했다. 말하자면 하타다는 한국사의 자주적 발전을 강조하려는 목적에서 이나바의 주장만을 근거로 '만선사'를 하나의 역사체계로 만들어버렸다는 것이다.[7]

한편, '만선사' 연구의 "현 단계의 도달점"[8]이라고 평가받은 이노우에 나오키의 『제국 일본과 '만선사'(帝國日本と「滿鮮史」)』에서도 연구사 정리 과정에서 하타다를 언급했다. 이노우에는 만주국 연구자인 다나카 류이치의 말을 빌려 다음과 같이 비판했다. 즉, 하타다의 만선사 비판으로 인해 전후 조선 근대사가 일국사적 색채를 강화하

게 되었다는 것이다. 나아가 이에 덧붙여 종래의 만선사 연구 비판이 민족이나 국가를 자명한 것으로 간주해온 사실에는 당혹감을 감출 수 없다고 토로했다.[9]

만약 이노우에의 주장을 탈근대적 논의 위에 자리매김할 수 있다면, 하타다의 입론은 실증주의적 접근과 탈근대적 논의 사이에서 해체되고 있다고 말할 수 있다. 그런데 흥미로운 사실은 '만선사'의 실체를 인정하는가 여부와 상관없이 하타다 비판을 매개로 '만선사'와 관련한 논의가 축적되고, 더 나아가서는 새로운 방법론으로서 '만선사적 시점'까지 제안되고 있다는 것이다.[10]

여기에는 분명 민족주의와 식민주의라는 이분법적 구도만으로는 설명하기 어려운 또 다른 과제들이 내포되어 있다. 실증주의는 언제나처럼 실증의 부족을 문제 삼아 하타다의 입론을 해체하려 들고 있지만, '만선사' 재론의 현재적 맥락에 무관심한 실증주의야말로 하타다가 비판했던 전전의 학문적 전통을 계승한 것이라고 말할 수 있지 않을까? 또한 그와 결합해 있는 탈근대적 논의는 이미 유행이 한참 지나버린 초역사적 존재로서의 '민족'을 소거하는 데서 그치지 않고, '민족'이 담아내고 있던 저항의 역사 자체, 그리고 사회와 맞서고자 하는 역사가의 현실의식마저 지워버리고 있는 것은 아닌지 우려된다.

전전과 전후 사이의 학문적 연속/단절에 관한 논의는 대략 스에히로 아키라의 다음 말로 정리되고 있는 것으로 보인다. 즉, "그 와중에 살아남은 연구는 한편으로는 '성실한 실증 연구'에 뒷받침되면서, 다른 한편으로는 수입 학문에 의거하지 않고 독자의 분석틀을 만들어낸 사람들의 연구"라는 것이다.[11] 그리고 이러한 연구가 살아남은 이유와 관련해서는 기시모토 미오(岸本美緒)와 오카모토 다카시(岡本隆司)의 논의가 참고가 된다.

먼저 기시모토는 대체로 전전의 연구를 '아시아적 공동체론'이나 '정체론'으로 일괄하는 경향이 있지만 그것이 학계의 공통된 인식은 아니었다고 지적했다. 오히려 전전의 연구는 전후 역사학의 사적유물론에 근거한 발전단계론과 달리 상대적으로 다원적 측면이 있었던 까닭에, 중국의 개혁·개방 이후로는 '과학'을 넘어선 전전 연구의 다양한 관점이 재조명되고 있다고 말했다.[12]

오카모토의 최근 논의는 바로 그러한 재조명 작업의 일환으로 볼 수 있다. 그 과정에서 그는 "중국의 정치·사회를 무전제, 무매개적으로 일본이나 서양과 동일시한 뒤 대비하는 인식법"을 일본인의 중국관에 나타나는 '습벽(習癖)'이라고 말했는데,[13] 이로부터는 중국을 일본이나 서양과 쉽게 동일시하거나, 그처럼 잘못된 인식법에 근거하여 중국(혹은 중국인)에게 동정(혹은 공감)을 표하는 것에 대한 그의 거부감을 느낄 수 있다. 이는 분명 전후 조선사학의 조선인에 대한, 또 화북농촌관행조사의 조사 대상자에 대한 공감 가능성을 끝내 포기하지 않았던 하타다의 인식법과는 궤를 달리하는 것이다. 다만 오카모토는 "모순 있는 언설에 선견성이 있고, 전문가의 분석이 국운을 망쳤다. 이 이중의 역설은 그러나 엄연한 사실"이라는 지적 또한 빼놓지 않았다. 그러나 결국에는 그러한 사실이 현재의 그릇된 평가를 낳았으므로 그에 대한 재평가가 현시점에서 필요하다는 결론에 이른다.[14]

여기에서 앞서 인용한 미야타 세쓰코의 발언을 다시 떠올려보자. 즉, 전후의 연구는 전전의 연구를 비판하는 일로부터 첫발을 내딛었지만, 그 비판은 전전의 연구를 학설사적인 정리 위에 체계적으로 이루지 못하고 각자의 연구 테마에만 한정되었기 때문에, "자신이 관심 있는 분야의 연구에 대해서는 격렬하게 비판하면서도, 다른 분야에 대해서는 전전의 연구에 안이하게 의거하는 모순이 하나의 논문 내에서조차 발견"된다는 지적은 비단 전후 조선사학에 한정되는 얘기는 아닐 것이다. 연구의 세분화가 더욱 진척되어가는 과정에서, 자신의 전문 분야를 넘어서는 순간 사실의 '실증'보다는 연구자에 대한 '신뢰'에 의존해야 하는 상황은 언제라도 발생할 수 있기 때문이다. 더구나 일본인의 조선관, 조선에 대한 자세 문제가 여전히 현재성을 갖고 있다면, 미야타의 말과 같이 "전전의 조선 연구를 재검토한다는 것은 단순히 학설사로서 정리하면 끝날 문제가 아니라 현재의 그 사람의 사상을 물어야 하는 문제"가 된다.[15]

최근 한국에서는 식민사학을 비판하면서도 사실은 그를 거울로 삼아 성립한 근대 한국사학의 성격을 함께 비판하면서 '식민주의 역사학'이라는 명명을 통해 근대 역사학에 대한 메타비판의 가능성을 찾고자 하는 노력들이 시도되고 있다.[16] 이처럼 역사인식의 패러다임 전환이 요구되고 있는 지금, 우리는 하타다를 어떻게 다시 읽어야 할까?

하타다는 이렇게 말했다. "나 자신은 앞서 말한 바와 같이 침략적 연구체제 속에서 자랐다. 지금 생각하면 그것이 나의 연구 내용에 커다란 왜곡을 남긴 것은 틀림없는 사실이다. 그를 반복하고 싶지 않다."[17] 하타다의 전후 조선사학의 가능성은 사후적인 평가 속에서의 한계들이 아니라, 하타다 스스로가 극복하려 했으나 극복하지 못한 한계 지점에서, 달리 말하면 '반복'의 사슬을 끊어낼 수 있는 지점에서부터 탐구되어야 한다고 생각한다. 그리고 그것은 역사가의 신체성을 받아들이고 스스로를 대상화하는 과정에서야 가능할 것이다.[18]

프롤로그 권력·공간·학문의 삼중주

1 『朝鮮及滿洲』, 1912년 1月(通卷 47號), 「本誌の改題」.

2 「第1回帝國議會·衆議院議事錄·明治23.11.29 — 明治24.3.7」(日本國立公文書館アジア歷
   史資料センター, A07050000300), 衆議院議事速記錄 第4號, 明治 23年 12月 6日.

3 야마무로 신이치, 2011, 「제국 형성에서 공간인식과 학지」, 『한림일본학』 19, 한림대학
   교 일본학연구소, 69-70쪽.

4 기요미야 시로(清宮四郎)는 사이다마현(埼玉縣) 우라와시(浦和市)에서 태어나 제1고등
   학교를 거쳐 1923년에 도쿄제국대학 법학부 정치학과를 수석으로 졸업했다. 이후 내무
   성에 취직하여 도야마현(富山縣)에 배속되었으나, 은사인 야마다 사부로(山田三良, 1869
   ~1965) 및 미노베 다쓰키치(美濃部達吉, 1873~1948)의 추천을 받아 1924년 7월부터
   경성제국대학 촉탁 신분으로 도쿄제국대학 법학부연구실에 남아 미노베 문하의 일원이
   되었다. 1925년부터는 조선총독부 재외연구원 자격으로 2년간 독일, 프랑스, 영국, 미국
   등지를 유학하고 경성에 돌아와 교편을 잡았다. 기요미야의 생애와 관련해서는 石川健
   治, 2006, 「コスモス: 京城學派公法學の光芒」, 酒井哲哉 編, 『「帝國」の學知』 第1卷, 岩波書店
   참고.

5 清宮四郎, 1944, 『外地法序說』, 有斐閣 참고.

6 기요미야가 '외지'와 비교한 첫 번째 개념은 '외국'이다. 그는 '외지'에서 특수한 통치가
   행해지고 있더라도 '외지'는 '외국'과 달리 원칙적으로는 제국헌법에 연원하는 통치가
   이루어지는 만큼, '내지'와 더불어 제국의 통일적 영토를 구성한다고 주장했다. 두 번째
   는 '조차지' 및 '위임통치구역'과의 비교이다. '조차지'와 '위임통치구역'에서는 해당 국
   가의 통치가 무제한적으로 행해지는 '순영토(純領土)'와 달리 그 통치 행위에 각종 제한
   이 따랐다. 하지만 '조차지'의 경우 조차 기간 중에는 원칙적으로 일본의 통치에 복종해
   야 했고, 또 '위임통치구역'은 일본 영토의 구성 부분으로서 일본이 전권을 가지고 통치
   하는 지역인 만큼, 실제로는 일본의 '준영토(準領土)'로 보는 것이 타당하고 말했다. 세
   번째 대상은 '점령지'이다. 전쟁을 통해 획득한 점령지는 일본의 통치가 이루어지고 있
   는 까닭에 '외지'에 가까운 것으로 보이지만, 실제로는 군정에 의한 과도적 형태를 벗어
   나지 못하고 있을 뿐만 아니라 준영토 지역과 달리 통치의 권한이 확정되어 있는 것도
   아니라는 점에서 '준외지(準外地)'로 규정할 수 있다고 설명했다.

7 이하 근대 시기 중국 내 특수 공간에 대해서는 費成康, 1991, 『中國租界史』, 上海社會科學
   院出版社, 참고.

8 이 책의 주제를 연구하는 과정에서 일부 성과는 학술잡지에 발표한 바 있다. 1장의 1

절과 2절, 4장, 그리고 6장의 1절은 각각 「잡거 공간의 기원, 한성」(『서울학연구』 74, 2019), 「일본 동양사학의 계보와 '실증'주의의 스펙트럼」(『한국문화연구』 34, 2018), 「하타다 다카시의 '전후 조선사학'의 가능성」(『인문논총』 74(4), 2017)을 이 책의 체계에 맞게 개고한 것임을 미리 밝혀둔다.

제1부 제국 일본의 공간 확장과 '만한' 지역의 공간 재편

1장 한반도 공간의 재편과 공간 해석의 논리들

1 이하 조약문 인용 시 별도의 기재가 없는 한 조약문의 내용은 『구한말조약휘찬』 상 · 중 · 하(국회도서관 입법조사국, 1964 · 1965) 및 『조약으로 본 한국근대사』(열린책들, 2010)를 참고했다. 또한 이하 날짜는 모두 양력으로 표기했다.

2 손정목, 1982a, 『한국 개항기 도시변화과정연구: 개항장 · 개시장 · 조계 · 거류지』, 일지사, 74쪽.

3 『청계중일한관계사료(清季中日韓關係史料, 이하 '관계사료'로 약칭)』 제3권, 594번의 부건 1.

4 『관계사료』 제3권, 594번의 부건 3.

5 『관계사료』 제3권, 594번의 부건 1.

6 『구한국외교문서(舊韓國外交文書, 이하 '구한국'으로 약칭)』 제8권(청안 1), 17번.

7 「한국각지개항관계잡건 1(韓國各地開港關係雜件一, 이하 '잡건'으로 약칭)」(일본외무성 외교사료관 소장, 3문1류6항15호), 메이지 18년 2월 23일, 기밀 제24호.

8 『구한국』 제8권(청안 1), 462번.

9 「잡건」, 메이지19년 11월 15일, 기밀 제159호.

10 『구한국』 제1권(일안 1), 809번.

11 『구한국』 제1권(일안 1), 812번.

12 『구한국』 제1권(일안 1), 816번.

13 「잡건」, 메이지 20년 2월 28일, 기밀 제26호.

14 「잡건」, 메이지 23년 2월 25일, 기밀 제20호.

15 『관계사료』 제5권, 1507번.

16 『관계사료』 제5권, 1483번의 부건 2, 3.

17 「잡건」, 메이지 23년 2월 26일, 기밀 제10호.

18 「외부내각거래문(外部內閣去來文)」(서울대학교규장각한국학연구원 소장, 규17797) 제1책, 개국 504년 윤5월 초6일, 爲漢城內各國人居留地定界事請議.

19 「청의(議奏)」(서울대학교규장각한국학연구원 소장, 규17705) 제16책, 개국 504년 윤5월 17일, 제282호.

20 「외부청의서(外部請議書)」(서울대학교규장각한국학연구원 소장, 규17722), 개국 504년

7월 12일, 제13호.

21 「잡건」, 메이지 28년 7월 3일, 기밀발 제63호.

22 『독립신문』, 1897년 2월 27일, 논설; 1896년 9월 12일, 논설 등.

23 『독립신문』, 1898년 7월 18일, 논설 「위급한 일」.

24 『독립신문』, 1898년 9월 23일, 논설 「분한 일」.

25 『황성신문』, 1898년 10월 19일, 잡보 「양회수함(兩會修函)」; 『독립신문』, 1898년 10월 19일, 논설 「양회 편지」.

26 『독립신문』, 1898년 10월 22일, 잡보 「외부 답장」.

27 강석화, 2000, 『조선 후기 함경도와 북방영토의식』, 경세원, 19-20쪽.

28 손정목, 1982b, 『한국 개항기 도시사회변화연구』, 일지사, 182쪽.

29 佐々木揚, 2010, 「淸末の『不平等条約』観」, 『東アジア近代史』第13號, p. 30. 이금세(釐金稅)는 1853년에 태평천국 진압 경비의 염출을 목적으로 창설된 유통 상품에 대한 내국 관세로서, 본래는 재정 사정이 호전되면 폐지되어야 하는 임시세였으나, 청조 후기 및 민국 시기의 재정에서 중요한 위치를 계속해서 점했다. 영국 등의 열국은 이미 1858년의 텐진조약 단계에서 해관에 2.5%의 자구반세(子口半稅)를 납입하는 것으로, 수입 외국 상품과 수출 중국 상품에 대한 내국 관세의 면제를 규정했다(飯島渉, 1993, 「『裁釐加稅』問題と淸末中國財政: 1902年中英マッケイ条約交渉の歷史的地位」, 『史学雑誌』102(11), pp. 1916-1917).

30 「조선산 물품에 대해 청국이 수입세를 반감한 일건(朝鮮土貨ニ対し淸国ニ於テ輸入稅半減一件, 이하 '수입세반감일건')」(일본외무성외교사료관 소장, 3문14류3항36호), 메이지 22년 9월 28일, 기밀신 제10호.

31 「수입세반감일건」, 메이지 22년 10월 18일, 기밀신 제13호.

32 「수입세반감일건」, 메이지 22년 11월 29일, 기밀신 제15호의 별지.

33 「수입세반감일건」, 메이지 22년 9월 28일, 기밀신 제10호.

34 「수입세반감일건」, 메이지 22년 12월 20일, 기밀신 제7호.

35 「수입세반감일건」, 메이지 22년 9월 28일, 기밀신 제10호.

36 「수입세반감일건」, 메이지 22년 9월 28일, 기밀신 제10호.

37 「수입세반감일건」, 메이지 22년 10월 5일, 기밀 제39호.

38 陸奥宗光 著, 中塚明 校注, 2005 『蹇蹇録: 日淸戰争外交秘録』, 岩波書店, p. 34.

39 위의 책, pp. 131-132.

40 「수입세반감일건」, 메이지 22년 12월 20일, 기밀신 제17호.

41 「수입세반감일건」, 메이지 22년 11월 29일, 기밀신 제15호.

42 「수입세반감일건」, 메이지 22년 12월 16일, 기밀송 제819호.

43 「수입세반감일건」, 메이지 22년 11월 29일, 기밀신 제15호의 별지.

44 『관계사료』 제5권, 1508번.

45 『관계사료』 제5권, 1508번.

46 「수입세반감일건」, 메이지 23년 6월 6일 기밀신 제14호.

47 植田捷雄, 1934, 『支那租界論』, 巖松堂書店, 第2篇 第1章 참고.

48 권석봉, 1987, 「한 · 청통상조약체결」, 『동방학지』 54 · 55 · 56, 97-99쪽.

49 이하 한청통상조약 교섭 내용은 모두 「한청의약공독(韓淸議約公牘)」(서울대학교규장각 한국학연구원 소장, 규15302)을 참고했다.

50 『구한국』(청안 二), 1968번.

51 『구한국』(청안 二), 1969번.

52 『구한국』(청안 二), 1970번.

53 『구한국』(청안 二), 1980번.

54 『구한국』(청안 二), 1981번.

55 『구한국』(청안 二), 1985번.

56 『구한국』(청안 二), 1998번.

57 「한국에서 열국인 중 내지 거주와 부동산 소유자에 대한 과세 및 단속 등에 관해 조약국 과의 협정 일건(韓国ニ於ケル列国人ノ内地居住並不動産所有者ニ対スル課税及取締等ニ関シ条約国卜協定一件, 이하 '협정일건'으로 약칭)」(일본외무성외교사료관 소장, 2문6류2 항9호), 메이지 40년 7월 1일, 기밀통발 제73호 첨부 서류 중 「Extracts from the Korean Foreign Office Records regarding the question of the ownership of land by for-eigners in the interior」 및 그 번역문 「スチーブンス氏起案既往ニ於ケル外国人ノ内地居住ニ関スル取調書」.

58 다카사키 소지, 이규수 옮김, 2006, 『식민지 조선의 일본인들: 군인에서 상인, 그리고 게이샤까지』, 역사비평사, 85-86쪽.

59 山本庫太郎, 1904, 『朝鮮移住案內』, 民友社, pp. 62-64.

60 『朝鮮』 메이지 41년 9월호, 朝鮮に於ける我官民の反目.

61 外務省, 1965, 『日本外交年表竝主要文書』上, p. 227.

62 위의 책, pp. 227-228.

63 金正明 編, 1964, 『日韓外交資料集成』, 巖南堂書店, pp. 326-327.

64 李英美, 2005, 『韓國司法制度と梅謙次郎』, 法政大學出版局, pp. 101-102.

65 統監府, 1908, 『韓國條約類纂』, pp. 790-791.

66 위의 책, p. 785.

67 「협정일건」, 메이지 40년 7월 1일, 기밀통발 제74호의 별지 기밀통발 제73호의 첨부 서류 중 「土地家屋證明ニ關スル規則」의 별지 제1호 및 제2호.

68 田中隆一, 2007, 『滿洲國と日本の帝國支配』, 有志舍, p. 89.

69 「發刊の辭」, 『國際法雜誌』 제1권, pp. 1-2.

70 『독립신문』, 1896년 9월 12일, 논설.

71 『독립신문』, 1899년 1월 24일, 논설 「한청조약」. 청일전쟁 이후 '잡거'를 둘러싼 논의의 전개 과정은 박준형, 2011, 「청일전쟁 이후 잡거지 한성의 공간 재편 논의와 한청통상조약」, 『서울학연구』 45 참고.

72 「거류민단법」의 제정 과정에 대해서는 박준형, 2014, 「재한일본 '거류지' · '거류민' 규칙의

계보와 「거류민단법」의 제정」, 『법사학연구』 50 참고.

73 위의 논문, 148-149쪽.

74 田中愼一, 1976, 「保護國問題: 有賀長雄・立作太郎の保護國論爭」, 『(東京大學社會科學硏究所紀要)社會科學硏究』 제28권 제2호 참고.

75 有賀長雄, 1896, 『日淸戰役國際法論』, 哲學書院, 서언 및 범례. 아리가 나가오(有賀長雄)의 생애와 관련해서는 一又正雄, 1973, 『日本の國際法學を築いた人々』, 日本國際問題硏究所, pp. 67-80 참고.

76 다치 사쿠타로(立作太郎)는 1874년생으로 1897년에 도쿄제국대학 법과대학 정치과를 졸업한 후 곧바로 대학원에 입학하여 국제공법을 전공했다. 대학으로부터 외교사 연구를 위한 유학을 명받아 1900년 6월부터 만 3년 동안 프랑스, 독일, 영국 등지에서 수학했으며, 유학 중이던 1901년 3월에 도쿄제국대학 법과대학 조교수가 되었다. 러일전쟁이 발발한 1904년에 정부의 요망도 있고 해서 귀국을 결정하게 되었으나 전쟁에 직접 관여하지는 않았다. 다치 이전의 일본의 국제법학은 주로 서구의 국제법 수용이 과제였으나, 그에 이르러 비로소 일본적인 국제법학이 성립했다는 평가를 받고 있다(潮見俊隆・利谷信義 編, 1974, 『日本の法學者』, 日本評論社, pp. 169-185).

77 다치 사쿠타로와 미노베 다쓰키치 사이의 논쟁 과정에 대해서는 위의 책, pp. 179-181 참고.

2장 '만주' 공간의 재편과 남만주철도주식회사의 공간 경영

1 이화자, 2019, 『백두산 답사와 한중 국경사』, 혜안, 67쪽.

2 청대의 동북 봉금과 그 해지에 대해서는 정혜중, 2006, 「광서년간(1875~1908)의 동북 관리와 1907년 동삼성 설치」, 『중국학보』 54 참고.

3 모테기 도시오, 박준형 옮김, 2018, 『중화세계 붕괴사: 19세기 동아시아 국제질서의 재편』, 와이즈플랜, 132-135쪽.

4 은정태, 2007, 「대한제국기 '간도문제'의 추이와 '식민화'」, 『역사문제연구』 17 참고.

5 『황성신문』, 1902년 6월 6일, 논설 「서북연계강토거민(西北沿界疆土居民)」. 은정태, 2007, 앞의 논문, 109쪽에서 재인용.

6 이사벨라 비숍, 신복룡 역주, 2000, 『조선과 그 이웃 나라들』, 집문당, 229-230쪽.

7 『독립신문』, 1898년 5월 28일, 논설.

8 모리야마 시게노리, 김세민 옮김, 1994, 『근대한일관계사연구: 조선식민지화와 국제관계』, 현음사, 241-242쪽.

9 위의 책, 242쪽.

10 일본은 통감부임시간도파출소 설치 근거를 제2차 한일협약(을사늑약) 제1조, 즉 일본은 앞으로 한국의 외국 관계 및 사무를 감리・지휘하고, 일본국의 대표자 및 영사는 외국에서 한국의 신민 및 이익을 보호한다는 내용에서 구했다. 그리고 1899년 9월에 체결된 한청통상조약 제5조, 즉 영사재판권을 상호승인한다는 규정에 따라, 간도파출소를 통해

재류조선인의 재판사무를 담당할 수 있다고 주장했다(白榮勛, 2005,『東アジア政治・外交史硏究:「間島協約」と裁判管轄權』, 大阪經濟法科大學出版部, pp. 20-25).

11 간도 지역에 대한 일본의 현지조사 및 문헌 연구와 관련해서는 이화자, 2019, 앞의 책, 제3편 '간도문제' 연구 중 1905~1909년 일본의 간도 영토 귀속 문제 조사의 내막 참고.

12 위의 책, 65쪽.

13 內藤虎次郞, 1972,「間島問題私議」,『內藤湖南全集』제6권, 筑摩書房, pp. 566-567.

14 크리스티앙 그라탈루, 이대희・류지석 옮김, 2010,『대륙의 발명』, 에코리브르, 15-16쪽.

15 간도문제를 둘러싼 청일 간의 교섭 과정에 대해서는 白榮勛, 2005, 앞의 책, 제1장 참고.

16 麻田雅文, 2014,『滿蒙: 日露中の「最前線」』, 講談社, pp. 71-73.

17 동청철도 설립 과정에 대해서는 위의 책, 제1장 참고.

18 西澤泰彦, 2015,『圖說 滿鐵:「滿洲」の巨人』, ふくろうの本, pp. 16-17.

19 위의 책, p. 31.

20 위의 책, pp. 270-275.

21 이 책 프롤로그 참조. 더불어 야마자키 단쇼(山崎丹照)는 '외지'에 대해 "우리(일본: 인용자) 통치권이 배타적으로 행해지는 지역으로, 게다가 어떤 특종의 이유로 인해 국가 전체를 대상으로 제정된 법규가 원칙적으로 행해지지 않고, 그 지역을 위해 특별히 제정된 법규가 각별히 하나의 체계를 이루어 행해지고 있는 지방"으로 정의하고, 일본 본토, 곧 혼슈(本州), 시코쿠(四國), 규슈(九州), 홋카이도(北海道), 류큐(琉球)와 그 외 도서(島嶼)로 이루어진 '내지'와는 별개의 법역을 이룬다고 설명했다(山崎丹照, 1943,『外地統治機構の硏究』, 高山書院, pp. 1-3).

22 위의 책, pp. 12-13.

23 위의 책, pp. 14-19.

24 위의 책, pp. 15-39.

25 위의 책, pp. 40-41; pp. 90-93.

26 滿鐵會, 2007,『滿鐵四十年史』, 吉川弘文館, p. 37.

27 위의 책, p. 37.

28 여기에서 '삼대신'이라 함은 체신대신(遞信大臣), 대장대신(大藏大臣), 외무대신(外務大臣)을 가리킨다.「삼대신명령서」중 주요 조항의 내용은 다음과 같다(위의 책, pp. 285-286).

    제1조 회사는 메이지 38년(1905년: 인용자) 12월 22일에 조인된 만주에 관한 일청조약 부속협약에 따라 다음 철도의 운수업을 경영할 수 있다. (후략, 다음 주석의「남만주철도주식회사 정관」총칙 제4조 1항의 내용과 같다.)

    제3조 회사는 연도 주요 정거장에서 여객의 숙박 식사 및 화물의 저장에 필요한 제반 설비를 갖출 수 있다.

    제4조 회사는 철도의 편익을 위해 다음과 같은 부대사업을 경영할 수 있다. (후략, 다음 주석의「남만주철도주식회사 정관」총칙 제4조 2항의 내용과 대부분 일치한다.)

    제5조 회사는 정부의 인가를 받아 철도 및 부대사업의 용지 내에서 토목・교육・위생 등

에 필요한 시설을 갖추어야 한다.

제6조 전 조항의 경비를 충당하기 위해 회사는 정부의 인가를 받아 철도 및 부대사업 용지 내 거주민에 대해 수수료를 징수하고 기타 필요한 비용을 나누어 부과할 수 있다.

29 정관 중 총칙에 해당하는 내용은 다음과 같다(위의 책, pp. 289-291).

제1장 총칙

제1조 본 회사는 남만주철도주식회사라고 칭하며, 메이지 39년(1906년: 인용자) 칙령 제142호에 따라 일본제국 정부의 명령을 준봉하여 설립하는 것으로 한다.

제2조 본 회사의 주주의 책임은 그 주식의 금액으로 제한한다.

제3조 본 회사는 본사를 다롄에, 지사를 도쿄시에 둔다. [※본 회사는 본사를 도쿄시에, 지사를 다롄에 둔다고 되어 있던 것을 메이지 40년(1907년: 인용자) 4월 16일 임시주 주총회의 결의로 개정했다.]

제4조 본 회사의 목적은 다음과 같다.

　1 만주에서 다음과 같은 철도의 운수업을 경영한다.

　　1 다롄(大連)·창춘(長春) 간 철도

　　1 난관링(南關嶺)·뤼순(旅順) 간 철도

　　1 다팡선(大房身)·류수툰(柳樹屯) 간 철도

　　1 다스차오(大石橋)·잉커우(營口) 간 철도

　　1 옌타이(煙臺)·옌타이탄광(煙臺炭鑛) 간 철도

　　1 쑤자툰(蘇家屯)·푸순(撫順) 간 철도

　　1 펑톈(奉天)·안둥현(安東縣) 간 철도

　1 철도의 편익을 위해 다음의 부대사업을 경영한다.

　　1 광업, 특히 푸순 및 옌타이의 탄광 채굴

　　1 수운업

　　1 전기업

　　1 창고업

　　1 철도부속지에서의 토지 및 가옥의 경영

　　1 기타 정부의 허가를 얻은 영업

제5조 본 회사의 자본은 금 2억 엔으로 한다. 단지 제1회 주식 모집액은 일본제국 정부 소지 주식 외 금 2,000만 엔으로 하고, 제2회 이후에는 점차 필요에 따라 주주 총회의 결의에 따라 모집하는 것으로 한다.

제6조 본 회사의 공고는 본사 소재지에서 관동도독부가 공고를 게재하는 신문지, 그리고 지사 소재지에서 소관 재판소가 공고를 게재하는 신문지로써 한다. [※본 회사의 공고는 본사 소재지에서 소관 재판소가 공고를 게재하는 신문지, 그리고 다롄에서 관동도독부가 공고를 게재하는 신문지로써 한다고 되어 있던 것을 메이지 40년 4월 16일 임시주주총회 결의로 개정했다.]

30 西澤泰彦, 2015, 앞의 책, pp. 19-20.

31 위의 책, pp. 21-22.

32 西澤泰彦, 2006,『圖說「滿洲」都市物語: ハルビン・大連・瀋陽・長春』, 河出書房新社, pp. 26-27.

33 滿鐵會, 2007, 앞의 책, p. 38.

34 ロサリア・アビラ・タピエス, 2003,「舊滿洲における民族間の居住分化の狀況(上): 南滿洲鐵道附屬地都市の事例」,『甲南大學紀要』文學編 134, p. 5.

35 위의 논문, p. 3.

36 滿鐵會, 2007, 앞의 책, p. 38. 〈표 2-1〉 또한 같은 지면에서 재인용했다.

37 ロサリア・アビラ・タピエス, 2004,「舊滿洲における民族間の居住分化の狀況(下): 南滿洲鐵道附屬地都市の事例」,『甲南大學紀要』文學編 139, p. 202에서 재인용.

38 위의 논문, p. 203.

39 한반도 내 조계 철폐 과정에 대해서는 박준형, 2016,「'조계'에서 '부'로: 1914년, 한반도 공간의 식민지적 재편」,『사회와 역사』 110 참고.

40 西澤泰彦, 2006, 앞의 책, p. 27.

41 위의 책, p. 27.

제2부 만선역사지리조사부의 설립과 '동양사학'의 전개

3장 만철의 조사기구와 사람들: '동양사학'의 기원

1 加藤聖文, 2006,『滿鐵全史:「國策會社」の全貌』, 講談社, pp. 18-20.

2 위의 책, pp. 29-30.

3 北岡伸一, 1988,『後藤新平』, 中央公論新社, pp. 83-87.

4 고바야시 히데오, 임성모 옮김, 2002,『만철: 일본제국의 싱크탱크』, 산처럼, 46-47쪽; 加藤聖文, 2006, 앞의 책, pp. 27-29.

5 北岡伸一, 1988, 앞의 책, pp. 94-103.

6 위의 책, p. 103.

7 稻葉君山, 1939,『後藤新平伯と「滿洲歷史調査部」』, 南滿洲鐵道株式會社 鐵道總局弘報課, pp. 14-15.

8 참고로 번역 작업은 1914년에 끝났으나 제1차 세계대전의 발발로 서구 학자들에게 번역서를 배포하지는 못했다고 한다(위의 책, p. 15).

9 北岡伸一, 1988, 앞의 책, pp. 119-121.

10 고바야시 히데오, 임성모 옮김, 2002, 앞의 책, 49쪽.

11 越澤明, 2011,『後藤新平: 大震災と帝都復興』, 筑摩書房, pp. 14-15.

12 만철조사부 개요는 小林英夫, 2006,『滿鐵調査部の軌跡』, 藤原書店; 2015,『滿鐵調査部』, 講談社 참고.

13 小林英夫, 2006, 앞의 책, p. 43.

14 白鳥庫吉, 1971, 『白鳥庫吉全集』第10巻, 岩波書店, pp. 405-406.

15 稲葉君山, 1939, 앞의 책, 「はしがき」.

16 中生勝美, 2016, 『近代日本の人類學史: 帝國と植民地の記憶』, 風響社, p. 265.

17 만철에 설치된 시라토리 주재의 연구기관 명칭과 관련해서는 의견이 분분하다. 연구자에 따라 '만선역사지리조사부', '역사조사실' 등 각기 다른 명칭을 사용하고 있는데, 이는 사료상에서도 명칭이 통일되어 있지 않은 점에 기인하는 바가 크다(井上直樹, 2013, 『帝國日本と「滿鮮史」: 大陸政策と朝鮮・滿洲認識』, 塙書房, pp. 124-129). 이 책에서는 새로운 용어를 만들어 연구자들에게 혼란을 가중하기보다는 기존에 제시된 명칭들 중 상대적으로 널리 쓰이고 있는 '만선역사지리조사부'라는 용어를 임의적으로 사용하기로 한다.

18 稲葉君山, 1939, 앞의 책, p. 3.

19 井上直樹, 2013, 앞의 책, pp. 112-114.

20 稲葉君山, 1939, 앞의 책, pp. 4-5.

21 南滿洲鐵道株式會社, 1913, 『滿洲歷史地理』上, 丸善株式會社, pp. 1-5.

22 稲葉君山, 1939, 앞의 책, pp. 5-6.

23 위의 책, p. 17.

24 이 글은 본래 일본에서 간행되는 『일본 및 일본인(日本及日本人)』에 수록뇌었지만, 아카키와 친구 사이였던 『평양발전사』의 편찬자 구마가이 나오스케(熊谷直亮)가 이 글을 읽고는 '쾌심의 일대 문자'라고 감탄하여, 『평양발전사』 독자들에게 평양의 장래 희망으로 소개하기 위해 전재를 결정했다(平壤民團役所 編, 1914, 『平壤發展史』, 民友社, p. 424. 이하 「평양천도론」 내용에는 주를 생략한다).

25 井上直樹, 2013, 앞의 책, pp. 67-69; pp. 77-79.

26 위의 책, pp. 84-86.

27 稲葉君山, 1939, 앞의 책, pp. 15-16.

28 松村潤, 1992, 앞의 논문, pp. 40-42.

29 中見立夫, 2006, 「日本的「東洋學」の形成と構圖」, 岸本美緒 編, 『「帝國」日本の學知』, 岩波書店, pp. 36-38; 井上直樹, 2013, 앞의 책, pp. 112-129 참고.

30 東方學會 編, 2000, 「箭内亙博士」, 『東方學回想』Ⅱ, 刀水書房 참고.

31 井上直樹, 2013, 앞의 책, pp. 91-93; p. 138.

32 위의 책, pp. 139-140.

33 新川登龜男・早川万年 編, 2011, 『史料としての『日本書紀』: 津田左右吉を讀みなおす』, 勉誠出版, pp. 557-560.

34 井上直樹, 2013, 앞의 책, pp. 91-93; p. 147.

35 東方學會 編, 2000, 「和田清博士」, 『東方學回想』Ⅴ, 刀水書房 참고.

36 松村潤, 1994, 「和田清」, 江上波夫 編, 『東洋學の系譜』第2集, 大修館書店, pp. 168-171.

37 홍순영, 2018, 「세노 우마쿠마(瀨野馬熊)의 활동과 한국사 인식」, 『한국근현대사연구』 85, 11-20쪽.

38 井上直樹, 2013, 앞의 책, pp. 91-93; pp. 141-142.

39 위의 책, pp. 91-93; pp. 121-123.

40 南滿洲鐵道株式會社, 1913, 앞의 책, 序.

41 위의 책, 序.

42 南滿洲鐵道株式會社, 1913, 앞의 책, p. 6.

43 旗田巍, 1969, 「滿鮮史の虛像: 日本の東洋史家の朝鮮觀」, 『日本人の朝鮮觀』, 勁草書房, pp. 189-190.

44 旗田巍, 1951, 『朝鮮史』, 岩波書店, p. 5.

45 위가야, 2016, 「〈기획1 한국 고대사와 사이비 역사학 비판〉 '한사군 한반도설'은 식민사학의 산물인가」, 『역사비평』 114, 241쪽.

46 이성시, 2011, 「한국고대사연구와 식민지주의: 그 극복을 위한 과제」, 『한국고대사연구』 61, 208쪽.

47 다키자와 노리오키, 2003, 「이나바 이와키치와 '만선사'」, 『한일관계사연구』 19; 櫻澤亞伊, 2007, 「'滿鮮史觀'の再檢討: '滿鮮歷史地理調查部'と稻葉岩吉を中心に」, 『現代社會文化研究』 37; 사쿠라자와 아이, 2009, 「이나바 이와키치의 '만선불가분론'」, 『일제시기 만주사·조선사 인식』, 동북아역사재단.

48 ヘイドン·ホワイト 著, 岩崎稔 監譯, 2017, 『メタヒストリー: 一九世紀ヨーロッパにおける歷史的想像力』, 作品社, pp. 106-107.

49 사쿠라자와 아이, 2009, 앞의 논문, 41쪽.

50 武田幸男, 1999, 「池內宏」, 『20世紀の歷史家たち(2)』, 刀水書房, p. 139.

51 三上次男, 1970, 「池內宏先生: その人と學問」, 池內宏 著, 『日本上代史の一研究』, 中央公論美術出版, p. 187.

52 窪德忠, 1994, 「池內宏」, 江上波夫 編, 『東洋學の系譜 第2集』, 大修館書店, p. 82. 한국인의 경우이기는 하지만 일찍이 도쿄제국대학 문학부 국사학과를 졸업하고 해방 후 고려대학교 사학과 교수로 재직한 이홍직은 이케우치에 대해 "위대한 정력적 만선사 연구가"라고 평했다. 다만 이케우치의 연구가 사료 비판의 정치함에도 불구하고 문헌상의 논리에 사로잡혀 억측에 빠지기도 한 점, 그리고 민족 감정의 깊은 세계에 도달해야 이해될 수 있는 지점까지는 이르지 못한 점을 지적하기도 했으나, 이케우치의 연구를 발판으로 스에마쓰 야스카즈(末松保和), 하타다 다카시, 미카미 쓰기오 같은 제자들이 길러졌음을 볼 때, "'이케우치 사학'의 거대한 족적과 그 영향이 지대함을 부인할 수 없다"고 강조했다(이홍직, 1960, 「이케우치 히로시(池內宏) 저 만선사 연구(상세 제2책): 이케우치(池內) 박사의 업적의 회고를 겸하여」, 『아세아연구』 3권 2호, 204쪽).

53 최재석, 1990, 「제4장 이케우치 히로시(池內宏)의 일본고대사연구 비판」, 『일본고대사연구비판』, 일지사.

54 김영하, 2008, 「일제시기의 진흥왕순수비론: '만선(滿鮮)'의 경역인식과 관련하여」, 『한국고대사연구』 52; 위가야, 2014, 「이케우치 히로시(池內宏)의 대방군 위치 비정과 그 성격」, 『인문과학』 54; 박찬홍, 2017, 「이케우치 히로시(池內宏)의 한국고대사 시기구분과

고조선 · 한사군 연구」, 『역사와 담론』 84.

4장 '동양사학'의 계보와 '실증주의': 이케우치 히로시의 '만선사'를 중심으로

1   일본 최초의 대학으로 도쿄대학이 탄생한 것은 1877년이다. 당시 도쿄대학은 법학부, 이
    학부, 문학부, 의학부의 4개 학부로 구성되어 있었으며, 문학부는 '사학철학 및 정치학
    과'와 '화한문학과(和漢文學科)'로 구분되었다. 1881년 개편을 통해 문학부는 '철학과',
    '정치학 및 이재학과', '화한문학과'의 체제를 이루게 되었으나, 1885년에 '정치학 및 이
    재학과'는 법학부로 이관되고, '화한문학과'는 '화문학과'와 '한문학과'로 분리되었다. 이
    듬해 「제국대학령」이 발포됨에 따라 도쿄대학은 제국대학으로 개편되었다. 이때 문학부
    내에 '박언학과(博言學科)'가 신설되었으며, 시라토리가 입학한 해인 1887년에는 일찍
    이 마땅한 교수를 구하지 못해 폐지되었던 사학과가 루드비히 리스(Ludwig Riess)의 영
    입과 함께 부활되었다. 서양사만 가르치던 사학과에 일본사 과목이 들어선 것은 1888년
    이며, 이듬해인 1889년에는 사학과와 대치되는 형태로 '국사학과'가 설립되었다. 1904
    년 학과 규정 개정에 따라, 문학부체제는 문 · 사 · 철의 세 개 코스로 바뀌었다. 1910년
    에 '지나사학과'가 '동양사학과'로 개칭되었으며, 1918년에는 동양사학 강좌 2강좌가 관
    제화되기에 이른다(中見立夫, 2006, 「日本的「東洋學」の形成と構圖」, 岸本美緒 編, 『「帝國」
    日本の學知』, 岩波書店, pp. 17-30).

2   武田幸男, 1999, 「池内宏」, 『20世紀の歷史家たち(2)』, 刀水書房, p. 142.

3   이케우치의 약력은 주로 吉川幸次郞 編, 1976, 『東洋學の創始者たち』, 講談社의 '池內宏年
    譜' 참고.

4   武田幸男, 1999, 앞의 논문, p. 142.

5   시라토리의 약력은 吉川幸次郞 編, 1976, 앞의 책의 '白鳥庫吉年譜' 참고.

6   위의 책, p. 266.

7   고야마 사토시, 2009, 「'세계사'의 일본적 전유: 랑케를 중심으로」, 도면회 · 윤해동 엮음,
    『역사학의 세기: 20세기 한국과 일본의 역사학』, 휴머니스트, 58-59쪽.

8   스테판 다나카, 박영재 · 함동주 옮김, 2004, 『일본 동양학의 구조』, 문학과지성사, 72-73쪽.

9   旗田巍, 1966, 「日本における東洋史學の傳統」, 幼方直吉 · 遠山茂樹 · 田中正俊 編, 『歷史像再
    構成の課題: 歷史學の方法とアジア』, 御茶の水書房, p. 219

10 위의 논문, pp. 220-221.

11 스테판 다나카, 박영재 · 함동주 옮김, 2004, 앞의 책, 제3장 및 제4장 참고.

12 E. H. Carr, 길현모 옮김, 2014, 『역사란 무엇인가』, 탐구당, 10-11쪽.

13 스테판 다나카, 박영재 · 함동주 옮김, 2004, 앞의 책, 104쪽.

14 ヘイドン · ホワイト 著, 岩崎稔 監譯, 2017, 『メタヒストリー: 一九世紀ヨーロッパにおける
    歷史的想像力』, 作品社, 앞의 책, pp. 278-291.

15 위의 책, pp. 290-291.

16 스테판 다나카, 박영재 · 함동주 옮김, 2004, 앞의 책, 147-148쪽.

17 南滿洲鐵道株式會社, 1913,『滿洲歷史地理』上, 丸善株式會社, pp. 1-5.

18 稻葉君山(岩吉), 1922,「序文」,『支那社會史硏究』, 大鐙閣, pp. 2-3.

19 稻葉君山, 1922a,「滿鮮不可分の史的考察」,『支那社會史硏究』, 大鐙閣, pp. 303-307.

20 위의 책, p. 314.

21 稻葉君山, 1922b,「朝鮮の文化問題」,『支那社會史硏究』, 大鐙閣, pp. 275-276.

22 稻葉君山, 1922a, 앞의 논문, p. 313.

23 稻葉君山, 1922b, 앞의 논문, p. 279.

24 위의 논문, pp. 282-283.

25 『朝鮮の文化』는 이케우치 사후 미카미에 의해 간행된『滿鮮史硏究: 近世篇』(中央公論美術出版, 1970)에 재수록되었는데, 이하에서는 이 판본을 검토 대상으로 삼았다.

26 三上次男, 1970, 앞의 논문, p. 339.

27 吉川幸次郎 編, 1976,『東洋學の創始者たち』, 講談社, p. 287.

28 池內宏, 1970a,「朝鮮の文化」,『滿鮮史硏究 -近世篇-』, 中央公論美術出版, p. 224.

29 위의 논문, p. 229.

30 위의 논문, p. 230.

31 이케우치는 '한족(韓族)'을 "금일의 조선인의 선조"라고 간주했다(池內宏, 1970b,『日本上代史の一硏究』, 中央公論美術出版, p. 14. 이 책은 이케우치 사후 미카미에 의해 1947년의 구판을 복간한 것이다.

32 위의 책, pp. 9-12.

33 池內宏, 1970a, 앞의 논문, p. 233.

34 위의 논문, p. 239.

35 위의 논문, p. 244.

36 稻葉岩吉, 1938,「予が滿鮮史硏究課程」, 稻葉博士還曆記念會 編,『稻葉博士還曆記念 滿鮮史論叢』, p. 17.

37 池內宏, 1914,「序文」,『文祿・慶長の役 正編 第一』, 南滿洲鐵道株式會社, pp. 1-2.

38 池內宏, 1936,「序文」,『文祿・慶長の役 別編』, 東洋文庫, pp. 1-3.

39 吉川幸次郎 編, 1976, 앞의 책, p. 289.

40 武田幸男, 1999, 앞의 논문, pp. 145-146.

41 吉川幸次郎 編, 1976, 앞의 책, pp. 278-279.

42 위의 책, p. 283.

43 이홍직, 1960, 앞의 논문, 201-202쪽; 武田幸男, 1999, 앞의 논문, pp. 146-147. 김영하는 금석문의 긍정 위에 문헌 사료에 대한 합리적 해석이 가능함에도 불구하고, 문헌 사료를 앞세워 금석문을 부정한 인물로서 쓰다 소우키치와 이케우치 히로시를 들었다. 그리고 이들이 그와 같은 입장을 취한 배경을 분석하고자 했다. 결론적으로 말하자면, 이들은 시라토리의 영향하에 일본 동양사학자로서의 동질성을 공유할 수밖에 없었으며, 따라서 "신라의 동북경 문제를 한국사의 차원에서 영토의 전진과 퇴축의 문제가 아니라, 동양사의 차원에서 한국사의 신라와 만주사의 고구려 및 발해의 경역 문제로 인식"하려 했다는

것이다. 다시 말해 금석문과 문헌 사료 중 후자를 선택한 배경에는 만선사관에 기반한 "선험적인 경역인식"이 있었다는 설명이다(김영하, 2008, 「일제시기의 진흥왕순수비론: '만선'의 경역인식과 관련하여」, 『한국고대사연구』 52, 455-462쪽). 이는 실증주의적 방법론 이전에 존재하는 연구자의 선험적 인식 문제를 제기하고 있다는 점에서 본고의 논의와 관련해서도 경청할 만하다. 다만 김영하의 주장은 역사서술에서 '한국사의 차원'이 '동양사의 차원'보다 타당성을 갖는다는 또 다른 선험적 인식을 내포하고 있음을 지적해두고자 한다.

44 旗田巍, 1966, 앞의 논문, p. 214.

45 旗田巍, 1978a, 「朝鮮史研究をかえりみて」, 『朝鮮史研究會論文集』 15, pp. 139-142.

46 스테판 다나카, 박영재·함동주 옮김, 2004, 앞의 책, 135-145쪽.

47 池內宏, 1931, 「序言」, 『元寇の新研究』, 東洋文庫, pp. 4-5.

48 旗田巍, 1965, 『元寇』, 中央公論社, p. 176.

49 위의 책, p. 3.

50 위의 책, p. 3.

51 위의 책, pp. 174-175.

52 吉川幸次郎 編, 1976, pp. 289-290.

53 위의 책, 308; p. 311.

54 池內宏, 1970b, 앞의 책, p. 4.

55 吉川幸次郎 編, 1976, 앞의 책, p. 288.

56 위의 책, p. 311.

57 中國農村慣行調査刊行會 編, 1952, 『中國農村慣行調査』 제1권, p. 1.

58 고야마 사토시, 2009, 앞의 논문, 61쪽.

59 위의 논문, 121-122쪽.

제3부 만철조사부의 변천과 '현지조사'의 확대

5장 제국 판도의 팽창과 '조사 공간'의 확대: '만몽'에서 '화북'으로

1 山室信一, 2011, 『複合戰爭と總力戰の斷層』, 人文書院, pp. 7-9.

2 염상섭, 손미순 책임편집, 2008, 『만세전』, 열림원, 97쪽.

3 加藤陽子, 2007, 『シリーズ日本近現代史⑤ 滿州事變から日中戰爭へ』, 岩波書店, pp. ⅰ-ⅱ.

4 위의 책, pp. ⅱ-ⅴ.

5 위의 책, pp. 14-19.

6 위의 책, pp. 19-28.

7 久保亨, 2014, 「華北地域槪念の形成と日本」, 本庄比佐子·內山雅生·久保亨 編, 『華北の發見』, 汲古書院, pp. 5-9.

8 本庄比佐子, 2014, 「はじめに」, 本庄比佐子・内山雅生・久保亨 編, 『華北の發見』, 汲古書院, pp. vii-viii.

9 일본에 의한 점령 지역 통치는 '대일협력정권'을 통해 도모되었다. 1937년 12월 화북 지역에는 왕커민(王克敏, 1876~1945)을 위원장으로 하는 임시정부가 설치되었다. 한편, 만주국 건립 후 그 서쪽의 치하얼성과 쑤이위안성 일대를 지칭하는 '몽강(蒙疆)' 지역의 경우, 1937년 중에 치하얼성에 치하얼자치정부(察哈爾自治政府), 치하얼성 일부와 쑤이위안성에 몽고연맹자치정부(蒙古聯盟自治政府), 산시성(山西省) 북부에 진북자치정부(晋北自治政府)가 각각 세워졌는데, 이후 몽강연합위원회(蒙疆聯合委員會)를 거쳐 1939년에 몽고연합자치정부(蒙古聯合自治政府)로 통합되었다. 그뿐만 아니라 화중 지역의 난징에는 량훙즈(梁鴻志, 1882~1946)를 행정원장으로 하는 유신정부가 설치되었다. 그러다 1940년 왕징웨이(王精衛, 1883~1944) 정권이 출현하자 유신정부는 그에 흡수되고 임시정부는 화북정무위원회(華北政務委員會)로 개칭되었다. 점령 당초 이들 협력정부에 대해서는 해당 지역의 육군이나 해군의 특무기관이 지도하는 체제가 구축되었으나, 점령 지역이 광대한 만큼 점령지 정책을 수행함에 있어서 점령지 상호 간에서만이 아니라 일본 국내와도 정책 조정의 필요성이 부상했다. 그에 따라 중국 관내의 점령지 정책을 주관할 행정기관의 설치가 검토되었으며, 결과적으로 1938년 12월 흥아원(興亞院)의 설치를 보게 된다(柴田善雅, 2017, 「中國占領地行政機構としての興亞院」, 本庄比佐子・内山雅生・久保亨 編, 『興亞院と戰時中國調査』, 岩波書店(オンデマンド版), pp. 24-25).

10 만철조사부의 조직 및 활동은 安藤彦太郎・山田豪一, 1962, 「近代中國研究と滿鐵調査部」, 『歴史學研究』270; 末廣昭, 2006b, 「アジア調査の系譜」, 末廣昭 編, 『帝國』日本の學知』第6卷 地域研究としてのアジア, 岩波書店; 小林英夫, 2015, 앞의 책; 松村高夫・柳澤遊・江田憲治, 2008, 「序章 滿鐵の調査・研究活動の問題性と本署の立場」, 松村高夫・柳澤遊・江田憲治 編, 『滿鐵の調査と研究 : その「神話」と實像』, 青木書店 등 참고.

11 安藤彦太郎・山田豪一, 1962, 앞의 논문, p. 40쪽.

12 岡本隆司, 2018, 『近代日本の中國觀』, 講談社, p. 36.

13 安藤彦太郎・山田豪一, 1962, 앞의 논문, p. 36.

14 '신지나통'과 관련해서는 위의 논문, p. 37 참고.

15 安藤彦太郎, 2001, 「戰時期日本の中國研究」, 小島晋治・大里浩秋・並木賴壽 編, 『20世紀の中國研究』, 研文出版, pp. 159-161.

16 江副敏生, 2001, 「幻の研究所 : 東亞研究所について」, 小島晋治・大里浩秋・並木賴壽 編, 『20世紀の中國研究』, 研文出版, pp. 131-132.

17 末廣昭, 2006a, 「序章 他者理解としての「學知」と「調査」」, 末廣昭 編, 『帝國』日本の學知』第6卷 地域研究としてのアジア, 岩波書店, p. 15.

18 安藤彦太郎・山田豪一, 1962, 앞의 논문, p. 41.

19 伊藤武雄, 1964, 『滿鐵に生きて』, 勁草書房, p. 258.

20 흥아원의 중국 조사연구활동에 대해서는 久保亨, 2017, 「興亞院の中國實態調査」, 本庄比佐子・内山雅生・久保亨 編, 『興亞院と戰時中國調査』, 岩波書店(オンデマンド版), 2017

참고.

21 위의 논문, p. 74.

22 末廣昭, 2006b, 앞의 논문, p. 29.

23 中國農村慣行調查刊行會 編, 1952, 앞의 책, p. 1.

24 위의 책, pp. 17-18.

25 위의 책, p. 21.

26 滿鐵北支經濟調查所, 1942, 『北支慣行調查資料之部』 第77輯 槪況篇 第11號, p. 1.

27 內山雅生, 2001, 「「華北農村慣行調查」と中國社會認識」, 小島晋治・大里浩秋・並木賴壽 編, 『20世紀の中國硏究』, 硏文出版, pp. 82-83.

28 '관행조사'의 현지조사 계보상의 위치와 관련해서는 中生勝美, 2016, 앞의 책 제4장 참고.

29 위의 책, p. 242.

30 위의 책, p. 266.

31 동아연구소의 창설 및 기구에 대해서는 江副敏生, 2001, 앞의 논문 참고.

32 제6조사위원회 학술부위원회의 위원장은 도쿄제국대학 법과대학 교수, 경성제국대학 총장, 일본학사원 원장 등을 역임한 야마다 사부로(山田三良, 1869~1965)였다. 그리고 위원으로는 도쿄제국대학 법학부 교수인 스에히로 이즈타로(末弘嚴太郎, 1888~1951), 다나카 고타로(田中耕太郎, 1890~1974), 와가쓰마 사카에(我妻榮, 1897~1973) 등과 도쿄제국대학 농학부 교수 나스 시로시(那須皓, 1888~1984), 도쿄제국대학 문학부 교수 와다 세이(和田清, 1890~1963), 동방문화학원 연구원 니이다 노보루(仁井田陞, 1904~1966) 등이 참여했다(末廣昭, 2006b, 앞의 책, p. 30).

33 末廣昭, 2006b, 앞의 논문, pp. 29-30.

34 '관행조사'에 실제 종사한 만철조사부 측 인원은 다음과 같다. 안도 시즈마사(安藤鎭正), 우치다 도모오(內田智雄), 오누마 쇼(小沼正), 사노 도시카즈(佐野利一), 시오미 긴고로(鹽見金五郎), 스기우라 간이치(杉浦貫一), 스기노하라 슌이치(杉之原舜一), 하타다 다카시(旗田巍), 하야카와 다모쓰(早川保), 혼다 에쓰로(本田悅郎), 혼다 규이치(本田久一), 야마모토 요시조(山本義三), 야마모토 다케시(山本斌), 오시카와 이치로(押川一郎) 등 이상 14명이다(末廣昭, 2006b, 앞의 논문, pp. 30-32).

35 內山雅生, 2001, 앞의 논문, p. 80.

36 末廣昭, 2006b, 앞의 논문, p. 35.

37 하타다의 이력은 旗田巍先生追悼集刊行會 編, 1995, 『追悼 旗田巍先生』, P ワード 참고.

38 旗田巍, 1978a, 「朝鮮史研究をかえりみて」, 『朝鮮史硏究會論集』 15, pp. 138-139.

39 成田龍一, 2007, 『シリーズ日本近現代史④ 大正デモクラシー』, 岩波書店, p. 36.

40 旗田巍, 1978a, 앞의 논문, p. 139.

41 위의 논문, p. 140.

42 위의 논문, pp. 143-144.

43 위의 논문, pp. 144-145.

44 「연구조성관계잡건(硏究助成關係雜件)」 제9권(일본외무성외교사료관 소장, H문6류2항

278 제국 일본의 동아시아 공간 재편과 만철조사부

0목3_009호), 쇼와 8년 5월 10일, 滿蒙文化研究事業助成申請書.

45 旗田巍, 1978b, 「私と朝鮮のかかわり」, 『コリア評論』 21(198), p. 5.

46 旗田巍, 1992, 「新しい朝鮮史像をもとめて」, 『新しい朝鮮史像をもとめて』, 大和書房, pp. 201-211.

47 旗田巍, 1978a, p. 146.

48 하타다가 만철에 입사하기까지의 경위는 旗田巍, 1965, 「東洋史學の回想(二)」, 『歴史評論』 173 참고.

49 위의 논문, p. 15.

50 小林英夫, 2015, 앞의 책, p. 114.

51 旗田巍, 1978a, 앞의 논문, p. 146.

52 旗田巍, 1965, 앞의 논문, p. 15.

53 위의 논문, pp. 18-19.

54 旗田巍, 1978a, p. 139.

55 위의 논문, p. 141.

56 旗田巍, 1973, 『中國村落と共同體異論』, 岩波書店, p. 36.

57 위의 책, p. vii.

58 福本勝清, 2016, 『マルクス主義と水の理論: アジア的生産様式論の新しき視座』, 社會評論社, pp. 61-62.

59 나가하라 게이지, 하종문 옮김, 2011, 『20세기 일본의 역사학』, 삼천리, 106-107쪽.

60 安藤彦太郎, 2001, 앞의 논문, pp. 164-165.

61 福本勝清, 2016, 앞의 책, pp. 66-68.

62 安藤彦太郎, 2001, 앞의 논문, pp. 165-166.

63 시미즈 모리미쓰의 공동체 이론과 관련해서는 旗田巍, 1973, 앞의 책, 제1장 참고.

64 清水盛光, 1939, 『支那社會の研究: 社會學的考察』, 岩波書店, p. 1.

65 旗田巍, 1973, 앞의 책, p. 36.

66 '히라노·가이노 논쟁'에 대해서는 위의 책 제3장 참고.

67 위의 책, p. 48.

68 安藤彦太郎·山田豪一, 1962, 앞의 논문, p. 42.

69 위의 논문, p. 42.

70 岡本隆司, 2018, 앞의 책, pp. 115-117.

71 위의 책, pp. 125-132.

72 安藤彦太郎·山田豪一, 1962, 앞의 논문, p. 42에서 재인용.

73 岡本隆司, 2018, 앞의 책, pp. 132-135.

74 小林英夫, 2015, 앞의 책, pp. 116-120.

75 安藤彦太郎·山田豪一, 1962, 앞의 논문, p. 43.

76 위의 논문, p. 42.

77 末廣昭, 2006b, 앞의 논문, p. 29.

78 小林英夫, 2015, 앞의 책, pp. 120-122.

79 위의 책, pp. 129-133.

80 安藤彦太郎·山田豪一, 1962, 앞의 논문, p. 43.

6장 제국의 붕괴와 '현지조사'의 유산: 하타다 다카시의 '전후 조선사학'을 중심
으로

1 旗田巍先生追悼集刊行會 編, 1995, 『追悼 旗田巍先生』, Pワード의 연보 참고.

2 旗田巍, 1976, 「朝鮮史學を貫いたもの」, 『アジア』 1976年 8·9月號(合倂號), p. 260.

3 旗田巍, 1983, 「朝鮮史を學ぶために」, 『朝鮮と日本人』, 勁草書房, p. 2.

4 旗田巍, 1951, 『朝鮮史』, 岩波書店, p. 5.

5 三好洋子, 1995, 「旗田先生の思い出」, 旗田巍先生追悼集刊行會 編, 『追悼 旗田巍先生』, Pワー
ド, pp. 108-109.

6 旗田巍, 1978a, 「朝鮮史研究をかえりみて」, 『朝鮮史研究會論文集』 15, pp. 148-149.

7 末松保和·周藤吉之·山邊健太郎, 1952, 「旗田巍著 『朝鮮史』」, 『歷史學研究』 156, p. 41.

8 천관우, 1952, 「기전외저 조선사」, 『역사학보』 1, 128쪽.

9 李進熙, 1995, 「旗田巍先生の死を悼む」, 旗田巍先生追悼集刊行會 編, 『追悼 旗田巍先生』, Pワ
ード, p. 158.

10 안종철, 2013, 「주일 대사 에드윈 라이샤워의 '근대화론'과 한국사 인식」, 『역사문제연
구』 29, 315쪽.

11 천관우, 1952, 앞의 논문, 127쪽.

12 旗田巍, 1951, 앞의 책, pp. 3-5.

13 위의 책, pp. 251-252.

14 '다키가와 사건(瀧川事件)'이란 1933년 문부대신 하토야마 이치로(鳩山一郎, 1883~
1959)가 교토제국대학 법학부 교수인 다키가와 유키도키(瀧川幸辰, 1891~1962)의 저
서가 공산주의적이라는 이유로 그를 강제로 파면한 사건을 말한다. 학문의 자유와 대학
의 자치를 지키기 위해 교수단과 학생들이 중심이 되어 반대운동을 전개했으나 곧 진압
되었다(『大辭林』 第3版).

15 旗田巍, 1965, 앞의 논문, pp. 12-13.

16 旗田巍, 1978, 앞의 논문, pp. 145.

17 위의 논문, pp. 147-148.

18 矢澤康祐, 1995, 「旗田巍先生の逝去を悼む」, 旗田巍先生追悼集刊行會 編, 『追悼 旗田巍先生』,
Pワード, p. 94.

19 위의 논문, p. 95; 「ルポ·朝鮮史研究會」, 『鷄林』 1959년 3호, p. 36.

20 歷史學研究會 編, 1951, 『歷史における民族の問題: 1951年度歷史學研究會大會報告』, 岩波書
店 참고.

21 歷史學研究會 編, 1993, 『戰後歷史學と歷研のあゆみ』, 靑木書店, p. 63.

22 나카노 도시오, 2013, 「'전후 일본'에 저항하는 전후사상」, 권혁태·차승기 엮음, 『'전후'의 탄생: 일본, 그리고 '조선'이라는 경계』, 그린비, 32-35쪽.

23 磯前順一, 2010, 「石母田正と敗北の思考: 1950年代における前回をめぐって」, 安丸良夫·喜安朗 編, 『戰後知の可能性－歷史·宗敎·民衆－』, 山川出版社, pp. 39-46.

24 旗田巍, 1951, 「古代における民族の問題」, 『歷史學硏究』 153, p. 44.

25 위의 논문, pp. 43-44.

26 위의 논문, p. 44.

27 위의 논문, pp. 45-46.

28 위의 논문, p. 45.

29 磯前順一, 2010, 앞의 논문, p. 48.

30 이 책은 이기동의 번역으로 1983년에 한국에서도 출판되었다.

31 旗田巍, 1969, 『日本人の朝鮮觀』, 勁草書店, pp. 296-297.

32 板垣龍太, 2011, 「日韓會談反對運動と植民地支配責任論」, 趙景達·宮嶋博史·李成市·和田春樹 編, 『「韓國倂合」100年を問う: 『思想』特集·關係資料』, 岩波書店, p. 249.

33 위의 논문, pp. 251-252.

34 旗田巍 外, 1964, 「(座談會)朝鮮硏究の現狀と課題」, 『東洋文化』 36, p. 81.

35 위의 논문, p. 80.

36 朝鮮史硏究會·旗田巍 編, 1970, 『朝鮮史入門』, 太平出版社, p. 363.

37 旗田巍 外, 1965, 『アジア·アフリカ講座 Ⅲ 日本と朝鮮』, 勁草書房, p. ⅰ.

38 위의 책, p. 4.

39 梶村秀樹·宮田節子·渡部學, 1966, 『朝鮮近代史の手引』, 日本朝鮮硏究所, p. 2.

40 中塚明, 1980, 「日本における朝鮮史硏究の軌跡と課題」, 『朝鮮史硏究會論文集』 17, p. 27.

41 梶村秀樹·宮田節子·渡部學, 1966, 앞의 책, pp. 2-3.

42 참고로 『조선 근대사의 길잡이(朝鮮近代史の手引)』에서 관련 연구단체들에 대해 소개한 부분을 인용하면 다음과 같다(梶村秀樹·宮田節子·渡部學, 1966, 앞의 책, pp. 22-24).

　·日朝學術交流促進の會(東京都千代田區神田錦町三の一九): 각 분야의 연구자를 결집한 일조학술교류 촉진의 운동체이다. 회비 연 1,200엔, 학생 회원은 반액.

　·朝鮮學會(奈良縣天理市杣之內 おやさと硏究所 내): 구 경성제대 관계자 등이 중심을 이루고 있으며, 덴리교(天理敎)의 지원을 받고 있다. 기관지는 『조선학보(朝鮮學報)』, 회비는 연 1,500엔. 근현대사 쪽이 약하다고 말하지 않을 수 없지만, 덴리대학 도서관에는 귀중한 사료가 소장되어 있다.

　·朝鮮近代史料硏究會(東京都千代田區大手町二の八, 三菱日本빌딩 533호, 재단법인 우방협회 내): 구 조선총독부 관계자들의 단체이기 때문에, 그 시기 지배정책 쪽의 사료를 풍부하게 소장하고 있으며, 복각 출판도 이루어지고 있다. 주 1회 수요일 밤에 사료연구회를 열고 있다.

　또한 이상의 단체 외에 일조협회(본부, 東京都千代田區神田錦町三の一九 一ツ橋빌딩)는 물론 연구단체가 아니라 운동단체이지만, 전국 각지에 지부를 두고, 일본과 조선의 진정

한 우호를 바라는 모든 사람을 결집하고자 노력하고 있다. 일반 대학·연구기관에서 조선 연구 강좌를 정식으로 갖고 있는 곳은 극히 드물지만, 위의 제 단체 회원은 전국에 꽤 널리 산재해 있다. 그리고 재일조선인 기관으로서는 다음의 것들이 있다.

· 재일조선인과학자협회(東京都千代田區富士見町二の五): 조선민주주의인민공화국의 과학 연구를 일본인에게 소개하는 것을 임무 중 하나로 삼고 있다. 관서 기타 지방에 지부가 있다.

· 조선문제연구소(東京都千代田區富士見町二の四): 남북조선의 현상 분석을 정력적으로 행하고 있다.

· 조선대학교(東京都小平市小川町一の七00): 충실한 스텝과 도서관을 보유한 재일조선인의 최고교육기관.

43 宮田節子 外,「連續シンポジウム·第10回 日本における朝鮮研究の蓄積をいかに繼承するか 總括討論」,『朝鮮研究』30, 1964, p. 44.

44 위의 논문, pp. 46-47.

45 위의 논문, p. 46.

46 위의 논문, p. 47.

47 編輯部(宮田節子), 1964,「日本朝鮮研究所における各研究部會活動の總括と展望」,『朝鮮研究』34, pp. 1-2.

48 旗田巍 編, 1969,『シンポジウム 日本と朝鮮』, 勁草書房, p. 153.

49 『심포지엄 일본과 조선(シンポジウム 日本と朝鮮)』의 목차는 다음과 같다.

목차	비고
일본에서의 조선사 연구의 전통 조선인의 일본관 일본인의 조선관 '경성제대'의 사회경제사 연구 조선총독부의 조사사업 조선사편수회의 사업 일본의 조선어 연구 아시아사회경제사 연구 메이지 이후의 조선 교육 연구	심포지엄 제1회부터 제9회까지 ※제1회 심포지엄 분은 주 보고자였던 하타다 다카시의 논고「일본에서의 조선사 연구의 전통」으로 대체되었다.
조선의 미술사 연구 조선의 고고학 연구 일본과 조선(그 결산과 전망) 정약용(다산) 사상의 이해를 위해 후기 출석자 소개	제10회 심포지엄 이후 새롭게 추가된 내용 ※「정약용(다산) 사상의 이해를 위해」는 "일본인의 조선 연구 중 조선의 문화나 사상에 대한 연구가 부족하고, 그것이 풍부한 조선관을 만드는 데 커다란 장애가 되고 있다"는 문제의식에서 특별히 수록되었다.

50 梶村秀樹·宮田節子·渡部學, 1966, 앞의 책, pp. 49-51.

51 旗田巍 外, 1969, 앞의 책, p. 196.

52 위의 책, p. 193.

53 위의 책, p. 199.

54 위의 책, pp. 196~197.

55 위의 책, pp. 201~203.

56 하타다의 차별 발언 문제의 경위는 「本誌差別發言問題の經過と私たちの伴性」(『朝鮮研究』 87, 1969)에 자세하게 실려 있다. 『심포지엄 일본과 조선』에서는 차별 발언 부분이 삭제 된 채로 간행되었다.

57 하타다 외에 좌담회에 참석했던 미야타 세쓰코, 가지무라 히데키의 반성문도 각각 『조 선연구』 87호와 89호에 실렸다.

58 末松保和·周藤吉之·山邊健太郎, 1952, 앞의 논문, p. 41.

59 寺內威太郎, 2004, 「'滿鮮史'研究と稻葉岩吉」, 『植民地主義と歷史學:そのまなざしが殘したも の』, 邊水書房, pp. 38-39에서 재인용.

60 旗田巍 外, 1964, 앞의 논문, p. 95에서 재인용.

61 위의 논문, p. 94. 조선학회의 창립 및 활동과 관련해서는 長森美信, 2010, 「戰後日本にお ける朝鮮中近世史研究: 1970年代までの高麗·朝鮮時代史研究を中心に」, 『朝鮮史研究會論 文集』 48 참고.

62 末廣昭, 2006b, 앞의 논문, p. 59.

63 旗田巍, 1969, 앞의 논문, p. 190.

64 위의 논문, pp. 180~181.

65 中國農村慣行調查刊行會 編, 1952, 앞의 책, pp. 2-3.

66 위의 책, p. 6.

67 위의 책, p. 9.

68 內山雅生, 2003, 『現代中國農村と「共同體」』, 御茶の水書房, pp. 39-40.

69 旗田巍, 1958, 「「中國農村慣行調查」の刊行を終って」, 『圖書』 109호, p. 26.

70 末廣昭, 2006b, 앞의 논문, pp. 36-37.

71 古島敏雄, 1953, 「中國農村慣行調查第一卷をよんで」, 『歷史學研究』 166, p. 52.

72 旗田巍, 1954, 「中國農村慣行調查」, 『學術月報』 第7卷 第7號, p. 23.

73 旗田巍, 1958, 앞의 논문, p. 26.

74 野間淸, 1996, 「「滿洲」農村實態調查遺聞」, 井村哲郎 編, 『滿鐵調查部: 關係者の證言』, アジア 經濟硏究所, pp. 48-50.

75 古島敏雄, 1953, 앞의 논문, p. 52.

76 中生勝美, 1987, 「『中國農村慣行調查』の限界と有效性: 山東省歷城縣冷水溝藏再調查を通じ て」, 『アジア經濟』 28-6, p. 36.

77 內山雅生, 2001, 앞의 논문, pp. 92-93에서 재인용.

78 旗田巍, 1954, 앞의 논문, p. 24.

79 旗田巍, 1965, 앞의 논문, p. 19.

80 中生勝美, 1987, 앞의 논문, p. 38.

81 內山雅生, 2001, 앞의 논문, pp. 42-43.

82 旗田巍, 1965, 앞의 논문, p. 17. "만철조사부에 가기로 했을 때 만철이라는 침략기관에 들어가는 것에 대한 반성이나 주저는 솔직히 전혀 없었습니다. 도쿄의 질식할 거 같은 분위기에서 벗어나, 넓은 세계에서 중국 농촌 연구에 참가하여 새로운 연구를 전개하게 될 것에 대한 기대로 가득 차 있었습니다. 침략기관의 일원이 된다고는 생각해본 적도 없습니다. 그런 건 의식 위로 떠오르지 않았던 것입니다. 저쪽으로 건너가서도 그랬습니다. 전후 귀국하고 나서도 당분간은 마찬가지였습니다. 그를 자각하게 된 것은 쇼와(昭和) 24년에 오사카에서 교원적격심사를 받았을 때입니다. 전쟁 중의 활동에 대해 질문을 받았을 때 만철조사부에 있었다고 답했더니, 그것이 문제가 되어 허가가 좀처럼 나지 않았던 까닭에 과연 그렇구나라고 생각했습니다. 그러나 이때는 절실하게 생각하지 않았습니다. 미군의 명령 때문이라는 정도로 간단히 정리했습니다. 이것이 나 자신의 내면 문제가 된 것은 『중국농촌관행조사』 제1권이 출판된 후 후루시마 도시오 씨의 비판을 받고 나서입니다."(밑줄은 인용자)

83 旗田巍, 1969, 앞의 논문, p. 195.

84 旗田巍, 1965, 「東洋史學의 回想(三)」 『歷史評論』 175, p. 28.

85 旗田巍, 1962, 「日本における東洋史學の傳統」, 『歷史學研究』 270, p. 28. 일찍이 졸저, 2017, 「하타다 다카시와 '전후 조선사학'의 가능성」, 『인문논총』 74권 4호와 『심포지엄 일본과 조선』(하타다 다카시 편 · 주미애 옮김, 2020)의 해제 글에서는 이 논문이 『歷史像再構成の課題』(幼方直吉 · 遠山茂樹 · 田中正俊 編, 1966)에 처음 실린 것처럼 서술했으나, 사실은 1962년에 발표된 위 논문을 개고해서 재수록한 것임을 이 자리를 빌려 밝히고 정정해둔다.

86 위의 논문, p. 30.

87 위의 논문, p. 31.

88 위의 논문, p. 32.

89 旗田巍, 1992, 앞의 논문, p. 231.

에필로그 누구를/무엇을 위한 학문인가

1 빈센트 브란트의 한국 현지조사에 대해서는 빈센트 S. R. 브란트, 김지형 · 강정석 옮김, 2011, 『한국에서 보낸 나날들: 인류학자 빈센트 브란트 박사의 마을현지조사 회고록』, 국사편찬위원회 참고.

2 위의 책, 13쪽.

3 위의 책, 26쪽.

4 위의 책, 4쪽.

5 다키자와 노리오키, 2003, 「이나바 이와키치와 '만선사'」, 『한일관계사연구』 19, 114쪽.

6 위의 논문, 125-126쪽.

7 사쿠라자와 아이, 2009, 「이나바 이와키치의 '만선불가분론'」, 『일제시기 만주사·조선사 인식』, 동북아역사재단, 16쪽.

8 毛利英介, 2015, 「滿洲史と東北史のあいだ: 稲葉岩吉と金毓黻の交流より」, 『關西大學東西學術研究所紀要』48, p. 344.

9 井上直樹, 2013, 『帝國日本と「滿鮮史」: 大陸政策と朝鮮·滿洲認識』, 塙書房, p. 47.

10 위의 책, p. 230.

11 末廣昭, 2006a, 「序章 他者理解としての「學知」と「調査」」, 末廣昭 編, 『「帝國」日本の學知』第6卷 地域研究としてのアジア, 岩波書店, p. 17.

12 岸本美緒, 2006, 「中國中間團體論의 系譜」, 岸本美緒 編, 『「帝國」日本の學知』第3卷 東洋學の磁場, 岩波書店, pp. 285-286.

13 岡本隆司, 2018, 『近代日本の中國觀』, 講談社, p. 147.

14 위의 책, pp. 33-34.

15 編輯部(宮田節子), 1964, 「日本朝鮮研究所における各研究部會活動の總括と展望」, 『朝鮮研究』34, pp. 1-2.

16 한양대학교 비교역사문화연구소 기획, 윤해동·이성시 엮음, 2016, 『식민주의 역사학과 제국: 탈식민주의 역사학 연구를 위하여』, 책과함께의 총론 격에 해당하는 윤해동의 「식민주의 역사학 연구 시론」 참고.

17 旗田巍, 1966, 「日本における東洋史學の傳統」, 幼方直吉·遠山茂樹·田中正俊 (編), 『歷史像再構成の課題: 歷史學の方法とアジア』, 御茶の水書房, p. 225.

18 磯前順一, 2010, 「石母田正と敗北の思考: 1950年代における前回をめぐって」, 安丸良夫·喜安朗 編, 『戰後知の可能性−歷史·宗教·民衆−』, 山川出版社, p. 61.

참고문헌

강석화, 2000, 『조선 후기 함경도와 북방영토의식』, 경세원.

고바야시 히데오, 임성모 옮김, 2004, 『만철: 일본제국의 싱크탱크』, 산처럼.

고야마 사토시, 2009, 「'세계사'의 일본적 전유: 랑케를 중심으로」, 도면회·윤해동 엮음, 『역사학의 세기: 20세기 한국과 일본의 역사학』, 휴머니스트.

권석봉, 1987, 「한·청통상조약체결」, 『동방학지』 54·55·56.

김영하, 2008, 「일제시기의 진흥왕순수비론: '만선(滿鮮)'의 경역인식과 관련하여」, 『한국고대사연구』 52.

나가하라 게이지, 하종문 옮김, 2011, 『20세기 일본의 역사학』, 삼천리.

나카노 도시오, 2013, 「'전후 일본'에 저항하는 전후사상」, 권혁태·차승기 엮음, 『'전후'의 탄생: 일본, 그리고 '조선'이라는 경계』, 그린비.

다보하시 기요시, 김종학 옮김, 2013, 『근대 일선관계의 연구』, 일조각.

다카사키 소지, 이규수 옮김, 2006, 『식민지 조선의 일본인들: 군인에서 상인, 그리고 게이샤까지』, 역사비평사.

다키자와 노리오키, 2003, 「이나바 이와키치와 '만선사'」, 『한일관계사연구』 19.

모리야마 시게노리, 김세민 옮김, 1994, 『근대한일관계사연구: 조선식민지화와 국제관계』, 현음사.

모테기 도시오, 박준형 옮김, 2018, 『중화세계 붕괴사: 19세기 동아시아 국제질서의 재편』, 와이즈플랜.

박준형, 2011, 「청일전쟁 이후 잡거지 한성의 공간 재편 논의와 한청통상조약」, 『서울학연구』 45.

박준형, 2014, 「재한일본'거류지'·'거류민'규칙의 계보와 「거류민단법」의 제정」, 『법사학연구』 50.

박준형, 2016, 「'조계'에서 '부'로: 1914년, 한반도 공간의 식민지적 재편」, 『사회와 역사』 110.

박준형, 2017, 「하타다 다카시와 '전후 조선사학'의 가능성」, 『인문논총』 74권 4호.

박준형, 2018, 「일본 동양사학의 계보와 '실증'주의의 스펙트럼」, 『한국문화연구』 34.

박준형, 2019, 「잡거 공간의 기원, 한성」, 『서울학연구』 74.

박찬흥, 2017, 「이케우치 히로시(池內宏)의 한국고대사 시기구분과 고조선·한사군 연구」, 『역사와 담론』 84.

빈센트 S. R., 브란트, 김지형·강정석 옮김, 2011, 『한국에서 보낸 나날들: 인류학자 빈센트 브란트 박사의 마을현지조사 회고록』, 국사편찬위원회.

사쿠라자와 아이, 2009, 「이나바 이와키치의 '만선불가분론'」, 『일제시기 만주사·조선사 인식』, 동북아연사재단.

손정목, 1982a,『한국 개항기 도시변화과정연구: 개항장·개시장·조계·거류지』, 일지사.

손정목, 1982b,『한국 개항기 도시사회변화연구』, 일지사.

스테판 다나카, 박영재·함동주 옮김, 2004,『일본 동양학의 구조』, 문학과지성사.

안종철, 2013,「주일 대사 에드윈 라이샤워의 '근대화론'과 한국사 인식」,『역사문제연구』29.

야마무로 신이치, 2011,「제국 형성에서 공간인식과 학지」,『한림일본학』19, 한림대학교 일본학연구소.

위가야, 2014,「이케우치 히로시(池內宏)의 대방군 위치 비정과 그 성격」,『인문과학』54.

위가야, 2016,「〈기획1 한국 고대사와 사이비 역사학 비판〉 '한사군 한반도설'은 식민사학의 산물인가」,『역사비평』114.

은정태, 2007,「대한제국기 '간도문제'의 추이와 '식민화'」,『역사문제연구』17.

이사벨라 비숍, 신복룡 역주, 2000,『조선과 그 이웃 나라들』, 집문당.

이성시, 2011,「한국고대사연구와 식민지주의: 그 극복을 위한 과제」,『한국고대사연구』61.

이홍직, 1960,「이케우치 히로시(池內宏) 저 만선사연구(상세 제2책): 이케우치(池內) 박사의 업적의 회고를 겸하여」,『아세아연구』3권 2호.

이화자, 2019,『백두산 답사와 한중 국경사』, 혜안.

정혜중, 2006,「광서년간(1875~1908)의 동북 관리와 1907년 동삼성 설치」,『중국학보』54.

천관우, 1952,「기전외저 조선사」,『역사학보』1.

최재석, 1990,「제4장 이케우치 히로시(池內宏)의 일본고대사연구 비판」,『일본고대사연구비판』, 일지사.

E. H. 카, 길현모 옮김, 2014,『역사란 무엇인가』, 탐구당.

크리스티앙 그라탈루, 이대회·류지석 옮김, 2010,『대륙의 발명』, 에코리브르.

한양대학교 비교역사문화연구소 기획, 윤해동·이성시 엮음, 2016,『식민주의 역사학과 제국: 탈식민주의 역사학 연구를 위하여』, 책과함께.

홍순영, 2018,「세노 우마쿠마(瀨野馬熊)의 활동과 한국사 인식」,『한국근현대사연구』85.

加藤聖文, 2006,『滿鐵全史:「國策會社」の全貌』, 講談社.

加藤陽子, 2007,『シリーズ日本近現代史⑤ 滿州事變から日中戰爭へ』, 岩波書店.

岡本隆司, 2018,『近代日本の中國觀』, 講談社.

江副敏生, 2001,「幻の研究所: 東亞研究所について」, 小島晋治·大里浩秋·並木賴壽 編,『20世紀の中國研究』, 研文出版.

古島敏雄, 1953,「中國農村慣行調査第一卷をよんで」,『歷史學研究』166.

久保亨, 2014,「華北地域槪念の形成と日本」, 本庄比佐子·內山雅生·久保亨 編,『華北の發見』, 汲古書院.

久保亨, 2017,「興亞院の中國實態調査」, 本庄比佐子·內山雅生·久保亨 編,『興亞院と戰時中國調査』, 岩波書店(オンデマンド版).

宮田節子 外,「連續シンポジウム·第10回 日本における朝鮮研究の蓄積をいかに繼承するか 總括討論」,『朝鮮研究』30.

磯前順一, 2010, 「石母田正と敗北の思考: 1950年代における前回をめぐって」, 安丸良夫・喜安朗 編, 『戦後知の可能性-歴史・宗教・民衆-』, 山川出版社.

旗田巍, 1951, 「古代における民族の問題」, 『歴史學研究』 153.

旗田巍, 1951, 『朝鮮史』, 岩波書店.

旗田巍, 1954, 「中國農村慣行調査」, 『學術月報』 第7巻 第7號.

旗田巍, 1958, 「「中國農村慣行調査」の刊行を終って」, 『圖書』 109號.

旗田巍 外, 1964, 「(座談會)朝鮮研究の現狀と課題」, 『東洋文化』 36.

旗田巍, 1965, 「東洋史學の回想(二)」, 『歴史評論』 173.

旗田巍, 1965, 「東洋史學の回想(三)」, 『歴史評論』 175.

旗田巍, 1965, 『元寇』, 中央公論社.

旗田巍 外, 1965, 『アジア・アフリカ講座 III 日本と朝鮮』, 勁草書房.

旗田巍, 1966, 「日本における東洋史學の傳統」, 幼方直吉・遠山茂樹・田中正俊 編, 『歴史像再構成 の課題: 歴史學の方法とアジア』, 御茶の水書房.

旗田巍, 1969, 「滿鮮史の虚像: 日本の東洋史家の朝鮮觀」, 『日本人の朝鮮觀』, 勁草書房.

旗田巍 編, 1969, 『シンポジウム 日本と朝鮮』, 勁草書房.

旗田巍, 1973, 『中國村落と共同體異論』, 岩波書店.

旗田巍, 1976, 「朝鮮史學を貫いたもの」, 『アジア』 1976年 8・9月號(合併號).

旗田巍, 1978a, 「朝鮮史研究をかえりみて」, 『朝鮮史研究會論文集』 15.

旗田巍, 1978b, 「私と朝鮮のかかわり」, 『コリア評論』 21(198).

旗田巍, 1983, 「朝鮮史を學ぶために」, 『朝鮮と日本人』, 勁草書房.

旗田巍, 1992, 「新しい朝鮮史像をもとめて」, 『新しい朝鮮史像をもとめて』, 大和書房.

旗田巍先生追悼集刊行會 編, 1995, 『追悼 旗田巍先生』, Pワード.

吉川幸次郎 編, 1976, 『東洋學の創始者たち』, 講談社.

南滿洲鐵道株式會社, 1913, 『滿洲歴史地理』 上, 丸善株式會社.

南滿洲鐵道株式會社總裁室情報課, 1929, 『滿洲寫眞帖』, 中日文化協會.

內藤虎次郎, 1972, 「間島問題私議」, 『內藤湖南全集』 第6巻, 筑摩書房.

內山雅生, 2001, 「「華北農村慣行調査」と中國社會認識」, 小島晋治・大里浩秋・並木賴壽 編, 『20世 紀の中國研究』, 研文出版.

內山雅生, 2003, 『現代中國農村と「共同體」』, 御茶の水書房.

ディビッド・ウルフ 著, 半谷史郎 譯, 2014, 『ハルビン驛へ』, 講談社.

稻葉君山, 1922a, 「滿鮮不可分の史的考察」, 『支那社會史研究』, 大鐙閣.

稻葉君山, 1922b, 「朝鮮の文化問題」, 『支那社會史研究』, 大鐙閣.

稻葉岩吉, 1938, 「予が滿鮮史研究課程」, 稻葉博士還暦記念會 編, 『稻葉博士還暦記念 滿鮮史論叢』.

稻葉君山, 1939, 『後藤新平伯と「滿洲歴史調査部」』, 南滿洲鐵道株式會社 鐵道總局弘報課.

東方學會 編, 2000, 「箭内亙博士」, 『東方學回想』 II, 刀水書房.

東方學會 編, 2000, 「和田清博士」, 『東方學回想』 V, 刀水書房.

ロサリア・アビラ・タピエス, 2003, 「舊滿洲における民族間の居住分化の狀況(上): 南滿洲鐵道附

屬地都市の事例」,『甲南大學紀要』文學編 134.

ロサリア・アビラ・タピエス, 2004,「舊滿洲における民族間の居住分化の狀況(下): 南滿洲鐵道附屬地都市の事例-」,『甲南大學紀要』文學編 139.

陸奥宗光 著, 中塚明 校注, 2005,『蹇蹇錄: 日清戰爭外交秘錄』, 岩波書店.

麻田雅文, 2014,『滿蒙: 日露中の「最前線」』, 講談社.

滿鐵北支經濟調查所, 1942,『北支慣行調查資料之部』第77輯 概況篇 第11號.

滿鐵會, 2007,『滿鐵四十年史』, 吉川弘文館.

末廣昭, 2006a,「序章 他者理解としての「學知」と「調查」」, 末廣昭 編,『「帝國」日本の學知』第6卷 地域研究としてのアジア, 岩波書店.

末廣昭, 2006b,「アジア調查の系譜」, 末廣昭 編,『「帝國」日本の學知』第6卷 地域研究としてのアジア, 岩波書店.

末松保和・周藤吉之・山邊健太郎, 1952,「旗田巍著『朝鮮史』」,『歷史學研究』156.

毛利英介, 2015,「滿洲史と東北史のあいだ: 稻葉岩吉と金毓黻の交流より」,『關西大學東西學術研究所紀要』48.

武田幸男, 1999,「池內宏」,『20世紀の歷史家たち(2)』, 刀水書房.

梶村秀樹・宮田節子・渡部學, 1966,『朝鮮近代史の手引』, 日本朝鮮研究所.

飯島涉, 1993,「「裁釐加稅」問題と淸末中國財政: 1902年中英マッケイ條約交涉の歷史的地位」,『史學雜誌』102(11).

白榮勛, 2005,『東アジア政治・外交史研究:「間島協約」と裁判管轄權』, 大阪經濟法科大學出版部.

本庄比佐子, 2014,「はじめに」, 本庄比佐子・內山雅生・久保亨 編,『華北の發見』, 汲古書院.

福本勝淸, 2016,『マルクス主義と水の理論: アジア的生産樣式論の新しき視座』, 社會評論社.

北岡伸一, 1988,『後藤新平』, 中央公論新社.

濱下武志, 1990,『近代中國の國際的契機』, 東京大學出版會.

費成康, 1991,『中國租界史』, 上海社會科學院出版社.

寺內威太郎, 2004,「'滿鮮史'研究と稻葉岩吉」,『植民地主義と歷史學: そのまなざしが殘したもの』, 邊水書房.

山崎丹照, 1943,『外地統治機構の研究』, 高山書院.

山本庫太郎, 1904,『朝鮮移住案內』, 民友社.

三上次男, 1970,「池內宏先生: その人と學問」, 池內宏 著,『日本上代史の一研究』, 中央公論美術出版.

西澤泰彥, 2006,『圖說「滿洲」都市物語』, ふくろうの本.

西澤泰彥, 2015,『圖說 滿鐵:「滿洲」の巨人』, ふくろうの本.

石川健治, 2006,「コスモス: 京城學派公法學の光芒」, 酒井哲哉 編,『「帝國」の學知』第1卷, 岩波書店.

成田龍一, 2007,『シリーズ日本近現代史④ 大正デモクラシー』, 岩波書店.

小林英夫, 2006,『滿鐵調查部の軌跡』, 藤原書店.

小林英夫, 2015,『滿鐵調查部』, 講談社.

松村高夫・柳澤遊・江田憲治, 2008, 「序章 滿鐵の調査・研究活動の問題性と本署の立場」, 松村高夫・柳澤遊・江田憲治 編, 『滿鐵の調査と研究: その「神話」と實像』, 靑木書店.

松村潤, 1992, 「白鳥庫吉」, 江上波夫 編, 『東洋學の系譜』, 大修館書店.

松村潤, 1994, 「和田淸」, 江上波夫 編, 『東洋學の系譜』 第2集, 大修館書店.

柴田善雅, 2017, 「中國占領地行政機構としての興亞院」, 本庄比佐子・內山雅生・久保亨 編, 『興亞院と戰時中國調査』, 岩波書店(オンデマンド版).

植田捷雄, 1934, 『支那租界論』, 巖松堂書店.

新川登龜男・早川万年 編, 2011, 『史料としての『日本書紀』: 津田左右吉を讀みなおす』, 勉誠出版.

安藤彥太郎・山田豪一, 1962, 「近代中國研究と滿鐵調査部」, 『歷史學研究』 270.

安藤彥太郎, 2001, 「戰時期日本の中國研究」, 小島晋治・大里浩秋・並木賴壽 編, 『20世紀の中國研究』, 研文出版.

岸本美緒, 2006, 「中國中間團體論의 系譜」, 岸本美緒 編, 『「帝國」日本の學知』 第3卷 東洋學の磁場, 岩波書店.

櫻澤亞伊, 2007, 「'滿鮮史觀'の再檢討: '滿鮮歷史地理調査部'と稻葉岩吉を中心に」, 『現代社會文化研究』 37.

野間淸, 1996, 「「滿洲」農村實態調査遺聞」, 井村哲郎 編, 『滿鐵調査部: 關係者の證言』, アジア經濟研究所.

歷史學研究會 編, 1951, 『歷史における民族の問題: 1951年度歷史學研究會大會報告』, 岩波書店.

歷史學研究會 編, 1993, 『戰後歷史學と歷研のあゆみ』, 靑木書店.

窪德忠, 1994, 「池內宏」, 江上波夫 編, 『東洋學の系譜 第2集』, 大修館書店.

越澤明, 2011, 『後藤新平: 大震災と帝都復興』, 筑摩書房.

有賀長雄, 1896, 『日淸戰役國際法論』, 哲學書院.

伊藤武雄, 1964, 『滿鐵に生きて』, 勁草書房.

李英美, 2005, 『韓國司法制度と梅謙次郎』, 法政大學出版局.

一又正雄, 1973, 『日本の國際法學を築いた人々』, 日本國際問題研究所.

長森美信, 2010, 「戰後日本における朝鮮中近世史研究: 1970年代までの高麗・朝鮮時代史研究を中心に」, 『朝鮮史研究會論文集』 48.

田中隆一, 2007, 『滿洲國と日本の帝國支配』, 有志舍.

田中愼一, 1976, 「保護國問題: 有賀長雄・立作太郎の保護國論爭」, 『(東京大學社會科學研究所紀要)社會科學研究』 第28卷 第2號.

井上直樹, 2013, 『帝國日本と「滿鮮史」: 大陸政策と朝鮮・滿洲認識』, 塙書房.

朝鮮史研究會・旗田巍 編, 1970, 『朝鮮史入門』, 太平出版社.

潮見俊隆・利谷信義 編, 1974, 『日本の法學者』, 日本評論社.

佐々木揚, 2010, 「淸末の『不平等條約』觀」, 『東アジア近代史』 第13號.

中見立夫, 2006, 「日本的「東洋學」の形成と構圖」, 岸本美緒 編, 『「帝國」日本の學知』, 岩波書店.

中國農村慣行調査刊行會 編, 1952, 『中國農村慣行調査』 第1卷.

中生勝美, 1987, 「『中國農村慣行調査』の限界と有效性: 山東省歷城縣冷水溝藏再調査を通じて」,

『アジア經濟』28-6.

中生勝美, 2016,『近代日本の人類學史: 帝國と植民地の記憶』, 風響社.

中塚明, 1980,「日本における朝鮮史研究の軌跡と課題」,『朝鮮史研究會論文集』17.

池內宏, 1914,「序文」,『文祿·慶長の役 正編 第一』, 南滿洲鐵道株式會社.

池內宏, 1931,「序言」,『元寇の新研究』, 東洋文庫.

池內宏, 1936,「序文」,『文祿·慶長の役 別編』, 東洋文庫.

池內宏, 1970a,「朝鮮の文化」,『滿鮮史研究-近世篇-』, 中央公論美術出版.

池內宏, 1970b,『日本上代史の一研究』, 中央公論美術出版.

川島真, 2004,『中国近代外交の形成』, 名古屋大学出版会.

清宮四郎, 1944,『外地法序說』, 有斐閣.

清水盛光, 1939,『支那社會の研究: 社會學的考察』, 岩波書店.

Carl Schmitt 著, 新田邦夫 譯, 2007,『大地のノモス: ヨーロッパ公法という国際法における』, 慈學社.

板垣龍太, 2011,「日韓會談反對運動と植民地支配責任論」, 趙景達·宮嶋博史·李成市·和田春樹 編,『「韓國併合」100年を問う:『思想』特集·關係資料』, 岩波書店.

編輯部(宮田節子), 1964,「日本朝鮮研究所における各研究部會活動の總括と展望」,『朝鮮研究』34.

平壤民團役所 編, 1914,『平壤發展史』, 民友社.

ヘイドン·ホワイト 著, 岩崎稔 監譯, 2017,『メタヒストリー: 一九世紀ヨーロッパにおける歴史的 想像力』, 作品社.

Carter, James H. (2002), *Creating a Chinese Harbin-Nationalism in an International City*, 1916~1932, Cornell University Press.

찾아보기